中国古典学

第一辑

主编　赵卫东

山东大学出版社

图书在版编目(CIP)数据

中国古典学. 第一辑/赵卫东主编. —济南:山东大学出版社,2020.2

ISBN 978-7-5607-6615-7

Ⅰ.①中… Ⅱ.①赵… Ⅲ.①儒家－哲学思想－中国－古代－文集 Ⅳ.①B222.05-53

中国版本图书馆 CIP 数据核字(2020)第 054181 号

责任策划:李　港
责任编辑:郭凯迪
封面设计:张　荔

出版发行:山东大学出版社
　　社　址　山东省济南市山大南路 20 号
　　邮　编　250100
　　电　话　市场部(0531)88363008
经　销:新华书店
印　刷:山东和平商务有限公司
规　格:720 毫米×1000 毫米　1/16
　　15.5 印张　238 千字
版　次:2020 年 2 月第 1 版
印　次:2020 年 2 月第 1 次印刷
定　价:45.00 元

《中国古典学》

编委会

目　录

孔子的天命观与超越形态

赵法生

摘要:在20世纪中国思想史视野中,孔子的天命观经历了一个被除魅化的过程,其结果是遗失了孔子思想的真意。本文立足孔子对于天命的相关叙说,力图客观解读其天命观的本来意蕴,依据天的功能和孔子对于天命的情感态度,将孔子的天定位为宇宙的主宰者。为进一步判定孔子天命观的超越形态,本文将对新儒家代表人物牟宗三的内在超越说进行辨析,并分析孔子的超越精神与基督教的外在超越及心学化的内在超越之差异,进而将孔子的超越形态判定为中道的超越观。这一超越观虽在战国中期以后逐渐遗失,但它的重新发掘对于我们客观把握孔子之超越精神、重建当代国人之终极关怀具有重要意义。

关键词:孔子　天命　神圣者　内在超越　中道超越

在20世纪的中国思想史研究中,孔子的天命观与终极关怀问题在很大程度上被悬置了起来,这在一定程度上是儒学哲学化的必然结果,且与这一时期的时代思潮密切相关。在20世纪中国的大部分时间里,宗教成了愚昧与落后的代名词。受此影响,激进主义革命思想家们将孔子看作一个力图将历史车轮拉回到奴隶制时代的可怜虫,对于他的天命信仰问题不屑一顾;保守主义学者则怀着一颗爱护孔子的拳拳苦心,极力淡化宗教性在孔子思想体系中的地位,突出其思想中的人文主义内涵,进而证明孔子思想的进步性。然而,"文化大革命"结束以后,民族理性逐步恢复,人们对于儒学的认

赵法生,中国社会科学院世界宗教研究所儒教室主任、研究员,主要从事儒学研究。

识逐步趋于客观，孔子思想中的宗教面向也随之显露出来。宗教面向在孔子学说中居于重要地位，若舍弃了这一面向，便无法理解孔学的真精神，也无法厘清孔子人文主义思想的来源与特征，最后我们只能得到一个残缺不全的孔子。

一

儒学向来被称为“天人之学”，天人之际是儒学眷注的本根性命题，清儒戴震说过：“天人之道，经之大训萃焉”[①]，其中的“天”，正代表着儒家对超越层面的追求。在儒家创始人孔子的学说中，这种超越性的关怀主要体现在他的天命观中，对孔子思想之超越性的解读，主要就是对孔子天命观的解读。

从《论语》的内容来看，孔子经常谈到天和天命，其中共出现了 19 个“天”字。那么，孔子所说的天和天命到底包含着怎样的意蕴，它们在孔子的思想中又具有什么样的地位和作用呢？对此，学者们的见解向来有所分歧。大体说来，在 20 世纪的先秦思想史研究中，人们对于孔子的天主要有下面三种不同的解读：一是将孔子的天理解为自然之天。[②] 从《论语》中有关天命的叙述来看，孔子的天不仅决定着文明的兴衰（“天欲丧斯文”），而且具有强烈的终极关怀色彩，是支撑孔子人生的强大精神力量。孔子每每于人生困顿之际对之发出深深的呼吁，这个天似乎已经远远超出了纯粹自然的范畴。这一解释的另一个重要问题是，它无法将孔子的天论与老子的天论区别开来。老子的宇宙观最先颠覆了西周的天命论，他提出“人法地，地法天，天法道，道法自然”（《老子》第二十五章），通过将天自然化而消解了天的人格化权威，传统的天命陨落了。但孔子的思想建构与此不同，他依然对天命保持着敬畏，并以此作为道德学说建构的历史出发点。这一区别从二人所用的基本概念中即可看出，《老子》中有众多的“天道”“天地”概念，原先至高无上的天命已经只能与地平起平坐了；但在《论语》所记载的有关孔子本人的话语中，我们没有看到一个“天道”的概念，更没有发现将“天地”并称的情况。孔子回避同时代已经广泛流传的“天道”术语并非偶然，因为在他的思想深

---

① 戴震著，何文光整理：《孟子字义疏证》，中华书局 1961 年版，第61 页。

② 参见郭沫若：《青铜时代》，中国人民大学出版社 2005 年版，第 34 页。

处具有强烈的“命”的意识。原始儒家与道家思想的历史起点，正是命与道的分际点。

关于孔子之天的第二种解读是将其分解为物质之天、命运之天、自然之天、主宰之天或者意志之天、义理之天或者道德之天[①]，此种分析法已经成为解释孔子天论的重要范式之一。应该说，上述五种不同的天在孔子的话语中都可以找到某些依据，但问题是，这种由解析方法得到的结论是否符合孔子心目中的“天”的本意？对于孔子屡屡在人生的困厄关头向之发出呼吁和感叹的天而言，这种经过解析而得到的天是否对于孔子之天的整全意义有所遗失呢？

第三种解释认为，孔子的天是道德性的天而不是宗教性的天，持这种观点的代表人物是徐复观先生。日本学者狩野直喜博士认为，“孔子之所谓天、天命、天道，皆是宗教地意义，而不应附以哲学地意义”[②]。徐复观先生对此提出了批评，并努力证明孔子天命观的非宗教属性。他认为，在春秋时代，“宗教已经是被道德的人文精神化掉了；同时也说明由道德的人文精神的上升，而渐渐地开出后来人性论中性与命结合的道路”[③]。他将孔子天命观中的宗教性和道德性对立起来，将孔子的命与性直接等同起来。问题在于，这种将孔子天命观中的宗教性与道德性完全对立起来的做法是否符合孔子本人的思想实际，在孔子的思想中宗教性与道德性，或者说其中的人文理性与信仰因素，并不是断裂的，而是连续的。

上述三种关于孔子之天的诠释，显示了20世纪学术界力图将孔子天命观理性化的致思倾向。但是，孔子毕竟不是西方理性主义哲学家，一味对其天命观进行“祛除巫魅”的结果，有可能使我们无法搞清孔子天命观的本来面目。因此，本着同情地了解的原则，我们将首先分析《论语》中孔子对于天命的相关叙述，以期客观把握孔子天命观的真意，进而为探讨其超越思想提供基础。

要理解孔子的天命观，首要问题在于把握天的基本属性，而天的属性主要通过其作用与功能体现出来。通过《论语》中孔子与其弟子的对话来看，孔子心目中的天具有以下几方面的作用：

---

① 参见冯友兰：《中国哲学史》上册，中华书局1947年版，第55页。

② 转引自徐复观：《中国人性论史》(先秦篇)，上海三联书店2001年版，第77页。

③ 徐复观：《中国人性论史》(先秦篇)，第49页。

首先，天是政权转移和文明兴衰的决定者。《论语》引述尧的话说："咨！尔舜！天之历数在尔躬，允执其中。四海困穷，天禄永终。"(《论语·尧曰》)这是尧传位给舜时所言，表明舜的即位来自天命，要求舜允执厥中，永保天命。孔子曾经感叹："大哉尧之为君也！巍巍乎！唯天为大，唯尧则之，荡荡乎，民无能名焉。"(《论语·泰伯》)这是形容尧之德深远广大，就像天一样，难以用言辞形容。据《史记·孔子世家》记载，孔子赴陈国在匡地被拘时，说了下面一段话："文王既没，文不在兹乎？天之将丧斯文也，后死者不得与于斯文也；天之未丧斯文也，匡人其如予何？"(《论语·子罕》)其中既有对自身使命的期许，也有对天命的坚定信赖。孔子相信，周文王之存亡绝续以及他本人在其中可能发挥的作用，皆取决于天命而非匡人的意志。正因为如此，他才能于困顿穷厄的人生关头依旧保持着超然而又坚定的心态，展露出非凡的圣者气象。

其次，天既是个人德性与智慧的赋予者，又是人生个体命运的决定者。在被桓魋追杀时，孔子自信地对弟子说："天生德于予，桓魋其如予何？"(《论语·述而》)孔子死后被封为"至圣文宣王"，成了中华民族的精神偶像，古人甚至有"天不生仲尼，万古如长夜"之说，这些都将孔子的地位提高到了无以复加的程度。可孔子本人向来是谦虚的，他将自己的德归之于天，这种说法正是西周"以德配天"论的另一种表达。当太宰问子贡"夫子圣者与？何其多能也？"时，子贡回答："固天纵之将圣，又多能也。"(《论语·子罕》)正是天使夫子成为圣者，且多才多能的。"文化大革命"时期，上述话语都是孔子顽固保守而又自命不凡的证词，但它们其实不过是孔子天命信仰的一种表达。在孟子以后的儒家心性论中，仁、义、礼、智被定义为"人性"，人的德变成了人性本身所固有的内容；但在孔子那里，德与仁尚未被视为人性本身的内涵，而是具有更为高远的超越性来源，即天命。徐复观以仁解释孔子的天命，将性与天命直接等同起来，显然不符合孔子本人的思想实际，反而混淆了春秋时期和战国时期儒家思想之间的重要区别。另外，在孔子那里，天还是个体人生命运的主宰者。颜渊死后，孔子连连叹曰："天丧予！天丧予！"(《论语·先进》)孔子还说："获罪于天，无所祷也。"(《论语·八佾》)如果得罪了上天，祷告也没用。子夏也说："商闻之矣，死生有命，富贵在天。"(《论语·颜渊》)这就是将人的生死寿夭和富贵穷达归之于天命。

再次，天是一切自然现象的决定力量。孔子曾说："予欲无言。"子贡不解，问："子如不言，则小子何述焉？"孔子回答说："天何言哉？四时行焉，百物生焉，天何言哉！”(《论语·阳货》)上天虽然不言不语，但四时之更替，万物之生长，却莫不决定于天。在这里，天决定着自然万物的生长与更替，孔子则从宇宙万物的运行规律中体验到天的力量。人们一向将这句话视为孔子之自然之天的证明，然推寻其意，在自然之天的背后，仍有一主宰之天，且作用更为根本。孔子的意思是，天尽管无言，然四时运行，万物生化，各得其所，这正表明天意之神妙莫测。

最后，天不可欺。《论语》中有如下一段孔子和学生的对话：“子疾病，子路使门人为臣。病间，曰：‘久矣哉！由之行诈也！无臣而为有臣。吾谁欺？欺天乎！且予与其死于臣之手也，无宁死于二三子之手乎！且予纵不得大葬，予死于道路乎？’”(《论语·子罕》)按照当时的礼制，孔子不是大夫，死后不应由臣来料理丧事。可是，在他一次病重之际，子路等人却悄悄做了类似的安排，这自然是出于对老师的尊重。孔子病情减缓之后，为此痛责子由，认为这是欺天之举。一个人生死之际的感言足以展现他的内在精神，因为此时已经没有任何自我隐瞒的必要了，而他此时感到自己如对苍天，欺天之罪是他最为忌惮的。体会孔子此时的心境，大有《诗经》所说的“天监下民”的感受。

把孔子关于天的各种说法加以综合考察，体会孔子的天的意蕴，我们便会发现孔子的天是宇宙之主宰，是政权变更、文明盛衰、个人德性、富贵穷达以及自然变化的终极原因，其主宰的范围涉及自然与人事各个方面，可以说无所不包，无所不能，无远弗届。因此，孔子的天依然是宗周的主宰之天，是宇宙万化背后的决定力量，是一个决定社会、自然与人生命运的至上神。从本质上讲，作为超越性的终极存在者，天与一切形而下的存在物处于不同的位格上，用现代宗教现象学哲学家奥托的术语来讲，他就是一个“神圣者”①，并且一切宗教信仰的首要前提就是去“唤醒”自己心中这样一个神圣者。按照奥托的观点，对这个神圣者的觉悟，乃是一切宗教的本质；追寻并践行这个神圣者的意志，则是一切宗教努力的最终归趣。《论语》中有关天的叙述表明，孔子心目中的天，正是这样一个“神圣者”。对于这个神圣者的崇敬，则是孔子信仰世界的核心，也是儒家学说宗教性的依据与由来。

孔子的天之宇宙万物主宰者的属性，还通过他本人对于天的情感态度体现了出来，主要有以下三个方面：

---

① [德]鲁道夫·奥托：《论“神圣”》，成穷、周邦宪译，四川人民出版社 1995 年版，第 29 页。

第一，对于天的神秘感。作为一个神圣者，天在孔子心中颇有些神秘感。孔子晚年慨叹“凤鸟不至，河不出图，吾已矣夫”（《论语·子罕》）。任何宗教都有其祥瑞征兆物，比如基督教的光、彩虹等，河图洛书乃是原始儒家特有的祥瑞。据记载，舜时凤凰来仪，文王时凤鸣于岐山，伏羲时河中龙马负图而出，这些祥瑞于天下有道时则现，无道时则隐。需要注意的是，祥瑞意识背后的宗教心理是人们对于万物主宰之神秘意志的强烈渴求。语言是人类战胜自然的工具，一向被视为人类的骄傲，可奥托认为，人类的语言在认知上帝和表达人的宗教经验方面具有难以克服的局限性。① 孔子也有类似的思想，他一向主张君子应当“讷于言而敏于行”（《论语·里仁》）。在前文引述的他对子贡所说的“予欲无言”那段对话中，他一连说了两句“天何言哉?”这不仅充满着对于天的神往，还包含着对于人力有限性的清醒判断。

第二，对天命的敬畏。一个全善全能的宇宙主宰者的信念，必然伴随着信仰者对它的畏惧。如同神秘感一样，畏惧感也是必不可少的宗教情感之一。奥托甚至认为，“出现在原始人心中的畏惧，形成了历史上整个宗教运动的出发点”②。《圣经》认为，敬畏耶和华是智慧的开端，而在孔子那里，我们同样可以看到类似的情感。他说：“君子有三畏，畏天命，畏大人，畏圣人之言。小人不知天命而不畏也。”（《论语·季氏》）对于天命的敬畏深刻影响了孔子的精神，并对他的日常行为产生了重要影响。《论语·乡党》描述孔子容貌之变时说：“见齐衰者，虽狎，必变。见冕者与瞽者，虽亵，必以貌。凶服者式之。式负版者。有盛馔，必变色而作，迅雷风烈必变。”如果说听到“迅雷风烈必变”是“所以敬天之怒”③，那么见到穿丧服的人、盲人以及背负图籍的人所表现的尊重与同情，则是基于对天命的敬畏而产生的对生命和文化的敬畏。对于天命的敬畏影响到了孔子对于人事的态度，也就是他对于“恭”和“敬”的强调。樊迟问仁，孔子回答说：“居处恭，执事敬，与人忠。虽之夷狄，不可弃也。”（《论语·子路》）孔子主张君子有九思，其中的三思是“貌思恭”“言思忠”“事思敬”（《论语·季氏》），且他本人以此自律，身体而力行之，形成了“温良恭俭”（《论语·学而》）的精神气质，并对儒家的修养论产生了重大影响。《中庸》提出“君子笃恭而天下平”，宋儒以“主敬”为修身之

---

① 参见［德］鲁道夫·奥托：《论“神圣”》，第 2～4 页。

② ［德］鲁道夫·奥托：《论“神圣”》，第 17 页。

③ 朱熹：《四书章句集注》，中华书局 1983 年版，第 122 页。

本，皆是对孔子上述观念的继承。而作为功夫论的恭与敬，正扎根于孔子对于天的信仰、对于天命的敬畏之中。

第三，孔子与天相知相依的情怀。孔子不仅强调畏天命，还强调知天命。从孔子的有关叙述来看，这里“知”的含义是双向的，包括人与天之间的精神互动。一方面是人对于天命的觉知，孔子总结其一生的为学次第为：“吾十有五而志于学，三十而立，四十而不惑，五十而知天命，六十而耳顺，七十而从心所欲不逾矩。”（《论语・为政》）其中，“知天命”显然是其学问发展的关键环节。只有经过“知天命”，才能臻于“耳顺”和“从心所欲不逾矩”的自由境界。这就意味着，对于孔子来讲，那个至高的神圣者的意志，不仅是可敬畏的，还是可觉知的，它与人的心灵是相通的。孔子将知天命视为君子的必要条件，所谓“不知命，无以为君子也”（《论语・尧曰》）。另一方面天对于人也有所觉察。孔子说：“不怨天，不尤人，下学而上达，知我者其天乎？”（《论语・宪问》）朱熹在解释这句话时说：“深味其语意，则见其中自有人不及知而天独知之之妙。”[①]在与学生的对话中，孔子不止一次发出过不为世人所知的孤独感，那是“会当凌绝顶”的孤独。但在那人迹罕至的精神高处，孔子却感到了来自那个至高的神圣者的慰藉，这是令孔子一生奋进的精神力量的源泉。

只有分析了天的功能，考察了孔子对于天的情感态度，区分了天命信仰与鬼神崇拜的差异之后，我们才有可能真正步入孔子的信仰世界。孔子的天并非自然之天，而是超越自然之上并决定自然与人事变迁的神圣主宰；它不只是抽象的义理之天，而是孕育并覆载着儒家道德原则的义理之母。同样地，仅是机械地将孔子的天解析为自然之天、义理之天、命运之天和主宰之天，而忽视其内在的统一性，则是对孔子天的观念的人为肢解，孔子天命观的真精神则会在这种肢解的过程中遗失殆尽。孔子的天基本上是一个至上的道德神，是他对于宇宙万物终极原因的思考。人们可以从他视之为至上神的天那里瞥见自然之天、命运之天和道德之天的影子，因为至上神的影响力无所不在，但我们却不能由此把孔子的天归结为诸种天的机械相加。

---

① 朱熹：《四书章句集注》，第 157 页。

二

孔子并非天命观的始作俑者，他的天命观来自西周初年所形成的天命信仰。如果比较一下《论语》以及《尚书》中的《大诰》《召诰》和《康诰》等文献，就会发现二者对于天命的态度其实很接近。周公在诰辞中反复申述天命无常，呼吁成王敬德保民以祈天永命，这在《召诰》一篇中表现得尤为突出。诰辞历数夏、殷两代的历史教训，指出它们"惟不敬厥德，乃早坠厥命"（《尚书·召诰》），数度呼吁成王"王其疾敬德"（《尚书·召诰》），对天命表现出战战兢兢的敬畏心态。孔子的畏天命思想正是由此而来，尽管二者敬畏天命的动机已有明显不同。孔子从周公那里继承来的作为主宰者的天，成为儒家思想超越性的源头。此后，不管儒家思想如何发展，都必须将价值的来源追溯到天，比如孟子的"尽其心者，知其性也。知其性，则知天矣"（《孟子·尽心上》）、董仲舒的天人感应、程朱的天理，还有牟宗三的以天为形上实体，皆是如此。

那么，孔子的天命观体现了怎样的超越形态呢？超越形态之中心问题，是人与无限者的关系问题，这在基督教中是神人关系问题，而在儒学中就是天人关系问题。按照现代新儒家牟宗三先生的说法，儒家的超越形态是内在超越，他在 20 世纪 60 年代初出版的《中国哲学的特质》中对内在超越的概念做了如下解说：

> 天道高高在上，有超越的意义。天道贯注于人身之时，又内在于人而为人的性，这时天道又是内在的(Immanent)。因此，我们可以康德喜用的字眼，说天道一方面是超越的(Transcendent)，另一方面又是内在的(Immanent 与 Transcendent 是相反字)。天道既超越又内在，此时可谓兼具宗教与道德的意味，宗教重超越义，而道德重内在义。①

天道体现了儒家的超越性，但天道又下贯到人，成为人性而内在于人本身，由此成就了儒家既内在又超越的精神品格。"内在超越"概念的提出，目的在于证明儒家义理不仅是一般意义上的伦理学，而且具有宗教性意义，足以使人安身立命。

① 牟宗三：《中国哲学的特质》，上海古籍出版社 2007 年版，第 21 页。

那么，孔子的天命观究竟表现为怎样的超越形态呢？按照牟宗三对内在超越的定义，内在超越的关键是天命贯注到人身，成为内在于人的性。那么，孔子的天命观是否属于这种内在超越形态呢？

牟宗三认为，孔子开出儒家的仁道，且仁、智并重，又重视性与天道问题，这就为内在超越精神的形成奠定了基础。儒家的仁、智、圣与性和天道的契合有两种方式：一种他称为“超越的遥契”，以孔子为代表。孔子的学问走的是下学上达的路径，所谓上达，就是遥契天命，就是使自己的生命与天命相通。牟宗三认为：

> 孔子在他与天遥契的精神境界中，不但没有把天拉下来，而且把天推远一点。虽在其自己生命中可与天遥契，但是天仍然保持它的超越性，高高在上而为人所敬畏。因此，孔子所说的天比较含有宗教上“人格神”(Personal God)的意味。而因宗教意识属于超越意识，我们可以称这种遥契为“超越的”(Transcendent)遥契。否则，“知我其天”等话是无法理解的。我们可以说，在孔子的践仁过程中，其所遥契的天实可有两重意义。从理上说，它是形上的实体。从情上说，它是人格神。而孔子的超越遥契，则似乎偏重后者。这是圣者所必然有的情绪。[①]

与此相对的超越模式他则称为“内在的遥契”：

> “超越的”与“内在的”是相反字，顾名思义，可知内在的遥契，不是把天命、天道推远，而是一方把它收进来作为自己的性，一方又把它转化而为形上的实体。[②]

根据牟宗三的说明，“遥契”一词有“天道高高在上，人只能遥遥地与它相契接”[③]之意。前面分析孔子的超越的遥契时，强调的是天与人的距离，孔子对于天的敬畏这一点被认为“敬畏是宗教意识”[④]；超越的遥契中的天，首先属于宗教性的人格神而不属于形而上的实体。内在超越则与此相反，天已经不再是人格神，人不是将天命和天道推远，而是将其收进来转为自己的性，于是天从人格神变成了形而上的实体。由此可见，超越的遥契基本上是一

① 牟宗三：《中国哲学的特质》，第 36 页。
② 牟宗三：《中国哲学的特质》，第 36 页。
③ 牟宗三：《中国哲学的特质》，第 35 页。
④ 牟宗三：《中国哲学的特质》，第 35 页。

种宗教性的超越方式，内在遥契则基本上没有宗教性。因此，这两种超越方式之侧重点不同："超越的遥契着重客体性（Objectivity），内在的遥契则重主体性（Subjectivity）。由客观性的着重过渡到主体性的着重，是人对天和合了解的一个大转进。"①由上述对比可以得出这样的结论：孔子的超越基本上是一种宗教性超越。那么，由孔子的宗教性超越到后来的内在超越的转变是如何实现的呢？牟宗三认为，关键的转折点在于《中庸》：

> 孔子对天的超越遥契，是比较富有宗教意味的；而发展至《中庸》讲内在的遥契，消除了宗教意味，而透显了浓烈的哲学意味。超越的遥契是严肃的、混沌的、神圣的宗教意味，而内在的遥契则是亲切的、明朗的哲学意味。②

这里清楚表明，经过《中庸》的转化，孔子超越方式的宗教性已经被消除掉了，儒家的超越转而依靠哲学来实现了。

与此相适应，关于孔子的人性论，牟宗三虽然认为孔子"性相近"之性与"性与天道"之性的含义殊难断定，但他大体同意程朱关于"性相近"之性是气质之性的看法，并做出了如下一个基本的判断：

> "生之谓性"是一老传统。孔子已接触此问题，然可能一时未能消化澈，犹处于"性者生也"之老传统中，故性是性，仁是仁，齐头并列，一时未能打并为一。……然孔子言仁如此亲切，而又真切，其看人性亦断然不会直说为恶，亦断然不会只从人之欲性看性。然亦同样未自觉地说到仁即是性。是则性之问题在于孔子犹是敞开者。③

牟宗三虽然也将"性善论"作为儒家人性论之正宗，但他没有将儒家创始人的人性论断定为"性善论"，而是通过分析孔子人性论之时代背景与特有内涵，将之划归到"以生论性"的老传统。同时，他没有忘记孔子对于仁的强调，并由此推断孔子的人性论绝非仅是"以欲论性"。但在孔子那里，性是性，仁是仁，二者并未打并为一。既然如此，在孔子那里，天命下贯为人性就缺乏一个心性论的基础。这种分析充分注意到了孔子人性论的独特内涵，

---

① 牟宗三：《中国哲学的特质》，第40页。

② 牟宗三：《中国哲学的特质》，第37页。

③ 牟宗三：《心体与性体》（上），上海古籍出版社1999年版，第21～22页。

显然比将孔子人性论归入“性善论”的看法更接近孔子思想的实际情形。①

但是，在20世纪60年代末出版的《心体与性体》中，牟宗三关于孔子天命观和人性论的论述却呈现出微妙但值得注意的变化：

> 孔子虽未说天即是一“形而上的实体”(Metaphysical reality)，然“天何言哉？四时行焉，百物生焉。天何言哉”！实未尝不涵蕴此意味。……此种以“形而上的实体”视天虽就孔子推进一步，然亦未始非孔子意之所涵与所许。②
>
> 在孔子，践仁知天……仁与天虽表面有距离，而实最后无距离，故终可合而一之也。③
>
> 孔子前后生命智慧之相呼应既如此，则宋、明儒尤其如明道者即如孔门之呼应而亦存在地以真实生命如此呼应之，直视孔子之天为一形而上的实体而与后来之《中庸》、《易传》通而一之也。其如此看自亦不妨碍天之超越义，以及对于天之崇敬与尊奉。④

将上面的说法与前引牟先生在《中国哲学的特质》中有关孔子之超越的遥契的论述两相比较，就会发现二者强调的重点已经有所不同。这里的第一段话肯定孔子的天也可以理解为形而上之实体，可是在关于超越遥契的论述中，孔子的天则偏重于宗教性人格神；第二条认为天与仁的距离是表面的，二者实际上并没有距离，这便从实际上取消了天与人的距离，并与超越遥契的论述中突出天与人的距离的意思相反；第三条认为宋明儒将孔子的天诠释为形上实体，从而将其心性化，既不影响天的超越性，也不影响对于天的崇敬和尊奉，可是在有关孔子的超越遥契的解说中强调的是人对于天的敬畏，崇敬与敬畏虽是一字之差，但表达的情感类型却尤然不同。我们在前文论述孔子的天命观时分析了孔子对于天命的敬畏感与神秘感，此种敬畏感对于我们判定孔子超越观的属性绝非可有可无。经过比较可以见出，在20世纪60年代初期的《中国哲学的特质》中，牟宗三强调的是孔子之天基本上属于宗教的人格神，天与人之间存在不可克服的距离，以及孔子对于天的敬

---

① 同是新儒家代表人物的徐复观认为，孔子的人性论是性善论，且孔子的人性与天命已经打通(参见徐复观：《中国人性论史》，第77、88页)。

② 牟宗三：《心体与性体》(上)，第19页。

③ 牟宗三：《心体与性体》(上)，第19～20页。

④ 牟宗三：《心体与性体》(上)，第19页。

畏意识；但在20世纪60年代末期的《心体与性体》中，他转而强调孔子之天的形而上实体之含义，天与人距离实际上之消弭，以及人对于天的崇敬与尊奉而非敬畏。原先强调的是孔子之超越遥契与内在遥契之不同，可后来强调的是二者的一致性，到了《心体与性体》中，甚至连"超越遥契"的提法也消失了。显然，与关于超越遥契的观点相比，《心体与性体》对于孔子的天人观做了更加人文主义的解释，而原先被明确肯定的孔子的宗教性超越观念在某种程度上已经被否定了。1974年，在牟先生为《中国哲学的特质》所做的再版序言中，有一简短说明："倘有不尽、不谛或疏阔处，尤其关于《论》、《孟》与《中庸》、《易传》之关系处倘有此病，则请以《心体与性体》之《综论》部为准，以求谛当。"①此一说明似乎就包括孔子关于天人观叙述的变化。

那么，促成此种转变的原因是什么？这恐怕得从牟宗三本人的思想发展脉络中去寻找。从1958年《宣言》发表到20世纪60年代中期，是牟宗三宗教意识最强的时期，也是他本人思想形成的关键时期。在这一时期，儒家超越性与基督教超越性的比较成了他关注的核心问题。他将孔子的天说成人格神，将"超越"看作与"内在"相反，以及对于主观性原则和客观性原则的区分，显然这些都是以基督教的外在超越模式为参照来比较儒耶超越精神的差异。正是在这一儒耶比较的向度下，他发现并肯定了孔子的外在遥契与后儒的内在超越在精神取向上的差异。

可是，在20世纪60年代末期的《心体与性体》中，他的关于宋明理学的分系说已经形成。他认为，宋明理学家无不承认天理下贯为人性，天理即是形而上之实体，但在天理与心性的关系之判断上却出现了分歧：陆王心学将天、理、心、性通而为一，将天理完全心性化，成为一纵贯系统②，此被认定为先秦儒家之正宗；程朱理学虽然也承认天理下贯为人性，但将孟子的"本心即性"拆分为心、性、情三部分，性与心之分离导致性成了只存有不活动的理，工夫之重点也落在了格物穷理上，程朱理学成了一横摄系统③，为先秦儒学之歧出。此种理学分系说，正是牟宗三有关孔子超越性说法前后差异的关键之所在。按照牟宗三的论述，在以往有关孔子超越性遥契的说明中，人与天的距离较远，天更像是宗教的人格神。如果继续强调这一看法，则以陆

① 牟宗三：《中国哲学的特质》，再版自序。

② 参见牟宗三：《心体与性体》(上)，第38页。

③ 参见牟宗三：《心体与性体》(上)，第39页。

王心学为先秦儒家正宗的说法将面临挑战，因为天与人的客观距离在心学中恰恰完全消失了；相反，相比之下程朱理学倒是更接近孔子的超越形态。因为尽管程朱也承认“性即理”，但理毕竟是一个实体性存在，并不完全等于人心，而是具有较强的客观性，人与天理的距离相对更远。正因为如此，牟宗三在《心体与性体》中不但不再运用“超越遥契”，反而更强调孔子天人观与心学超越观的一致性，这显然是为了与自己成熟思想保持一致而对孔子天人观所做的新诠释。

可是，新诠释却使得早期所发现的孔子超越性的一些重要特性得而复失。如果说在《中国哲学的特质》中牟宗三还是一个哲学史家，更侧重于从思想史的客观情形把握孔子的思想，那么在《心体与性体》中他已经是一个拥有自身思想体系的哲学家，特定的思想视角已经开始对他的哲学史诠释发挥主导作用了。可如果牟先生早期所强调的孔子天命观中超越遥契的一面是客观存在的，那这种超越遥契与基督教的外在遥契又有何不同呢？如果我们认可孔子之超越方式与心性化儒家的内在超越方式并不完全相同，那其差异又何在呢？上述问题最终又归结为这样一个问题：孔子天人观到底是一种怎样的超越形态？

三

牟宗三早先强调孔子的超越方式与内在超越之差异是十分必要的。但是，当他以基督教为参照强调孔子超越观的宗教特性时，却没有同时分析其与基督教超越方式的差异，这自然影响了对于孔子超越形态独特内涵的具体把握。实际上，从儒家形而上学思想史的角度看，孔子的超越观念不仅不同于基督教的外在超越，亦不同于儒家后来心学化的内在超越，孔子本人的超越形态必须从与二者的具体比较中得以证定。

孔子超越性与基督教超越性的差异主要表现在以下三个方面：

第一，孔子的天虽是一个无限的神圣者，但不是人的“完全相异者”。孔子的天基本上是一个至上的道德神，是一切自然、社会、人事背后的决定力量，是牟宗三所说的人格神。从性质和功能上讲，孔子的天命位于自然和社会之上。在孔子那里，天命总是在人力的极限处显示力量，而孔子总是在这种特定情形下对之发出深沉的呼吁和感叹。对于孔子而言，天命主要是情感与信念所寄托的对象而不是理智的对象。因此，它不能被解构为自然的力量或者法则，因为它不是有限的，而是无限的，类似于奥托所说的无限的神圣者。牟宗三曾用圣者所“必然有的情绪”[①]来形容孔子对于人格神之天的敬畏，这的确抓住了问题的实质。这样一个无限的神圣者是难以完全被内在化的。正是作为自然与人事之主宰的天，确保了儒家超越性的存在。就此而言，孔子的天与基督教的神具有一些相似之处。

但是，如果我们就此将孔子的天等同于基督教的神，那就犯了莫大的错误。因为一说到天人关系，这两大超越性源头就会立即显示出其差异所在。奥托曾经不无见地地将基督教的上帝形容为一个人类的“完全相异者”，他说：

> 真正的“神秘”对象之所以超出了我们的领会与理解，并不只是因为我们的知识具有某种不可克服的局限，而是因为我们在其中遇到了某个固有的“完全相异者”，这个“相异者”的种类与特性与我们的绝不相通，因此我们在面对这个“相异者”时唯有退缩到呆若木鸡般的惊诧之中。[②]

也就是说，上帝与人在性质上完全相异，他创造了天地万物，并且是无中生有的创造，他不在时间和空间之内，时间和空间因他而开始。因此，人的知识无法理解他，人的经验不可能抵达他，因为他的属性与人类绝不相通。但是，天与人之间的这一道不可逾越的鸿沟，在孔子那里似乎并不存在。司马迁的“天人之际”概念或许最为恰切地表达了孔子之天与人的关系。对于孔子而言，天与人的分际是客观存在的，但分际不是鸿沟，而是边界线，其能将天与人同时连接和区分开来。对于孔子而言，天人之际的存在就是人与天既相异又相通的确证，所以孔子不仅通过自己的道德实践证知天命（“五十而知天命”），而且将天作为自己难得之知己（“知我者其天乎”）。孔子对于天既充满敬畏又引以为知己的态度，恰恰是以天与人不一不异的特定关系为前提的。

第二，人性虽有缺陷，但没有罪。基督教关于人性的基本观点在于人的罪性，每个人都先天地陷于罪的泥沼中而不能自拔，世世代代流传着罪的基因，因为人类的始祖亚当和夏娃犯了原罪。人本性上是自私、虚伪而冷酷

---

① 牟宗三：《中国哲学的特质》，第 36 页。

② ［德］鲁道夫·奥托：《论“神圣”》，第 33 页。

的，《圣经》将人心比喻为被装饰的坟墓，里面散发着腐败和死亡的气息。基督教并不否认人具有一定的道德能力，也据此产生了某种世俗性的社会公义，路德甚至明确对古代的道德楷模式人物表示过赞许[①]，但他最终断定人的公义根本不能与上帝的公义相比，人的道德与理性结果只是助长了人类的骄傲，使人在罪的泥沼中陷得更深。人的理性是有限的，但他自以为无限，而这本身就是罪的表现形式之一。尼布尔说："人是无知的，并陷于有限心灵的种种限制中；但他却妄想自己是不受限制的。他以为他能逐渐超越那些有限的限制，直到他的心灵完全等同于普遍心灵。因此，他所有的理智和文化的追求，都染上了骄傲的罪。"[②]于是，人依靠自身获救的希望便完全被堵塞了。人唯有彻底否定自身，将自己完全交托给上帝，因信称义，才有救赎的希望。

同样地，孔子对于人性的缺陷也有着清醒的认识。他说："吾未见好德如好色者也。"(《论语·卫灵公》)可见，好色之心在人性中是何等的根深蒂固。又说："三年学，不至于谷，不易得也。"(《论语·泰伯》)可见，人的利禄之心是多么难以去除。还说："君子有三戒：少之时，血气未定，戒之在色；及其壮也，血气方刚，戒之在斗；及其老也，血气既衰，戒之在得。"(《论语·季氏》)可见，人性之局限其实伴随了他的一生。尽管承认人性存在诸种弊端，也不主张性善论，但孔子绝不认为人性有罪。人性固有的偏颇源于人性的自然需求，它们并不是罪。自然欲求往往会因失去节制而产生种种危害，但只要导之以礼，合乎道德规范就行。另外，人除了自然欲望外，还有仁爱之心，并且这种仁爱之心是操之在我的，即所谓"吾欲仁，斯仁至矣"。因此，人性固然有缺陷，但并非不可克服，克服人性弊端的能力在于人性本身。相对于基督教的罪性论，孔子对于人性的看法显然更加合乎中道。

第三，通往天命的道路不是悔罪与启示，而是下学而上达。上帝之子耶稣说："我就是道路、真理和生命。"[③]而人唯有匍匐在上帝和耶稣面前，为自己的罪行彻底忏悔，才能瞥见上帝的真理之光，终而得救。此真理不是人依

---

① [德]保罗·阿尔托依兹：《马丁·路德的神学》，段琦、孙善玲译，译林出版社 1998 年版，第 139 页。

② [美]R. 尼布尔：《人的本性与命运》(上卷)，成穷、王作虹译，贵州人民出版社 2006 年版，第 179～180 页。

③ 《约翰福音》第 14 章第 6 节，《圣经·新约》，中国基督教协会，1998 年，第123 页。

靠自身理性探求来的真理，而是上帝启示出来的真理。在孔子的人生体验中，他时常使自己的精神与天命相沟通，只不过他接近天命的途径不是基督教式的启示和悔罪，而是下学而上达，也就是通过下学人事而上达天命。至于学的内容，且看孔子的说明："食无求饱，居无求安，敏于事，而慎于言，就有道而正焉，可谓好学也已。"(《论语·学而》)可见，他所谓的学绝不仅仅是学习书本知识，而首要的是在事上学，向有道者学。结合孔子"不学礼，无以立"的话以及太史公"以诗书礼乐教"的叙述来看，礼无疑是学的重要内容。牟宗三认为孔子"践仁以知天"①，这一说法虽不无深刻之处，但未免有失偏颇，因为它遗漏了孔子高度重视的礼，是对孔子天人观心学化的诠释。对于孔子来说，天命虽然至高无上且令人敬畏，但是可以通达，而通达天命的路径就在人的脚下，其所依靠的是人的学习能力。孔子重学，这是基于他对于人性的一种乐观主义的判断，即人具有学习的能力，而这种能力绝不会因出身和门第的差异而有任何不同，也不因一个人财富的多寡而有所差异。对于人性的判断而言，学似乎是一把双刃剑：一方面，它是人自我完善能力的证明，证明着人的主体性以及对于更高目标的追求，显示着人的超越性；另一方面，学又彰显着人的缺陷和不足，体现了人与至善的天命之间的距离，反映了人的有限性。

《圣经》上说，早期的人类曾致力于建一座通天塔，即巴别塔，试图以此从地上升达天庭，终于这引起了上帝的担忧并被上帝制止，从此人类只能永远散居于地上，望天兴叹了。但是，孔子成功建起了一座精神上的"巴别塔"，它立足于坚实的大地，上达苍穹，与天命相连接，塔的名字就是"下学而上达"，其路径就是忠恕之道。

综合上述三方面，我们发现，孔子的超越观不但不同于基督教式的外在超越，还不同于牟宗三所描述的内在超越。从性质上看，孔子的天尽管是超越于人之上的，但并不像人与上帝那样是一种完全相异的关系，人与天不一不异。正因为如此，人才能够凭借自身的道德理性而证知天命。但是，孔子所证知的天命并没有内在化为人的心性，这与孔子对于人性的看法密不可分。如果说，知天命反映了人自身所具有的超越性，那么孔子对于人性本身的理解，则同时看到了人的自然性和道德性、人的有限性与可以向无限超越

---

① 牟宗三：《心体与性体》(上)，第19页。

的潜力，这种对于人性的看法显然比单纯的性恶论和性善论更接近人性的事实。值得注意的是，孔子指出了人性中的弊端，却并不认为人性有罪；肯定人性中向善的潜能，却并不断言人性本善，他更看重人性的可教化性，即所谓“性相近，习相远也”(《论语·阳货》)。既然人没有原罪，证知天命的途径就不是悔罪与启示，而是下学而上达，人不必通过完全否定自身去接近天命，而要通过充分挖掘自身的学习能力去接近天命。这是人需要终其一生不断进行的超越过程，孔子本人到老仍然“学而不厌”的榜样就昭示了这一点。它只有进行时，没有完成时，人的德性生命的提升使他不断趋近于天命，但又永远不可能等同于天，而只能向天人之际的目标趋近。

由此可见，孔子的超越观既不是建立在上帝与人完全相异的假设下的外在超越，也不是心性化的内在超越。可以说，孔子在外在超越和内在超越之间得了一个中道，我们宁可将其称为“中道的超越观”，这样才足以客观说明孔子超越观的特性与内涵。在这样一种中道的超越观中，天没有压倒、否定人，人同样没有完全将天心性化、内在化，没有完全消解外在化的天，但是人的确可以通过下学而上达在天与人之间架起一座桥梁，从而向着天人之际的目标前进。

基于上述分析，我们有必要重新审视孔孟思想差异之所在。孟子的性善论虽然是孔子所未道的，但确实是对于孔子仁学的推进和发展。但是，孟子天命观与孔子天命观的差距要大得多。一般来说，孟子仍然在很大程度上对天命保持着敬畏，他的“立命”“事天”“知天”等概念便表明了这一点。但是，孟子是通过人的心性来印证天命之所在，只要尽心——当然尽的是人之善良的本心，就能知晓你的性了，而知道你的性就意味着知天。孟子说：“尽其心者，知其性也。知其性，则知天矣。存其心，养其性，所以事天也。夭寿不贰，修身以俟之，所以立命也。”(《孟子·尽心上》)如此一来，天命便被内在化了，天与人的距离也就消失了，这并不符合孔子的天人观。同时，如前所述，孔子并没有性善论的观点，更没有将天命下贯为人的性。在孔子那里，天是无限的，而人则在相当程度上体现着他的有限性；可在孟子那里，人的有限性之思想已经基本不见了，这是孔子天人观与孟子乃至后来心学内在超越的主要差别。一个人的超越精神的最好注脚是其人格本身，孔子和孟子虽称为“儒家二圣”，但二者的人格气象各具特色。对此，程子有过耐人寻味的比较：“孟子有些英气，才有英气，便有圭角。英气甚害事，如颜子便浑厚不同。颜子去圣人只毫发间，孟子大贤，亚圣之次也。或曰：英气见于甚处？曰：但以孔子之言比之，便可见。且如冰与水，精非不光，比之玉，自是有温润含蓄气象，无许多光耀也。"[①]在此，程子指出了孔子的温润含蓄与孟子的英气外露之不同，那么，构成孔孟不同人格特点的精神基础正是他们对于天命的不同态度。在孔子那里，天与人并非处于同一层次的存在，孔子也追求天人合一，但他的天人合一是以天人二分为前提的，天在存在的境界上是高于人的，天人合一只是终极理想，人与天的分野是永远存在的。孟子也讲天和天命，但在他的精神世界中，我们已经找不到孔子式的对于一个神圣者的拳拳眷注和敬畏，天成了一个主观的预设，他将天心性化、义理化了。孔子信赖的是天，孟子依靠的却是人性。正是超越意识的差异，构成了孔孟不同人格风范的精神基础。至于后来宋儒发展到"天人本无二，不必言合"[②]，天与人完全合一，就离孔子的天人观更远了，孔子其实从未表现出这种对于人性的过分乐观。

如果说孟子沿着心性论的立场将孔子那个依然具有外在权威的天命内在化了，那么荀子则是沿着相反的方向解构了孔子的天命观，将天完全物质化、除魅化，从而消解了天的超越性内涵，将道德的基础完全奠基于礼仪规范的约束，至此孔子所维护的天命完全坍塌了。

可以说，孔子之中道超越观的式微并非偶然，而是具有深刻的历史动因。西周宗教的基本特征是政教合一，天命的权威与现实的政治运作密不可分。孔子去世之后，王权更加衰微，成了一个在列强杀伐声中瑟瑟发抖的被遗忘的小国寡民，天命的权威似乎也随着周朝政治力量的衰弱而一去不返了。孔子生前维护着那个高高在上的天命，但进入战国时期，战争更加残酷，社会更加动荡，各种人文主义思潮在激荡中发展，天命的纯粹超越者地位已经不可能再维持，儒家内部对于天命观的重新诠释也在所难免。

孔子曾经慨叹："中庸其至矣乎，民鲜能久矣！"（《中庸》）中道超越的历史命运为这一深沉的感慨增添了一个新的案例。如果说，孟子继承了孔子的仁，荀子继承了孔子的礼，而唯独孔子中道超越的天命观在其后学那里遗失了。只有在汉代司马迁有关"究天人之际"（《史记·报任安书》）和董仲舒

---

① 朱熹：《四书章句集注》，第 199 页。

② 程颢、程颐：《二程集》卷六，中华书局 1981 年版，第 81 页。

“天人相与之际，甚可畏也”(《汉书·董仲舒传》)的叙述中，我们才又一次听到了关于孔子天命观的遥远回响。此时，天下已定，郡县制下的专制君主汉武帝已经将儒学定于一尊，经学的时代开始了，儒家思想也在前所未有的形势下翻开了新的一页，儒家的超越思想注定要展开新的历史形态。

殷周之际“以德配天”的提出及其对孔子天命观的影响

谭明冉

摘要：本文通过对殷周之际宗教观和政治理论的分析，认为孔子对鬼神天命模棱两可的态度肇源于周公的“以德配天”思想。“以德配天”思想的实质乃是将注意力从过去人们对天命的重视转移到人为的修德上，是理性对感性的替代。孔子对周初“以德配天”思想的继承，旨在强调德或仁的重要性，认为只要一个人尽心于仁德和职分，不祈求天命而天命自至。这样，天命便成为人为修德的一种自然结果。故孔子强调“不怨天，不尤人，下学而上达”，强调“务民之义，敬鬼神而远之”。孔子的思想成为中国文化的主流之后，逐渐形成了中华民族特有的信仰特色，即虽敬奉鬼神，但从不因迷信鬼神而置人为努力于不顾。

关键词：天　帝　命　德　仁　孔子

自孔子以来，中华民族可谓一直奉行着这样的人生态度：尽人事，听天命。即使在谶纬和佛教思想盛行的时代，这种人生态度也未受到动摇。中国人虽然敬奉鬼神，但从不因迷信鬼神而置人为努力于不顾。这种文化传统使中国人的人生态度明显区别于世界上其他文化传统，如印度教徒、伊斯兰教徒、基督教徒等。何以会如此？究其原因，人们会上溯至孔子，但对于孔子如何产生这种思想，本文试图从殷周之际的宗教观之转变给出一个尝试性解释。

谭明冉，山东大学哲学与社会发展学院教授，主要从事儒道哲学研究。

一、殷人的宗教思想

《礼记·表记》:"殷人尊神,率民以事神,先鬼而后礼。"礼,虽然原意为事神以致福,但也有社会规则的含义。因此,当它相对于鬼神使用时,当有人为治理之义。这句话或许可以概括殷人宗教信仰的特点:在一个鬼神(当然包括天、帝)起决定作用的社会里,人们事事问神,揣测并遵照神的旨意办事,以合神谕为行事之佳境,自然可以怠弃人事,故先鬼而后礼。这一方面体现在商纣王拒绝祖伊的谏言,反驳说:"我生不有命在天?"(《尚书·西伯戡黎》)另一方面体现在殷人重视龟卜,事事询问神的旨意。

殷人的龟卜显示出他们有一个至上神——帝。帝能够左右人间的一切事务,龟卜乃是直接获知帝旨意的一种方式。比如,他们占问雷、雨:"今三月帝令多雨(前 3185);帝其令雨,帝不令雨(乙 1312);贞,帝其及今十三月令雷(合集 14127 正);帝其于之一月令雷(乙 3282)。"①

另外,殷人还有祖先崇拜。相对于帝来说,祖先乃是低一级的神。但祖先与自己有血缘关系,较其他神灵更容易受子孙感动,保佑子孙。祖先的保佑一方面体现在替子孙在帝那里求福。比如,"咸不宾于帝,下乙宾于[帝]"(乙 7179);"下乙不宾于帝,大甲宾于[帝]"(乙 7434);"大甲不宾于帝,宾于帝"(乙 7549)。"宾于帝"恐怕不仅是客居在帝那里之意,比较《诗经·大雅·文王》"文王在上,於昭于天。……文王陟降,在帝左右"之语,还当有殷之先王在天帝左右服侍帝、传达帝旨意的意思。正因为"殷多先哲王在天"(《尚书·召诰》),侍奉上帝各有其序,故殷人有哪一位先王此时"宾于帝"之问。若龟卜告知哪位先王"值勤"帝所,殷人则祈祷这位先王,让他影响帝,以给予殷人更多恩惠和保佑。另一方面,祖先又能直接保佑子孙,满足子孙的要求。如"壬申贞,求禾于夔,燎三牛,卯三牛"(《合集》33278)。"求禾",即祈求丰收②;"夔",乃是殷人的祖先。

关于殷代社会的宗教特色,吉德炜(David Keightley)曾有过一段精辟论述。他说殷人"认为帝这一高级神可以授予丰硕的收获,并在战争中给以神

---

① "前"指《殷墟书契前编》,罗振玉 1913 年编。"乙"指《殷墟文字乙编》,董作宾 1948～1953 年编。"合集"指《甲骨文合集》,郭沫若 1978～1982 年编。

② 参见赵诚:《甲骨文与商代文化》,辽宁人民出版社 2000 年版,第 19 页。

灵的保佑。认为王的祖先能够代为请求帝的降福,还认为王能够与其祖先沟通。因此,对商王祖先的崇拜可以为商王的政治统治提供强有力的心理上的和思想上的支持。通过占卦、祈祷和牺牲来影响王的才能,祖先精神的意愿使其集中政治权利成为合法化,所有的权利皆来自神,并驱散祖先的能侵扰百姓的灾祸,通过他提供的牺牲和举行的祭祀以及进行的占卜等,王给臣民带来了丰硕的收获和尽可能的胜利"①。更为明确的是,殷人认为自己乃是上帝的选民。《诗经·商颂·长发》:"有娀方将,帝立子生商。"意思是,有娀氏之国开始壮大,上帝立其子契,为商之始祖。《诗经·商颂·玄鸟》:"天命玄鸟,降而生商。""玄鸟",即燕子。天使燕下而生商者,谓燕遗卵,有娀氏之女简狄吞之而生契,为尧司徒,有功封于商。既然殷人是上帝之选民,如此便为殷人在世俗政权中的统治地位提供了宗教上的保证,也为其祖先死后客居上帝那里提供了根据。殷人对上帝的崇拜反映出商代乃政教合一的社会。殷人对鬼神的虔诚,事事问卜,祈求上帝的"降福""佐王""受佑"、不"降堇"、不"降祸"等等,正好反映出上帝是支配人间社会的中心力量。上帝的威力既是对诸多自然现象,如日、月、风、雷等的综合,又是人类鬼神、祖先崇拜的升华,是社会性和自然性的统一。② 殷人既然认为一切取决于神,那么神之所是便是人之所是。这种政教合一的社会特色,使施德惠、求治理成为不大必要。因为顺从神意就是最好的选择;相反,等到德惠和治理成为统治者的关注对象时,上帝或天的地位已经开始减退了,这种情形具体反映在周人"以德配天"的思想之中。

二、周人"以德配天"思想的提出

周人原居西陲,虽然其征服殷人之前的宗教思想已难以详知,但仍可据《诗经》《尚书》的一些早期篇章做出推测。可以肯定的是,周人接受了"帝"作为至上神,帝是有人格的,能够主宰人间事务,通过占卜能够获知帝的意愿。比如,《诗经·周颂·思文》:"思文后稷,克配彼天。……贻我来牟,帝命率育,无此疆尔界。"《诗经·大雅·皇矣》:"皇矣上帝,临下有赫。……帝

① 转引自[美]张光直:《商代文明》,毛小雨译,北京工艺美术出版社 1999 年版,第 185 页。

② 参见朱天顺:《中国古代宗教初探》,上海人民出版社 1982 年版,第 255 页。

作邦作对，自大伯、王季。”

同样，周人也认为祭祀能影响上帝。《诗经·大雅·生民》：“厥初生民，时维姜嫄。生民如何？克禋克祀，以弗无子。”意思是，周人的始祖出于姜嫄，姜嫄如何生出他的？她能够通过虔诚祭祀天神，避免没有儿子。

周人既然接受了殷人的上帝，必然也会接受殷人为上帝之选民的说法，这样自然就接受了殷人乃得天命的事实。《岐山甲文》中有周文王祭祀殷王帝乙的记载，也有殷人占卜关心周人的卜辞，如“周方弗其有祸。（乙 3536）”“命周侯今月无祸？（甲 436）”①这些皆说明殷人、周人此时有着共同的宗教信仰。然而，牧野之战的结果却是周人胜利，这不论是对殷人还是周人来说，都是一个极大的刺激。对殷人来说，一向笃信鬼神、自认为常得天帝保佑的殷民族，竟然被小国联合诸侯打败了，难道上帝真的不保佑殷民族了吗？对周人来说，也许他们自己也不相信真能打败受天帝保佑的殷人。故周公对殷人说：“非我小国敢弋殷命。”意思是，这并不是我小小的周国敢夺取殷国的天命。但既然得胜了，又如何解释？那只好说：“惟天不畀允罔固乱，弼我，我其敢求位？”（《尚书·多士》）即只是老天不把天下给予那些谗佞、诬枉、固执、迷乱的人，而来辅助我们，我们哪里敢来争夺你们的王位？周公的意思是，我们周民族得到了天的保佑，才打败你们。但是这种解释很难说服人，因为殷人并没有对上帝不敬，牺牲、祭祀、占卜，仍然事事听天由命。周公必须为上帝为什么帮助周人而不再保佑殷人给出一个合理的解释。

反思的结果有两种情况：一是上帝保佑一个民族是有条件的，二是怀疑上帝的存在。要说上帝的保佑是有条件的，那就必须打破上帝为殷人所独占的这种传统。周人在这方面做了很多工作，如首先说他们的始祖是姜嫄踩到了上帝的脚印后怀孕而生的，以此证明自己与上帝也有特殊的关系，进而干脆说“惟天地万物父母”（《尚书·泰誓上》）。既然大家都是天的子女，自然都受天的保佑。

其次，提出“皇天上帝，改厥元子，兹大国殷之命”（《尚书·召诰》）。至于为什么上帝改选周人做元子管理天下，则是因为周人有“德”，殷人失“德”。言下之意，“有德”“无德”乃是上帝选择周人、保佑周人而遗弃殷人的

① “甲”指《殷墟文字甲编》，董作宾 1948～1963 年编。

条件，这就是周人“以德配天”的思想。据此，周公试图说服殷人听从周人的统治。他解释说，从成汤直到帝乙，没有不昭明其德而谨慎于祭祀的，因此上天就建立、保佑了殷国；殷王们没有一个敢违背上帝命令的，没有一个不配合天意的，于是（殷的国势）就很昌隆；到了纣王，他的品德不能显扬于天上，更难以体念殷先王为国家操劳的情形，他过度享乐，不顾天理和人民的痛苦，于是上帝就不再保佑他，降下灭亡之祸来，这只是因为上帝不保佑那些品德不昭明的人。① 言下之意，我们周人只听从有德的国王，本来不敢谋取商的天下，现在我们得了天下，你们不能怪罪我们，因为我们只是顺从天命行事。

怀疑上帝的存在，是周公神道设教、制礼作乐的原因。也许周公根本不相信什么天命，在他眼中，只有人为治理才能征服殷人，得到天下，而神的保佑靠不住。这种思想从武王伐纣时便初露端倪，如武王说：“同力度德，同德度义。受有臣亿万，惟亿万心。予有臣三千，惟一心。”（《尚书·泰誓上》）“受有亿兆夷人，离心离德。予有乱臣十人，同心同德。虽有周亲，不如仁人。天视自我民视，天听自我民听。”（《尚书·泰誓中》）“受”，指商纣王，诸语皆表现出重德、重义、重人事的倾向。这种思想在周公征服管、蔡、武庚以及东方诸国的叛乱后，更让人深信不疑，具体表现在周公营建成周洛阳，分封亲戚之国于齐、鲁、卫、晋、郑等，以此管理殷国遗民。这是一个理性的思考，其目的便是控制东方诸国。

这两种反思的结果几乎同时出现在周人思想之中，施诸天下，便形成了《礼记·表记》中所说的“周人尊礼尚施，事鬼敬神而远之”的传统。也就是说，周人更重视人为的治理以及向人民施予德惠，不再推行殷人听天由命的传统，但必要时仍以神道设教，借用上帝天命安顿天下，维护自己的利益。比如，上文所说的周公对殷人的劝说，还有王孙满对楚王问鼎的回应：“成王定鼎于郏鄏，卜世三十，卜年七百，天所命也。周德虽衰，天命未改。鼎之轻重，未可问也。”（《左传·宣公三年》）周人认为，治理之核心便是制礼作乐，以德配天。因此，周公谆谆教导成王：应当以夏、殷两代的灭亡为教训。应

① 其实，周公以商纣王失德来解释上帝革去殷人的天命并不能让他们信服。子贡曾说，商纣王并不像传说的那样恶（《论语·子张》）；韩非子也记载，商纣王以周文王为仁义之君，不听费仲诛灭之的建议（《韩非子·外储说左下》），这说明商纣王并不如周公所言的那么不祭祀上帝，不关心下民。

当看到，夏、殷虽然敬服天命，但因不修德，最终失去了天命。因此，成王要修德，只有修德才能向上天祈求长久的天命和保佑。

因此，周人战胜殷人，从表面上看，是小国战胜大国；但从内涵上看，则是理性战胜感性，人为战胜天命。殷人对上帝的虔诚并没有避免其家园的沦陷，这说明上帝不能以情动之。同时，一个偏远小国竟然能伐灭一个悠久的中原大国，也使周人倾向于理性态度，而非感情用事。因此，周公制礼作乐，分封诸侯，以巩固周人之天下。礼乐的核心是德治惠民，一天下于道德，故周人的统治可谓敬德保民，而非导民以事神。周人所说的"德"到底是什么含义？今兹就《尚书》等有关文献分析之。《大禹谟》："惟德动天，无远弗届。"德与天对举，说明德主要是就人而言的。《仲虺之诰》："有夏昏德，民坠涂炭。"《汤诰》："夏王灭德作威，以敷虐于尔万方百姓。"说明正常的德至少是有利于民众的行为或举措。《泰誓中》："惟天惠民，惟辟奉天。"《蔡仲之命》："皇天无亲，惟德是辅。民心无常，惟惠之怀。"说明德实际上就是惠。因此，周人的德主要是就统治者与民众的关系而言的，统治者施民众以恩惠，民众有所得，统治者则被称为"有德"。这种以德处理人与神、人与人之关系的方式，乃是周人之发明。这样，人与天、帝、鬼神逐渐疏远，倾向于人事，不依赖于天命。善占候的梓慎和裨灶都预言宋、卫、陈、郑要发生火灾，而子产却置之不理，说："天道远，人道迩，非所及也。"(《左传·昭公十八年》)这种轻天命、重人事的态度使周人心目中的宗教观念日益淡漠，最终导致天的非人格化，而转变为庄子、荀子的自然之天和孟子的义命之天。可以说，周人"敬鬼神而远之"的思想，实为诸子思想之温床。

上述分析认为，"德"的概念显然为周人所发明。"以德配天"的思想不仅成为区分殷人与周人之宗教信仰、治理国家的标准，还成为区分周人文献与殷人文献的一个可供参考的标准。殷人重视鬼神，"先鬼后礼"，当然不以德为治国、得天命的根本因素。由搜集到的殷人文献、卜辞、铭文可知，殷人极少谈到德，他们重视的只是神意、祭祀。相反，周人用"以德配天"为自己代殷人为天帝元子作论证，处处重德。由此，可对《尚书》中的夏、商、周三代文献加以分类：凡文献中强调"以德配天"的思想内容皆为周人附加。滤去重德思想和一些周人对商纣王罪恶的夸大之辞，或许可以从《尚书》中获得一些夏、商的有关史料。

三、"以德配天"思想对孔子的影响

孔子基本上继承了有周以来"尊礼尚施,事鬼敬神而远之"(《礼记·表记》)的传统。由周朝定天下到孔子之时,已经有500多年的历史,周人的礼乐教化政策已深入人心,带有浓厚宗教色彩的"以德配天"思想逐渐演变为"民为神主"、重德轻鬼神的思想。故子产说"天道远,人道迩"(《左传·昭公十八年》),史嚚有"国将兴,听于民;将亡,听于神。神,聪明正直而壹者也,依人而行"(《左传·庄公三十二年》)的论断。同时,"天"的内容也在悄悄发生变化:天由周初的人格神,能"降灾下民""佑民""震怒"等,变成了一种自然的或非人格的力量。比如,师旷说:"良君将赏善而刑淫,养民如子,盖之如天,容之如地。"(《左传·襄公十四年》)伯宗对晋侯说:"天反时为灾,地反物为妖,民反德为乱。乱则妖灾生。"(《左传·宣公十五年》)医和对晋侯曰:"天有六气,降生五味,发为五色,徵为五声,淫生六疾。六气曰阴、阳、风、雨、晦、明也。分为四时,序为五节,过则为菑。"(《左传·昭公元年》)前二者以天地对举,后者干脆指出天乃自然所见之天。孔子在天命观上还没有子产、师旷等人走得远,有些保守,显示出明显的二元性。一方面,孔子仍然认为有鬼神,有人格化、能够左右个人命运的天。比如,子畏于匡,曰:"文王既没,文不在兹乎?天之将丧斯文也,后死者不得与于斯文也;天之未丧斯文也,匡人其如予何?"(《论语·子罕》)孔子认为,他自己的德是天赋予的,天派他弘扬文王之道,桓魋和匡人是杀不了他的。同时,他认为奥神、灶神与天一样,能惩罚人。另一方面,孔子并不主张去祈祷天,依赖天,而要"敬鬼神而远之",认为只要做了自己分内的事,自然会得到天的保佑。比如,樊迟问知。子曰:"务民之义,敬鬼神而远之,可谓知矣。"(《论语·雍也》)季路问事鬼神。子曰:"未能事人,焉能事鬼?"(《论语·先进》)

这种矛盾的天命观实际上仍然是周初神道设教和"以德配天"思想的混合物。在孔子看来,一个人能"务民之义",行不失德,不迷信鬼神,才算有智慧。同时,他认为有德者自然会受到天或神的保佑。孔子自认为一生循周礼行事,未有失德,理应得到鬼神天帝的保佑。因此,当他疾病时,子路要向上下神祇祷告,他却说:"丘之祷久矣。"(《论语·述而》)这显然是对《尚书》中"惟德动天"的继承。本着这个信念,孔子一生以人事为本,以复礼、正名为务。在他看来,人为治理以实现天下安定太平,既是最大的德,也是对天的最大祭祀。因此，当别人讥讽他“知其不可而为之”时，他说：“莫我知也夫！”继而解释道：“不怨天，不尤人，下学而上达。知我者其天乎！”（《论语·宪问》）其实，孔子在这里已经悄悄地将人为修德置于首位。换言之，只要尽了人事，自然就尽了天命，自然会合乎神意。

类似地，孔子对“命”也表现出二元倾向。一方面，他相信有命，命乃上天降于人的不可违抗或逃避的命令，因此他“畏天命”。在伯牛染疾时，他说：“亡之，命矣夫！斯人也而有斯疾也！斯人也而有斯疾也！”（《论语·雍也》）当公伯寮在季孙面前诽谤子路时，他说：“道之将行也与？命也；道之将废也与？命也。公伯寮其如命何！”（《论语·宪问》）另一方面，他不认为命能完全左右人的行为，人可以摆脱命运的摆布。因此，当子夏说“死生有命，富贵在天”时，孔子却说子贡“赐不受命，而货殖焉，亿则屡中”（《论语·先进》）。孔子解决其天、命思想不一致的办法是“尽人事，听天命”，意思就是尽自己的力量向着目标前进，至于最终结果，听天由命。他所谓的“尽人事”主要是就修身修德而言的，或者说“为仁”。“德”之含义，虽然仍然保留着其“惠民”的原意，如他称许管仲“如其仁”，是因为辅佐齐桓公九合诸侯，使天下免于战火，使生民免于涂炭；但因他提出了“仁”的概念，“德”便在原来“施惠爱民”的基础上增加了仁爱、友爱这一层含义。比如，子曰：“主忠信，徙义，崇德也。”（《论语·颜渊》）

因此，“德”以仁义为实质。修己立德，主要在于循礼由义，接受现定的社会秩序，不犯上作乱。韩愈的道德为虚位、仁义为实质之说，实甚契孔子的思想。修德的进一层含义是安命，知天命。因为在孔子看来，命已经不仅是周初的“帝命”“天命”等人格化命令，而且已经转变成为现有的社会秩序、宇宙秩序。“礼”虽然经人为制作，但也本着自然秩序或社会秩序而定。“克己复礼”的重要含义便是安于既定的社会秩序，不犯上作乱。因此，孔子称文王有至德，知天命，因为他一直安于臣子的职分。相反，非自己分内所应得而汲汲以求的，则为不安分，不知天命。因此，当他说子贡：“赐不受命，而货殖焉，亿则屡中”时，实则暗含着对子贡“不安命”的批评。相反，颜回克己复礼，虽“屡空”，但仍被孔子推崇备至。这样，知命的含义便转变成知人生以修德循礼为命，舍此而他务，则为不知命。明白这层含义，就可以理解他为什么说“五十而知天命”（《论语·为政》），“不知命，无以为君子也”（《论语·尧曰》）。

孔子在天命观上的不一致，因其在中国文化史上的特殊地位而备受注目。可以说，此后的中国文化基本上沿着这种对鬼神天命模棱两可的态度行进。孟子、荀子从不同方面对孔子的天命观进行分疏：孟子认为天、命乃神秘不可知的道德力量，但至诚可以动天，修身尽性可以合天；而荀子则将天、命视作客观现象和自然规律，人只要发挥自己的内在潜能，便能"制天命而用之"（《荀子·天论》）。庄子试图将孔子天命观的这种不一致统一起来，他取消人为，要求安时处顺，"无以人灭天，无以故灭命"（《庄子·秋水》）。但是，因儒家文化的主导地位，庄子的声音虽时有反响，但仍然改变不了中华文化天命观上的二元性。王国维所说的"中国政治与文化之变革，莫剧于殷周之际"①可谓韪矣。

① 王国维：《殷周制度论》，《观堂集林》，中华书局1959年版，第451页。

由新出简帛看《论语》成书问题

宋立林

摘要：作为儒家经典，《论语》成书的相关问题一直备受关注。根据新出简帛中大量文献所提供的相关信息，我们可以对《论语》成书问题作进一步的探讨。《论语》乃是孔门弟子所记录之孔子言行文献的一部分。而孔子言行文献大体分为两类：第一类为“语录体”，第二类是成篇的论述。至于两者的关系，则是第二类反映了孔子弟子对孔子言行文献记录的原始面貌，第一类是在原始记录基础上进行的精选、精编，反映的是孔子弟子对孔子思想精华的提炼和整理。《论语》正是孔子言行文献的精选、精编本，这一点可以结合传世文献和出土材料得以确认。而关于《论语》的编纂人问题，通过对比各种说法，并结合子思之身份地位，我们推测经过了原初的记录、整理、编纂，最终由子思领纂并完成了《论语》的编纂。

关键词：出土简帛　《论语》　孔子言行文献　子思

研究孔子思想，首先得依赖文献资料，即保存在传世文献和出土文献中的大量“孔子言行文献”①。这些孔子言行文献是孔子在教学、生活过程中与

宋立林，曲阜师范大学中华礼乐文明研究所所长、教授，山东省泰山学者青年专家，主要研究方向为儒学思想史。

① “孔子言行文献”是笔者新近使用的一个词，用以概括我们看到的有关孔子的文献。此前，笔者长期使用业师杨朝明先生提出的“孔子遗说”一词，仔细思虑，颇觉不够周洽，故改用稍嫌啰嗦的“孔子言行文献”一词。但对于有关孔子言论的资料，还是以“孔子遗说”指称之。

学生、时人的交谈记录，以及弟子时人对孔子举止行为的记录。在这些孔子言行文献之中，最为世人所重视的是《论语》。但是，关于《论语》成书之问题，学者们依然歧义纷纭、莫衷一是，即使一些流行甚广的观点，在今天看来也有重新检讨之必要。这种检讨，对于理解中国古代文献的形成和传流、孔子与早期儒学之研究都具有重要意义。

一、孔子言行文献之记录

孔子一生设教，应当留下了非常庞大的言语和事迹，但我们今天看到的并不多。当然，相对于先秦时代的其他先哲，孔子言行文献还是保存得最为丰富。那么，这些孔子言行文献又是如何被记录下来的呢？

我们认为，孔子的这些“谈话记录”和“行为事迹”大都出自孔子弟子之手。根据文献记载，《论语》就是“孔子应答弟子、时人及弟子相与言而接闻于夫子之语也。当时弟子各有所记，夫子既卒，门人相与辑而论纂”（《汉书·艺文志》）而成；再如《孔子家语》，据孔安国所说，“皆当时公卿士大夫及七十二弟子之所谘访交相对问言语也。既而诸弟子各自记其所问焉，与《论语》《孝经》并时”①。当然，孔子与各国君主、卿大夫的对话及其行为事迹，也有可能由史官等记录下来，随之流传下来，然后由孔门后学整理进儒家典籍之中，成为孔子言行文献的一部分。从文献记载看，孔子言行文献绝大部分应该属于七十子及其后学所记，且孔子弟子记录整理孔子言行文献也有明确记载。最为典型的材料见于《论语》，《卫灵公》篇记曰：

> 子张问行。子曰：“言忠信，行笃敬，虽蛮貊之邦行矣；言不忠信，行不笃敬，虽州里行乎哉？立，则见其参于前也；在舆，则见其倚于衡也。夫然后行。”子张书诸绅。

所谓“书诸绅”，即写在束腰的大带上。不难想象，孔子弟子在问学时有做笔记的习惯，随时将夫子的精粹之语，包括孔子的神情、举止、状貌及行为事迹记录下来以备忘。子张“书诸绅”，显然是一种特殊情况。我们可以试着还原一下当时的情形：一天，子张陪同夫子在外游玩，忽然想到一个问题，就向

① 孔安国：《孔子家语后序》，杨朝明、宋立林主编：《孔子家语通解》，齐鲁书社 2013 年版，第 578 页。

夫子提出来。孔子作了精辟的解答，子张感到十分精妙，为了避免忘记，想立刻记录下来。可惜手头没带竹简，情急之下，子张将孔子之语写在了自己衣服的大带之上。古人有随身携带笔墨的习惯，而竹简则因沉重而无法随身携带，往往会在出远门时被放入橐中或车上。

其实，《论语》中的这一记载并不是孤立的，它可以与《孔子家语》相互印证。比如：

> 《入官》：子张既闻孔子斯言，遂退而记之。
>
> 《论礼》：子夏蹶然而起，负墙而立，曰："弟子敢不志之？"
>
> 《五刑解》：冉有跪然免席，曰："言则美矣，求未之闻。"退而记之。
>
> 《正论解》：子贡以告孔子，子曰："小子识之：苛政猛于暴虎。"
>
> 《正论解》：孔子闻之，曰："弟子志之：季氏之妇可谓不过矣。"
>
> 《曲礼子贡问》：孔子在卫，卫之人有送葬者，而夫子观之，曰："善哉，为丧乎，足以为法也。小子识之！"子贡问曰："夫子何善尔？"曰："其往也如慕，其返也如疑。"子贡曰："岂若返而虞哉？'子曰："此情之至者也。小子识之！我未之能也。"

这些材料中的"志""识"都是"记录""记住"的意思。可见，孔子时常提醒弟子记录一些重要的观点、思想。对于老师的很多嘉言懿行，弟子也往往有随时记录的习惯。

在孔门之中，还有一种近乎"制度化"的措施，即类似于王官中的史官。据《孔子家语·七十二弟子解》记载："叔仲会，鲁人，字子期。少孔子五十岁，与孔璿年相比，每孺子之执笔记事于夫子，二人迭侍左右。"这一段记载在《史记索隐》所引《孔子家语》中稍有不同："鲁人。少孔子五十四岁。与孔璿年相比，二孺子俱执笔迭侍于夫子。"虽然这则材料尚属孤证，但我们可以猜测，孔门可能有让年轻的学生负责记录孔门事务的规矩，这有点像史官制度，左史记言，右史记事。而所有这些，正是孔子言行文献得以留存的前提所在。

近来也有学者对此提出质疑，他们认为孔子及孔门弟子所处的时代尚无随时做笔记的条件。比如，高培华先生指出，"当时弟子各有所记"，多为心记而很少笔记。当时尚不具备学生记课堂笔记之便利条件，孔门教学多为天地大课堂，弟子还不可能形成普遍记课堂笔记的习惯。他还引用傅斯年先生《论语》成书时代"文书之物质尚难得"的说法，来说明当时绝无后来记课堂笔记之便利条件，并坚持认为，当时多数弟子只是默记于心，事后追述。高先生对钱穆先生提出的“则当时诸弟子于孔子之一言一动，无不谨书而备录之可知”一说，也提出批评。他的理由是：“假如真的‘一言一动’当时皆有记录，则孔子执教近半个世纪，何至于现今《论语》连同一些重复章节计算在内，也不足一万三千字？”①对于高先生的这些看法，我们不能同意。首先，孔子课堂多为“天地大课堂”的说法，未免有些夸张。孔子时代，当然不可能有现今时代十分规整的“课堂”；孔子确实经常将课堂延伸到任何地方，河边、树下、山岗、路上，但毫无疑问，孔子教学必然还是有一个相对固定的场所，用于讲授《诗》《书》，演习礼乐。孔门六经固然需要口诵心记，但也必须有抄录，做笔记，否则很难想象其教学效果会怎样。孔子弟子对于老师的嘉言懿行，必然会随时记录。当然，这样的记录肯定是简略的大纲，如傅斯年先生所言，“一段话只能写下个纲目，以备忘记”，事后需要补记。但傅先生所谓“详细处则凭口说”②，恐怕只看到了一种情形，忽视了孔子弟子多有“退而记之”的习惯。其次，高先生忽略了《论语》一书的性质。《论语》绝非孔子言行文献的全部记录，而是孔门后学对孔子言行文献的精选、精编本。因此，即使孔子弟子对于老师的“一言一动”都予以记录，但也绝不能全部反映在《论语》之中。君不见，在大小戴《礼记》《孔子家语》等文献中还保存着大量《论语》未载的孔子言行文献吗？

对于孔子言行文献的记录情况，陈桐生先生有过详细的论说。他指出，在七十子之前，商周史官有执笔记载的传统。王侯卿相发表治国言论，史官随时将这些“治国之善语”记载下来，《尚书》《国语》中的王侯卿相言论就是由当时的史官记录整理的。七十子记载孔子言行，就是从商周史官记言记事学来的。不过，我们将《尚书》《国语》和《论语》进行比较，就可以发现《论语》的口语化倾向特别明显。这是因为商周史官记载王侯卿相言论，是在忠实履行王室职责，所以感情色彩要淡；而七十子对孔子的心理就不同了，他们对孔子有一种由衷的崇拜之情，会以高山仰止的心情看待孔子，因此才会以虔诚的态度执简记载孔子的言行。从文献来看，孔子教育弟子不仅发生

---

① 高培华：《卜子夏考论》，社会科学文献出版社 2012 年版，第 326 页。其实，《论语》字数应为 1.6 万左右。

② 傅斯年：《战国文籍中之篇式书体——一个短记》，刘梦溪主编，雷颐编校：《中国现代学术经典·傅斯年卷》，河北教育出版社 1996 年版，第 337 页。

在课堂上，而且更多的是利用课后时间进行教育。闲居交谈，登临山水，征程旅途，祭所庙堂，无一不是孔子教育弟子的场所。弟子有了问题，或者有特殊的理论兴趣，便及时向孔子请教，孔子会随时随地耐心予以解答，这些个人辅导也成为七十子记录的重要内容。孔子在教学之余，席不暇暖，向各国诸侯卿大夫宣传自己的政治主张，而孔子与这些政治权要谈话时，七十子必会执笔侍候，以备记录。因此，七十子笔录的内容十分广泛，有时是孔子的某一句名言，有时是孔子与门生弟子的闲居交谈，有时是个别弟子的请益，有时是与诸侯贵族及时人的谈话，有时是孔子生平经历的各种事件，有时是孔子传授的礼仪，有时是孔子阐述的礼义，有时是孔子讲述的历史旧闻，甚至孔子的行为举止、起居嗜好也成为七十子的记录内容。在绝大多数情况下，孔门弟子应该事先为记载准备了笔墨简帛。孔子时代的书写条件远没有今天这样便利，当时弟子是用毛笔在竹简或绢帛上记载孔子的话。竹简有一定的重量，一支竹简只能写几十个字；绢帛虽然很轻，但是价格昂贵，成本太高，不易得到；用毛笔写字，还需要磨墨，这些因素都会影响弟子们记录的速度和内容。孔子谈话是"一次过"，当时又没有录音设备，所以想完整、准确地记录孔子的谈话，绝不是一件容易的事情。凡是有过记录经验的人都知道，记什么、不记什么以及记录稿的质量，都与记录者的文化素质、理解能力、写字速度、理论兴趣有关。同时，需要注意的是，不是所有孔门弟子的记录手稿都能有幸成为《论语》的备选材料。因为《论语》是在孔子去世后编成的，当时七十子散居在各个诸侯国，在古代通信、交通极不发达的条件下，要把他们召集起来并非易事，编辑者只能联系到那些他们所知道的人，这样显然会漏掉相当一部分人手中的材料。[①] 陈先生以上这些详细的论述，完全可以回应高培华先生对孔子言行文献记录情况的质疑。

二、由新出简帛看《论语》成书

综览先秦两汉文献，我们发现，由孔子弟子记录流传下来的"孔子言行

---

① 参见陈桐生：《论语十论》，暨南大学出版社 2012 年版，第 4～8 页。陈先生还作了一个有趣的类比。他说，孔子本人从来不动笔写文章，他的教学方法是先生讲，弟子记，孔门绝大多数文献就是这样产生的。虽然陈先生说"孔子本人从来不动笔写文章"，未免过于绝对了，但这个说法无疑富有启发性。

文献”，尤其是其中的“孔子遗说”，大体可以分为两类：第一类“语录体”，即所记孔子言论大多为语言片段，多数缺乏具体背景，语句短小，语言凝练，简明深刻，有语约义丰之效果，以《论语》、大小戴《礼记》等为代表；除了《论语》以外，孔子裔孙子思的著作中很可能就有一部分专门记录孔子言论的片段，如保存在今本《中庸》的第二章到第九章、上博竹书《从政》篇、今本《礼记》保留的子思著作中的《坊记》《表记》《缁衣》（包括郭店、上博简《缁衣》）等。此外，其他典籍在叙事之后常常引述的孔子的评论之语也应属于此类，《左传》《公羊传》《穀梁传》等都有类似例证，《孟子》《荀子》《韩诗外传》等书中也有一些例子。这正如春秋战国时期人们经常引用《诗》《书》、借用经典一样，乃是以孔子言语裁断是非，评人论事，这些自然多出现在儒家著作中。

第一类“孔子遗说”属于对孔子言语的精选，是精中选精的结果，未必完全出于原始记录。这一类材料应该属于孔子常常言及的典型话语，虽未必都像孔安国所言《论语》那样具有“切事”的特点，但应该都比较“正实”[①]。王充说：“周以八寸为尺，不知《论语》所独一尺之意。……以八寸为尺，纪之约省，怀持之便也。以其遗非经传文，纪识恐忘，故以但八寸尺，不二尺四寸也。”（《论衡·正说篇》）从王充的说法中可以窥知这类记载的特征。

第二类则是成篇的论述，对于对话背景也有一定的交代，所记为完整的对话情形，篇幅相对较长，这一类姑且可以称为“文选”。这一类材料以《孔子家语》最为集中，其他当然还有很多，如《礼记》《大戴礼记》《孔丛子》中的一些篇章，又如《孟子》《荀子》（《宥坐》《子道》《法行》《哀公》《尧问》五篇）、《庄子》《吕氏春秋》《说苑》中的一些章节，还有帛书《易传》、《上海博物馆藏战国楚竹书》的一些篇章（如《民之父母》《子羔》《鲁邦大旱》《中弓》《季庚子问孔子》《君子为礼》《弟子问》），等等。

当然，这样的区分虽然十分粗略，未必能够准确反映现存孔子遗说的实际，但可以更好地概观孔子遗说的材料。

近代以来，学者多受文章学的影响，认为第一类为原始状态，而第二类则是后起的，颠倒了二者的顺序，因此有必要对其进行辨析。清儒陈澧在《东塾读书记》卷九中提出，战国记言之体有三种：

> 古者记言之体有三：其一，闻而记之，所记非一时之言，记之者非一

① 孔安国：《孔子家语后序》，杨朝明、宋立林主编：《孔子家语通解》，第578页。

人之笔，汇集成篇，非著书也，尤非作文也。《论语》是也。其一，传闻而记之，所记非一时之言，记之者则一人之笔，伸说引证而成篇，此著书也。《坊记》《表记》《缁衣》是也。其一亦传闻而记之，记之者一人之笔，所记者一时之言，敷衍润色，骈偶用韵而成篇，此作文者也。《礼运》《儒行》《哀公问》《仲尼燕居》《孔子闲居》是也。[①]

近代学者蒋伯潜先生据此以为，此三种记言体，由简而繁，由质而文，时代先后即可由此推知。[②] 进而指出，《论语》记录所闻所见，皆直录也，故章既简短，辞亦质朴。盖虑铺张润色，或致反失其真，记录忠实，理所当然。此最早的记言体也。[③] 他还说，就《论语》而言，《上论》为亲闻于孔子之言，《下论》已多传闻所得之孔子之言，但终为直录所闻，最简最质，记者非一人，所记之言非一时，当时各有所记，后虽加以论纂，不过汇录所记各条，编成若干篇而已。《坊记》《表记》《缁衣》等，其记传闻所得之孔子之言，原与《下论》同，但因增加伸说，故其辞已较《论语》为繁为文矣。至《仲尼燕居》《哀公问》等，则所记实仅《论语》之一章，而敷衍润色以成一篇，故其辞更繁而文更华。[④]

这种以文辞繁简而论时代先后的观点，在近代以来学者讨论古籍文献成书时代先后时，十分常见。但是仔细分析，可知这一认识似是而非。

我们认为，这三种记言体未必为纵向演进的关系，有可能为共时性并存关系。孔子与弟子之对话，绝非仅如《论语》之短章，《论语》之所以不同于《孔子家语》《礼记》，当与孔安国所谓“正实而切事”的选择有关。杨朝明先生曾谓，《论语》为“孔子语录”，则《孔子家语》等则为“孔子文选”，可谓切中要害。李零先生在讨论《论语》的编辑问题时，将之与《毛主席语录》的做法进行了比较，认为《论语》与上博简《仲弓》或大小戴《礼记》等相关文献之间是后者从前者演义，或者前者从后者摘录的关系。这两种情况可能都存在，但更多的是《论语》摘录了一些谈话或对话的繁杂记载。[⑤]

其实，要搞清楚这一问题，近年出土的大量简帛文献可以提供诸多例证。在郭店简、上博简等简帛文献中，我们发现不少内容与《论语》《孔子家

---

① 陈澧著，黄国声主编：《陈澧集》第 2 册，上海古籍出版社 2008 年版，第 164～165 页。

② 参见蒋伯潜：《诸子通考》，岳麓书社 2010 年版，第 263 页。

③ 参见蒋伯潜：《诸子通考》，第 238 页。

④ 参见蒋伯潜：《诸子通考》，第 263 页。

⑤ 参见李零：《简帛古书与学术源流》，三联书店 2004 年版，第 298～299 页。

语》相关,一方面可证《孔子家语》等文献的真伪与可靠程度;另一方面则为我们进一步探讨《论语》成书及孔子言行文献的记录、整理情况提供了直接证据。这些例子主要有郭店简《忠信之道》与《论语·卫灵公》,上博简《从政》与《论语·尧曰》《论语·阳货》,上博简《君子为礼》与《论语·颜渊》,上博简《仲弓》与《论语·子路》。

关于这几组文献的关系,学术界存在很多不同的看法。比如,关于《从政》与《论语》的关系,就存在两种截然不同的认识。郭齐勇先生指出:"《从政》与《论语》的亲缘关系,的然可见。可能是七十子后学或战国儒家综合孔子治世思想而整理、发扬的一种儒'书'。"①周凤五先生也提出,《论语·尧曰》"子张问从政"章和《阳货》的"子张问仁"章可能是《从政》甲、乙篇的蓝本,《从政》可能是由《论语》这二章展开的。《从政》与《论语》相关,其内容可能是七十子之徒或其后学阐述《论语》或相关材料的记录。② 陈剑先生也有类似看法:"简文所云,亦当系本自《论语》。"③又说:"看来,《从政》跟今传《论语》之文有关的内容,可能是根据《论语》的原始材料或相关材料,也可能是根据当时流传的《论语》别本。"④而陈伟先生则提出:"(《从政》)也许属于今传《论语》的祖本系统,或者是与之并行的另外一系。"⑤

关于《君子为礼》与《论语·颜渊》首章的关系,学者也有所推论。比如,徐少华先生根据"侍于夫子"作开篇语多见于诸文献,认为这是"孔子之后的儒家学者们借以立言立说的一种基本形式"⑥。言下之意,这篇简文当是儒家学者"借以立言"的,并非实有其事。浅野裕一则认为,简文是以《颜渊》首章这类资料为基础并将其故事化的。⑦ 陈桐生先生则提出:有没有可能二者

---

① 郭齐勇:《上博楚简所见孔子为政思想及其与〈论语〉之比较》,郭齐勇主编:《儒家文化研究》第1辑,三联书店2007年版,第13页。

② 参见周凤五:《读上博楚竹书〈从政〉甲篇札记》,朱渊清、廖名春主编:《上博馆藏战国楚竹书研究续编》,上海书店出版社2004年版,第188页。

③ 陈剑:《上博简〈子羔〉〈从政〉篇的竹简拼合与编连问题小议》,《文物》2003年第5期。

④ 陈剑:《上海博物馆藏战国楚竹书〈从政〉篇研究(三题)》,卜宪群、杨振红主编:《简帛研究2005》,广西师范大学出版社2008年版,第38页。

⑤ 陈伟:《上博简〈从政〉〈周易〉校读》,丁四新主编:《楚地简帛思想研究》(二),湖北教育出版社2004年版,第4页。

⑥ 徐少华:《论竹书〈君子为礼〉的思想内涵与特征》,《中国哲学史》2007年第2期。

⑦ 参见[日]浅野裕一:《上海楚简〈君子为礼〉与孔子素王说》,陈伟主编:《简帛》第二辑,上海古籍出版社2007年版,第291页。

所记载的是孔子与颜回的两次谈话呢？答案是否定的。其理由是，颜回“闻一知十”，这一对圣贤师徒绝不可能重复同一话题。那么，如何看待二者之间的差异呢？他分析到，《论语·颜渊》中“颜渊问仁章”“非礼勿视，非礼勿听，非礼勿言，非礼勿动”这一组高度凝练齐整的排比句，是《论语》编纂者在“颜氏之儒”的原始记录材料上提炼的。具体地说，“非礼勿视”四句是从“言之而不义，口勿言也；视之而不义，目勿视也；听之而不义，耳勿听也；动而不义，身勿动焉”浓缩而成，是《论语》编纂者艺术加工的产物。我们看到，加工前后的孔子语录，艺术效果大不一样，《君子为礼》中这几句话很普通，不会引起人们的特别注意；而到了《论语》中，编纂者将其提炼成四个“非礼勿 X”的整齐句式，并且有意识地将“言”“视”二句互换位置，使第二句句末的“听”和第四句句末的“动”押韵。经过这种点石成金的艺术处理，思想内涵没有发生变化，但孔子这句话却成为千古名句。①

关于《仲弓》与《论语》的关系问题，很多学者进行了分析。郭齐勇先生受周凤五教授有关《忠信之道》等论述启发，提出简文《仲弓》当是《论语·子路》第二章的“传”。也就是说，《论语·子路》第二章为经，简文《仲弓》为传。② 而晁福林、罗新慧等先生都认为《论语》的相关内容是剪裁、删削简文而成的。③ 这涉及《论语》的成书问题。据孔安国所说，《论语》是从孔子弟子所记的孔子言论中取出“正实而切事”者而编成。从《论语》文本来看，此说信不诬也。对比《仲弓》与《子路》第二章的内容，很明显可以认定，二者所记有繁有简，《论语》当是在简文的基础上节录整理而成，而不会是简文在《论语》基础上所做的解释和阐发之“传”。

虽然我们承认，关于简文与《论语》的关系，存在着多种可能性。但是，经过反复思考，我们认为其中主要有几种情况。第一，如《忠信之道》，当是子张之儒对于孔子“忠信”思想的阐释之作，是对孔子思想的发挥，不能视为孔子语录。第二，如《仲弓》《君子为礼》等，当是孔子弟子所记原始材料，《论语》相关内容是经过提炼加工而成的。对此，陈桐生先生提出了“繁本”与

---

① 参见陈桐生：《从上博竹简看〈论语〉的编纂特点》，《湖北理工大学学报》（社会科学版）2008 年第 6 期。

② 参见郭齐勇：《上博楚简所见孔子为政思想及其与〈论语〉之比较》，郭齐勇主编：《儒家文化研究》第 1 辑，第 1～14 页。

③ 详参晁福林：《上博简〈仲弓〉疏证》，《孔子研究》2005 年第 2 期；罗新慧：《孔子的历史观、人仕观及其它——从上博楚竹书〈仲弓〉篇谈起》，《史学史研究》2005 年第 3 期。

"节本"的看法,极富启发性,但也存在很多问题。

陈桐生指出,今本《论语》、大小戴《礼记》乃至上博简中记载孔子应答弟子时人的文章,大都是孔门弟子及其后学在原始记录材料的基础上整理出来的。今本《论语》不是孔门弟子的原始记录,而是经过了编者一番筛选、整理、提炼、编辑的工夫,是精选出来的"节本"或"精华本"。对比相关文献可知,《论语》编选孔子语录有几种情形:一是孔子对某一论题有多章语录传世,《论语》只选一章;二是孔子对某一论题有较长一段论述,《论语》删削了孔子语录的部分内容,这些被删的内容还保存在《礼记》之中;三是对孔子语录进行提炼。他提醒人们,《论语》所展现的片段语录体,并不能代表春秋时代的写作水平。① 这些无疑都是十分精到正确的说法。

不过,陈桐生还指出了另外一种相反的情形。他认为大小戴《礼记》以及上博简孔子应对弟子及时人的文章,应该经过了七十子后学的演绎加工,它们就是孔子语录的"繁本"或"扩写本"。② 陈桐生先生在讨论上博简《孔子诗论》时就认为,战国时期有一个重塑孔子形象的过程。他将很多文献如《易传》《孝经》、大小戴《礼记》、《春秋》三传以及竹书《孔子诗论》等中的"孔子曰"或"子曰"都看作后儒假托孔子以争夺"话语霸权"之语。③ 对此,我们不敢苟同。既然《论语》是节录的精华本,那么原本是怎样的呢?

我们认为,所谓"繁本"就是孔子弟子的原始记录,也就是《论语》所从出的大量原始记录材料,而并非出于七十子后学的扩充。陈先生从称谓的变化以证明存在改写的说法,是经不起推敲的。"仲尼""夫子""孔子"等称谓并不存在论者所说的亲疏远近之差别。现存于大小戴《礼记》《孔子家语》等文献的短篇、中篇和长篇的孔子语录,皆当出于孔子弟子的记录,这才是孔子讲授问题之实际情形的反映。至于其中存在着不同程度的整理、润色等,都是非常自然的事情,并不等于借孔子之名发表自己的看法。

如果我们以《论语》为第一类孔子言行文献的代表,以《孔子家语》为第二类孔子言行文献的代表,那么对于二者的关系,我们认为,第二类的孔子

① 参见陈桐生:《孔子语录的节本和繁本——从〈仲弓〉看〈论语〉与七十子后学散文的形式差异》,《孔子研究》2006 年第 2 期。

② 参见陈桐生:《孔子语录的节本和繁本——从〈仲弓〉看〈论语〉与七十子后学散文的形式差异》,《孔子研究》2006 年第 2 期。

③ 参见陈桐生:《〈孔子诗论〉研究》,中华书局 2004 年版,第 36~96 页。

言行文献反映了孔子弟子对孔子言行文献记录的原始面貌;而第一类的孔子言行文献则是在第二类孔子言行文献基础上精选精编而成的,反映的是孔子弟子对孔子思想精华的提炼和整理。即使在第二类孔子言行文献内部,也存在加工程度不同的问题。比如,《孔子家语》有《王言解》一篇,在《大戴礼记》中作《主言》。根据杨朝明先生的考证,《大戴礼记》与《孔子家语》的不同,主要是因为《大戴礼记》经过汉代学者的加工、整理,而这种加工、整理又受到汉代威权政治的影响。[①] 再如,《孔子家语》中的《哀公问政》,又见于《礼记·中庸》,将二者对勘会发现,《礼记·中庸》语言更为简练,似进行过修改、润色,这种改动明显带有西汉时期的政治风貌。《孔子家语·哀公问政》"为政在于得人",在《礼记·中庸》中作"为政在人",前者强调贤者的重要性,后者却强调统治者的重要性。前者中的"爵其能",在《礼记·中庸》中则改为"尊其位";"笃亲亲""敬大臣""子百姓""来百工"几句,分别变成"劝亲亲""劝大臣""劝百姓""劝百工",这些都反映了西汉政权高度统一、专制主义逐渐加强的特征。至于前者的"举废邦"在《礼记·中庸》中改为"举废国",显然是避汉高祖刘邦的名讳。《礼记·中庸》晚于《孔子家语·哀公问政》显而易见。又如,《贤君》部分可见于《说苑·政理》,在《孔子家语·贤君》中作"孔子见宋君",而《说苑·政理》作"孔子见梁君"。清儒俞樾指出:"仲尼时无梁君,当从《家语》作宋君为是。"[②]这也说明《孔子家语》早于《说苑》。这类例证比比皆是,不烦枚举。

如果将《孔子家语》与《论语》相比较,显而易见,《孔子家语》记载的内容更为丰富、更为完整。正如孔子后裔孔安国在《孔子家语后序》中所说:"《孔子家语》者,皆当时公卿士大夫及七十二弟子之所谘访交相对问言语也。既而诸弟子各自记其所问焉,与《论语》《孝经》并时,弟子取其正实而切事者,别出为《论语》,其余则都集录之,名之曰《孔子家语》。"[③]

前面我们说过,《论语》是孔子言行文献的精选、精编本,这在文字训诂方面可以得到佐证。关于"论语"的"论",清朱骏声《说文通训定声·屯部》曰:"论,假借为抡。"《国语·齐语》:"权节其用,论比协材。"韦昭注:"论,择也。"《荀子·王霸》:"君者,论一相,陈一法,明一指,以兼覆之,兼炤之,以观

① 参见杨朝明:《读〈孔子家语〉札记》,《文史哲》2006 年第 4 期。

② 刘向撰,向宗鲁校证:《说苑校证》,中华书局 1987 年版,第 153 页。

③ 孔安国:《孔子家语后序》,杨朝明、宋立林主编:《孔子家语通解》,第 578 页。

其盛者也。”杨倞注:“论,选择也。”可见,“论”有“选择”“别择”的意思。如果《论语》书名的“论”为选择之意,则《论语》应该是选自“孔子家”之“语”中的材料。这样,《论语》就是“孔子语录”,《孔子家语》则相当于“孔子文集”。[①]而日本学者太宰纯说:“《论语》之于《家语》,犹《春秋》之内外传也。”[②]另外,无论在规模上还是在内容上,《孔子家语》都要高出《论语》很多。仅从规模上讲,《论语》仅有近一万六千字,而《家语》内容比《论语》多出近四倍。《孔子家语》详于《论语》,所记全面,又有孔子言行的生动情节,与《论语》相比,显然更能展现孔子的人品和思想。杨朝明先生指出,在某种意义上讲,《孔子家语》之价值甚至要超出《论语》,可以称为“孔子研究第一书”。

三、《论语》《孔子家语》与子思之关系

孔子言行文献经孔子弟子的记录而留存,但是如要更好地保护、传播孔子的思想、言论及行为事迹,就不得不做进一步的整理、汇编,乃至精选加工,这就涉及《论语》和《孔子家语》的成书问题。过去,人们多将《孔子家语》视为“伪书”,不太重视,因此对其成书的探讨相对较少,而学界关于《论语》成书的看法则要丰富得多。那么,我们先讨论《论语》的编纂成书,然后分析《孔子家语》的成书问题。

孔子言行文献的汇聚整理,尤其是《论语》的编纂,是在孔子去世之后进行的。其原因大体有二:其一,孔子去世之后,众弟子为了缅怀夫子,纪念夫子,继承和弘扬夫子思想,需要对孔子的嘉言懿行进行汇编整理。由于孔子的学问、人格之魅力及其对弟子的教诲、关爱,孔门师弟之间形成了一种“拟血缘性”关系。后世所谓“师徒如父子”,即是从孔门开始的。孔门弟子对孔子无不十分敬重,如孟子所谓“中心悦而诚服也,如七十子之服孔子也”(《孟子·公孙丑上》)。孔子去世之后,众弟子悲痛欲绝。比如,梁皇侃《论语义疏自序》所谓:“至哀公十六年,哲人其萎,徂背之后,过隙叵驻,门人痛大山长毁,梁木永摧,隐几非昔,离索行泪,微言一绝,景行莫书。于是弟子佥陈往训,各记旧闻,撰为此书。成而实录,上以尊仰圣师,下则垂轨万代。”[③]唐

---

① 参见杨朝明:《新出竹书与〈论语〉成书问题再认识》,《中国哲学史》2003年第3期。

② [日]太宰纯:《孔子家语序》,江都嵩山房刻本,日本元文元年(1736)。

③ 皇侃撰,高尚榘校点:《论语义疏》,中华书局2013年版,自序第1~2页。

代陆德明《经典释文·序录》亦谓:“夫子既终,微言已绝,弟子恐离居已后各生异见,而圣言永灭,故相与论撰,因集时贤与古明王之语,合成一法,谓之《论语》。”①

今人黄立振先生说:“以常情而论,孔子殁,‘微言’绝,而且弟子中已有不同学派,七十子在聚会治夫子之丧时,能不考虑今后大家离去,‘微言’分散,不利以传夫子之道吗?所以说这时倡议纂辑《论语》,时机最为成熟,汇集资料最为方便。”②杨朝明先生对黄先生的说法表示赞同,但同时提出:“此时所汇聚起来的可能是弟子们各自记录整理的孔子言行,它应该就是《孔子家语》的雏形。而从孔子言语中‘取’出‘正实而切事’的《论语》,很可能是此后的事情。”③唐明贵先生也有类似看法,认为这时汇集起来的可能是“一个类似孔子文集之类的东西”④。

对于这一分析,我们表示认可。出于对孔子的怀念之情,此时提议汇编孔子言行文献,可谓合情合理。但是,这时关于孔子言行文献的汇编还只是初步的。整理出一个具有权威性、能够得到多数孔门弟子及孔门后学认可的孔子言行文献精华本,不仅需要一段相当长的时间,还需要花费相当多的工夫,更需要一个在孔门内部具有极高威望和崇高地位的人来主持此事。

其二,孔子去世之后,众弟子“分化”现象越发严重。为了统一或协调不同弟子学派的分歧,弥合孔门不同学派之间的矛盾,有必要对孔子言行文献进行一番汇编整理,形成一个相对权威的孔子语录,以供各派教学、弘扬之用。

韩非在《韩非子·显学篇》提出,孔子去世之后,儒分为八。尽管韩非这一说法不尽可信,但他指出孔门在孔子之后出现分化却是不争的事实。我们曾指出:一个学派之成立,往往需要由宗师与门徒组成,还要有一个基本一致的思想观念。由孔子和他的弟子们组成的这样一个学派,被汉代学者称为“儒者”“儒家者流”。《淮南子·要略》云:“孔子修成康之道,述周公之训,以教七十子,使服其衣冠,修其篇籍,故儒者之学生焉。”《汉书·艺文志》说:“儒家者流,盖出于司徒之官,助人君顺阴阳明教化者也。游文于六经之

① 陆德明:《经典释文》,上海古籍出版社 2013 年版,第 59 页。

② 黄立振:《〈论语〉源流及其注释版本初探》,《孔子研究》1987 年第 2 期。

③ 杨朝明:《新出竹书与〈论语〉成书问题再认识》,《中国哲学史》2003 年第 3 期。

④ 唐明贵:《〈论语〉学的形成、发展与中衰》,中国社会科学出版社 2005 年版,第 36 页。

中，留意于仁义之际，祖述尧舜，宪章文武，宗师仲尼，以重其言，于道最为高。”班固的这种说法来源于刘歆的《七略》。这个学派在后世不断壮大，但基本上都“宗师仲尼”，“咸遵夫子之业”（《史记·儒林列传》），这是判断一个学者是否为儒家的标志或标准。

不过，在这个基本的前提下，历史上儒学的形态往往千姿百态，呈现出“多元嬗变”的发展格局，而这一格局的底定便在先秦时代。战国儒学之多元嬗变，正是儒学富有生命力和活力的表现，而绝非儒学陷于低谷之表征。其实，在人类思想史上，大凡一个伟大的思想家创立或发展了一套思想体系或学说之后，往往会出现其后学据一端以发挥思想的局面，甚而出现分化，这是十分普遍而正常的现象，亦可说是学术思想发展的规律。正如大江大河，往往同源而异流，流亦分流，最终汇入大江大海；参天大树，大凡一干而多枝，枝又分枝，方能冠盖成荫。分是发展，合亦是发展，有分有合，方是思想发展的常态。而那些没有发展变化的封闭保守者，则往往会被历史淘汰。一个学说之发展，必然要结合不同的时代情势，发挥思想家本人之思想个性，从而形成异说纷纭、多姿多彩的思想盛况。因循守旧，泥古不化，绝非思想发展的应有状态，而必然是自寻死路。①

孔子弟子的这种分化，在孔子生前就已经表现出来了，只是因孔子的巨大影响力而被遮蔽了；待到孔子去世之后，孔子弟子之间因气质、禀性、年龄、地位等差别而引起的对孔子思想的不同理解，以及由此出现的矛盾与对立就日益彰显出来了。同时，孔门弟子为了宣传自己的主张，需借重孔子言论，从而将会强化他们之间的这种分歧。很显然，作为孔子弟子，他们之间的相互“论争”，无论是批评他人还是维护自己，最好的“尚方宝剑”都是“子曰”，都是孔子的言行文献。不过，我们还应该清楚，尽管孔门发生了分化，但是这种分化乃是出于对孔子思想的不同理解，而不是利益之争、派性之争，因而这种分化绝非不可调和、水火不容。

一个存续了几十年的学派，在孔子去世、失去了核心与领袖的情形下，出于对孔子的尊敬、对孔门的依恋、对孔门分化的担忧，必然要设法维护这个学派的团结和统一，以便孔门能得以继续存在，使孔子未竟的事业能得以继承和发扬。孔门弟子为此进行了努力。那么，该如何维护孔门的团结和

---

① 参见宋立林：《“儒家八派”形成因缘考》，杨朝明主编：《孔子学刊》第四辑，上海古籍出版社2013年版，第110～139页。

统一呢？其中一项重要举措就是将孔子言行文献进行汇编整理，进而编纂为一部具有权威性的孔子语录精华本。那么，谁将担负领纂这一重任呢？历代学者对《论语》的领纂者作了分析。从汉代以来，就有“仲弓、子夏等所撰定”说（《经典释文》引郑玄说）、“仲弓、子游、子夏等撰”说（《经典释文·论语音义》引郑玄说）、“子夏等六十四人共撰”说（《论语崇爵谶》）、“仲弓之徒”说（《文选·辩命论》注引《傅子》）、“曾子弟子”“曾氏之徒”说（柳宗元）、“有子、曾子门人所记”说（崔述）、“曾子领纂”说[①]等。这些说法都有一定道理，但离事实可能还有一定距离。

对于孔子言行文献的整理和编纂开始于孔子去世之后，由孔门弟子中某人倡议，众弟子“共纪孔子之言”“相与辑而论纂”，同时由某位或某几位出众弟子领纂而成。其中，仲弓、子游、子夏等都可能发挥过重要作用。但综合所有信息来看，孔子言行文献的后期汇集和整理，尤其是《论语》的编订，与有子、曾子关系最为密切。因此，我们认为，《论语》当由有子、曾子、曾子弟子先后领纂完成。

这一推测是由对《论语》及其他文献所反映的有子、曾子在孔门地位的分析而得来的。在孔子弟子中，颜子地位最高，可惜先孔子而去。在孔子晚年的孔门之中，子贡、有若、曾子都有重要地位，这在一些古代典籍中都有所体现：

> 《孔子家语·终记》：二三子三年丧毕，或留或去，惟子贡庐于墓六年。自后群弟子及鲁人处墓如家者，百有余家，因名其居曰孔里焉。
>
> 《孟子·滕文公上》：昔者孔子没，三年之外，门人治任将归，入揖于子贡，相向而哭，皆失声，然后归。子贡反，筑室于场，独居三年，然后归。他日，子夏、子张、子游以有若似圣人，欲以所事孔子事之，强曾子。曾子曰：“不可；江汉以濯之，秋阳以暴之，皜皜乎不可尚已。”
>
> 《史记·孔子世家》：孔子葬鲁城北泗上，弟子皆服三年。三年心丧毕，相诀而去，则哭，各复尽哀；或复留。唯子贡庐于冢上，凡六年，然后去。弟子及鲁人往从冢而家者百有余室，因命曰孔里。鲁世世相传以岁时奉祠孔子冢，而诸儒亦讲礼乡饮大射于孔子冢。……故所居堂弟子内，后世因庙藏孔子衣冠琴车书，至于汉二百余年不绝。
>
> 《史记·仲尼弟子列传》：孔子既没，弟子思慕，有若状似孔子，弟子

① 参见贾庆超：《曾子领纂〈论语〉说》，《东岳论丛》2003年第1期。

相与共立为师，师之如夫子时也。他日，弟子进问曰：“昔夫子当行，使弟子持雨具，已而果雨。弟子问曰：‘夫子何以知之？’夫子曰：‘《诗》不云乎？月离于毕，俾滂沱矣。昨暮月不宿毕乎？’他日，月宿毕，竟不雨。商瞿年长无子，其母为取室。孔子使之齐，瞿母请之。孔子曰：‘无忧，瞿年四十后当有五丈夫子。’已而果然。敢问夫子何以知此？”有若默然无以应。弟子起曰：“有子避之，此非子之座也！”

从以上这些记载，我们可以作出如下一些推测：

子贡虽然颇受孔子器重，自身也有非凡的能力，但在思想深度上似乎不及很多同门。我们在韩非所提的“儒家八派”之中没有发现“子贡之儒”，其实这一点并不奇怪。子贡虽然绝顶聪明，但是他的思想中具有现实主义、理性主义的特质，且对开宗立派、传道传经不感兴趣。因此，他在孔门中的核心地位也只能是特殊情况下的暂时状态而已。在为老师治丧完毕之后，孔子弟子提出拥立有若为新的“掌门人”。关于这一点，我们可以从《孟子·滕文公上》的那段引文中推测出来。

从《论语》和《礼记》中我们可以发现，有子留存下来的言语虽然不多，这些言语在理解和把握孔子思想方面却是十分深刻的。正因如此，当孔子弟子思慕恩师的时候，他们便推出有若，“欲以所事孔子事之”。《史记》所谓“有若状似孔子”并不是说有若长相与孔子相仿，就像孔子与阳货那样。南宋学者王十朋曾指出：

所谓“似圣人”者，盖必有子之学识于群弟子中有一日之长，其见道有似吾夫子焉。……世儒以谓貌似孔子，其说陋矣。且有子之似夫子，而曾子有不逮焉者，曾子尝以“丧欲速贫，死欲速朽”为夫子之言，而有子不然之。曾子质诸子游，子游曰：“甚哉！有子之言似夫子也。”子游之徒知有子似夫子素矣。所谓“似”者，必有如辨曾子之言之类，岂以貌似之故虚欲师事之耶？虽然直似之耳，欲以事孔子事之则不可，故曾子不许之，而有子未尝居师之位也。说者谓不能答弟子之问遂见叱而退，盖好事者为之辞以诬有子耳。然世皆知颜子之后有曾子，而不知有子者，亦回、参之亚匹也。序《论语》者知之，故首记夫子之言，次记有子之言，又次记曾子之言，未必言之次第如是也，其必寓推尊之意焉。以谓夫子既没之后，其道可尊，其人可子，其言可法者，莫先乎有子、曾子也。①

这种说法自有其道理。但是，我们还想指出，有子之被推举，恐怕不会仅仅因为悟道甚深，堪于传道，很可能有若长期浸染于孔子影响之中，在举止动作或神态方面与孔子有相似之处。这种形似与神似的结合，使得有子更容易引起其他弟子的关注，进而公推其为孔门新“掌门人”。

代替有子而起的孔门新核心，当是孔门中年纪比较小的曾子。从《孔子世家》的记载可知，当子夏、子张、子游建议像师尊孔子那样师尊有若时，他们必须首先征得曾子的同意，这显示了曾子非同一般的地位。曾子以湅丝的工序为喻，赞誉孔子之境界如湅丝以江汉之水濯之，以秋日之阳暴之，方成明洁之素缟②，从而反对子夏等人将有若推至那样的地位。结果，有若这一新的“掌门人”由于未能得到曾子的认可，最后不得不离开“宝座”。从中我们不难发现曾子在当时的地位不同凡响。

曾子在孔门中的地位是特殊的。曾子为人谨慎，性格内敛，同时柔中有刚，“弘毅”之气，浩然可见。也许，正是由于曾子更加忠诚于孔子，长期活动于鲁地，又得享高寿，因而他在孔门之中具有特殊地位。据说，孔子的裔孙子思就受教于曾子。这虽然是出于宋儒的后起之说，但是得到了文献与思想的印证。

我们从《论语》本身来看，出现在《论语》中的众多孔子弟子中，颜渊、子路、子贡、子游、子夏、子张等皆称字，而只有有子、曾子被称为“子”，这既显示出有子、曾子在孔门之中的地位，也彰显出有子、曾子与《论语》成书的密切关系。打开《论语·学而》，第一章是孔子语录，第二章便是有子语录，第三章是孔子语录，第四章便是曾子语录。显然，这是编纂者的刻意安排，是在突显有子、曾子在孔门中的位置。

但是，《论语》中出现了关于曾子生命垂危时的情形。很显然，曾子不可能是《论语》的最终编纂完成者，这一重任要由其弟子来完成。柳宗元曾提出，是乐正子春、子思之徒为之的观点。柳宗元的这一观点，在现代学者中

---

① 王十朋：《梅溪集·梅溪前集》卷十九《论语三说》，《景印文渊阁四库全书》第1151册，(台北)商务印书馆1987年版，第291页。

② 参见张德付：《〈孟子〉“江汉以濯之，秋阳以暴之”句解》，彭林主编：《中国经学》第11辑，广西师范大学出版社2013年版，第14页。

得到了回应。黄怀信先生认为，乐正子春可能是最佳人选，但也不敢肯定[①]；而杨朝明先生则提出子思无疑是最为可信的最终领纂者。[②] 我们认为，杨先生的看法可能更接近史实。之所以这样说，是因为综合各种条件而言，在曾子弟子之中，乐正子春的地位无法与子思相提并论。尽管乐正子春真正继承并发扬了曾子的孝论，而子思逐渐背离了曾子的这一思路，但也恰恰因为如此，子思成为曾子之后在孔门中更具影响力的领袖。

子思是怎样走到孔门领袖地位的呢？他到底是怎样一个人呢？

子思，名伋。是孔子之孙，伯鱼之子。春秋战国之际著名的思想家、儒家学派重要代表人物。关于子思生平，《史记》载之甚略。后世学者对此进行了不少探索，但仍存在不少失误。笔者对此也有所探讨，提出了新的看法。我们认为，子思之生卒年因史料不足，不能遽以论断。不过，可以大体推测出一个范围：其生年当在公元前 493～前 486 年，其卒年当在公元前 412～前 405 年。[③] 关于子思的师承问题，史籍中没有明确的记载。自从宋儒提出"孔—曾—思—孟"的"道统说"之后，子思师承曾子的说法便成为一种共识。不过，随着"道统说"的式微，人们对此一成说有所怀疑，子思师承问题再次成为争论不休的话题。

我们认为，从辈分上来说，子思属于孔子裔孙，当为孔门再传。不过，子思曾经亲受业于孔子，只是年限不长。随着孔子的去世，子思只能就学于孔子的诸位弟子。子思作为孔子的裔孙，地位特殊。而孔门弟子与孔子之关系有"拟血缘"性，情同父子。孔子去世后，子思年幼，而伯鱼又先孔子而卒。在这种情况下，孔门弟子担当起教育、培养子思的任务，实属自然之举。尤其是在孔子刚刚去世的数年中，孔子的弟子大多在鲁为孔子服丧，他们教育年幼的子思乃是情理之中的事情。据我们考证，在孔子弟子中，曾子、子游、子张等可能对子思的影响较大。

子思不负众望，在战国早期占据了儒家群体的中心位置，是当之无愧的儒家领袖。正如梁涛先生所说：

> 子思不仅是早期儒学的关键人物，其所代表的时代在早期儒学发

① 参见黄怀信：《论语新校注》，三秦出版社 2006 年版，前言；黄怀信：《论语汇校集释》，上海古籍出版 2008 年版，前言。

② 参见杨朝明：《论语诠解》，山东友谊出版社 2012 年版，第 4～9 页。

③ 参见宋立林：《子思生卒及师承考述》，《人文论丛》2018 年第 2 辑。

展中也处于一种枢纽的地位。子思之前，孔子吸收、总结尧舜三代的礼乐文化并加以创造、发展而形成的以仁、礼为核心的儒学思想，汇聚到子思这里，得到较为全面的继承；子思而下，这一丰富的儒学传统开始分化，出现向不同方向发展的趋势。从子思到孟、荀，是儒学内部深化同时也是窄化的过程，孟子、荀子分别从不同方向发展了孔子以来的儒学传统，使儒学的某些方面得到充分发展，变得深刻而精致，但对儒学的其他方面或有所忽略或出现偏差，因为并没有真正全面继承孔子以来的儒学传统。①

因此，我们推测子思最后主持完成了《论语》的编纂，是有充分理由的。正如杨朝明先生所言：

这就出现了一个矛盾，一方面，《论语》出于曾子门人，阅读《论语》，其中厚重的曾子言行会给人留下深刻的印象，除了曾子门人，他人一般不会如此。另一方面，论者又指出，《论语》形成于孔门后学分化的背景之下，而孔门的严重分化又难以聚集这么多的材料。要解决这样的矛盾，合理的推论只能是众弟子将材料汇聚到一起，最后主要由一人进行整理、选辑、编订，而这位整理编订者应在孔门之中地位尊隆，而且是曾子门人。符合这种条件的人只有子思。②

前面我们提到孔安国在《孔子家语后序》中的说法："《孔子家语》者，皆当时公卿士大夫及七十二弟子之所谘访交相对问言语也。既而诸弟子各自记其所问焉，与《论语》《孝经》并时，弟子取其正实而切事者，别出为《论语》，其余则都集录之，名之曰《孔子家语》。"③由此可知，《孔子家语》是孔子弟子所共记的关于孔子言行文献的较为原始的资料。正如杨朝明先生所指出的，《孔子家语》之称为"家"，其中记录了孔子身世、生平，又有《本姓》叙述其家世源流，说明《孔子家语》属于"孔氏家学"的范畴。而《孔子家语》与《论语》"并时"的情况表明，二者的整理与最终领纂者只能是子思。

---

① 梁涛：《郭店竹简与思孟学派》，中国人民大学出版社 2008 年版，第 530 页。

② 杨朝明：《新出竹书与〈论语〉成书问题再认识》，《中国哲学史》2003 年第 3 期。

③ 孔安国：《孔子家语后序》，杨朝明、宋立林主编：《孔子家语通解》，第 578 页。

孔子的音乐哲学

马秋丽

摘要：在孔子那里，乐能达情。以此为起点，乐是感性与理性的中和，是情理的交融与共生，呈现为“乐而不淫，哀而不伤”的中和之美。乐既美且善，美善合一，既能从个人层面陶冶性情，亦能在社会层面化民成俗，醇厚民风。乐是技与道的统一，音乐技艺本身不是目的，而是达情、表意、显道的媒介；技与道的统一表现为技中有道，道由技显，技达为道，技道合一。由此，孔子追求的音乐境界是“天人合一”背景中的情理交融、美善合一、技道合一，最终实现“大乐与天地同和”之境。当今音乐艺术与音乐休闲中存在诸多问题：或者纵情过度流于淫，或者过于重理导致游艺精神丧失，此二者都背离了音乐的中和之美；虽然音乐形式不断创新，但庸俗、低俗、恶俗的内容夹杂其中，不能起到以美启善、以美导善的作用，忽视了音乐的美善合一；越来越注重音乐的创作、演奏、演唱、表达的技法与技巧，甚至流于哗众取宠的炫技，忽视对音乐精神的传达，对音乐境界的体悟等。孔子的音乐观，有助于矫正当今音乐艺术、音乐休闲中存在的问题，可以为提升音乐教化效果、改善音乐风气提供中华优秀传统文化支持。

关键词：孔子音乐观　情理中和　美善合一　乐技与乐道统一

在先秦文化系统中，乐的地位非常突出。西周初期的“制礼作乐”，春秋时期的“礼坏乐崩”，无不显示出乐的重要性及其在当时社会中地位的变迁。正因此，先秦诸子共处于“礼坏乐崩”的背景，因而都对乐有所关注和思考。

马秋丽，山东大学马克思主义学院（威海）副院长、教授，哲学博士，主要从事儒学研究。

在孔子那里，“乐”是一个不容忽视的概念。其一，“乐”是孔子的情感寄托和精神享受。子曰：“志于道，据于德，依于仁，游于艺。”(《论语·述而》)孔子一生坎坷，“乐”是其抒发胸臆、调适身心、获得精神自适的生活方式。其二，孔子虽然自称“述而不作”，但在对礼乐文化的整理、传承过程中也有对礼乐意义的追问和新的阐释。《乐经》虽然遗失，但孔子对《诗经》有自己的整理。《诗》“三百五篇孔子皆弦歌之，以求合《韶》《武》《雅》《颂》之音”(《史记·孔子世家》)。在典籍整理、音乐教育与音乐传承中，在身体力行的音乐实践中，孔子音乐观得以形成。

学界一般认为，中国文化在孔子之前是“礼乐并称”，在孔子之后则是“仁礼并称”。因此，对孔子及其后学的研究，主要集中于“仁”“礼”等核心概念的开展及其发展演变，对孔子“乐”的阐释又多从伦理学、音乐学、美学入手，从哲学角度对孔子音乐观的研究相对不足。因此，本文拟对孔子的音乐观及其对当今艺术风气的提升与引领价值作一阐发。

一、乐能达情

孔子对乐的思考体现于其格言般的片言只语中，存在于其音乐实践与音乐体验中。

音乐是孔子生活的一部分，他能奏乐，擅演唱，会作曲。他对鲁国乐官大谈奏乐之道，“乐其可知也。始作，翕如也。从之，纯如也，皦如也，绎如也。以成”(《论语·八佾》)。不仅如此，他曾“击磬于卫”，也曾“取瑟而歌”，又曾学琴于师襄，能“得其曲”“得其数”“得其意”“得其人”“得其类”，使师襄大为叹服。孔子亦是歌唱家，《论语》中有两句不经意的记载：“子于是日哭，则不歌。”“子与人歌而善，必使反之，而后和之。”(《论语·述而》)可见，孔子平时喜欢自弹自唱，只要没有出席葬礼，他无日不歌，也喜欢与人和声相应，其乐融融，日常生活中充满歌声。孔子也是曲作家，做琴曲若干。孔子随时随地，无日不歌，无日不弹琴，以至于他被困陈蔡之时依然能“弦歌不辍”。他在离世前几天还“负手曳杖，逍遥于门，歌曰：‘泰山其颓乎？梁木其坏乎？哲人其萎乎？’”(《礼记·檀弓上》)

对孔子来说，乐能达情。孔子的很多演奏和曲子都是随时随地的即兴之作。其一，“孺悲欲见孔子，孔子辞以疾，将命者出户，取瑟而歌，使之闻之”(《论语·阳货》)，这是孔子不欲见讨厌者时的“取瑟而歌”。其二，孔子能用音乐表达刻骨铭心的情感。“孔子晨立堂上，闻哭者声，音甚悲。孔子援琴而鼓之，其音同也。”（《说苑·辩物》）此哭声是因父丧、家贫、无力举葬、不得不卖子筹款而哭。孔子用自己的琴声表达了这种生离死别的情感。从这则轶事中，我们可以看到孔子敏锐的听觉和乐感。其三，孔子还用歌唱表达自己的无奈之情。在鲁国国君及季桓子沉溺于齐国所送女乐，三日不朝，祭礼天地后的供物也不送给大臣的情况下，孔子恋恋不舍地离开鲁国，并歌曰：“彼妇之口，可以出走。彼妇之谒，可以死败。盖优哉游哉，维以卒岁！”（《史记·孔子世家》）孔子徘徊不忍离去，回望鲁国，龟山蔽之，正如季氏之蔽鲁君，孔子遂作《龟山操》，“手无斧柯，奈龟山何？”[①]其四，孔子在听闻赵简子杀贤大夫窦明犊及舜华后作《陬操》，以表达对这两位贤大夫的哀悼之情。其五，孔子用音乐感叹生不逢时。孔子周游列国，但并未能得君行道。返回鲁国途中，看到水泽中香兰独茂，孔子托辞于兰，作《猗兰操》：“习习谷风，以阴以雨，之子于归，远送于野。何彼苍天，不得其所，逍遥九州，无所定处。世人闇蔽，不知贤者，年纪逝迈，一身将老。”[②]以上所谈孔子的音乐实践，皆能表明音乐的感性达情作用。

《礼记·乐记》明确表述了乐的感性本质：“乐者，音之所由生也，其本在人心之感于物也。是故，其哀心感者，其声噍以杀；其乐心感者，其声啴以缓；其喜心感者，其声发以散；其怒心感者，其声粗以厉；其敬心感者，其声直以廉；其爱心感者，其声和以柔。”这可以看作孔子音乐思想的一种发展与佐证。

音乐的感性本质是音乐的一大特征，“夫乐者，乐也，人情之所不能免也”（《荀子·乐论》）。正因为乐是人的情感表达，所以孔子肯定音乐存在的必要性，这异于墨家的“非乐”。同时，孔子在对音乐的体验中发现了音乐“新”的意义：音乐能在对人的感性发生震撼作用的同时促使理性的觉醒，丰富感性的作用，使之变为行动的力量，使人得以全面发展，完善人格。正如孔子所说：“兴于《诗》，立于礼，成于乐。”（《论语·泰伯》）如此，乐才能借助感官娱乐又超越感官娱乐，成为提升修养的一种精神力量和精神享受。

因此，在孔子那里，音乐不仅是一种情感表达，还主要是一种精神享受。“子在齐闻韶，三月不知肉味，曰：‘不图为乐之至于斯也。’”（《论语·述而》）

---

① 《全唐诗》卷三三六，中华书局 1980 年版，第 3761 页。

② 《全唐诗》卷三三六，第 3761 页。

这不仅表现了孔子极高的音乐鉴赏力，还表明孔子对音乐的精神需求超越了对物质欲望的满足和肉体的享乐。儒者对于肉味的解释形形色色，不一而足。江文也依据自己的亲身经验，“认为它指的不仅是猪肉、牛肉这些食欲的问题而已，它指的当是附在肉体上一切纠缠错杂的欲望。这些欲望在浑然忘我中是要被彻底遗忘掉的”[①]。我们很同意这种观点。作曲家在创造作品、演奏家在熟练曲目时，常会忘掉肉体的欲望。孔子正是如此，三月不知肉味的音乐体验使他深浸其中，这不仅有音乐带给他的感性快乐，还有在获得美的感受的同时所产生的伦理共鸣，尽美尽善的《韶》乐因之成为孔子的精神享受。孔子的一生虽不能得君行道，但他依然能做到“人不知而不愠”，能以悠游自在的人生态度去做“知其不可而为之”之事，这在很大程度上得益于孔子生活中的音乐给他带来的情感倾诉以及超越物质欲求的精神满足。

二、乐的情理中和

从上述孔子的音乐实践来看，乐能“达情”。但作为人的情感表达，音乐可能会使人耽溺其中，流于纵情过度。对于当时声乐享受的过度膨胀，孔子、墨子、老子各有思考。

墨子主张“非乐”，这是基于其“农工肆人”的平民立场。他并不否认音乐之美、音乐之乐，“子墨子之所以非乐者，非以大钟、鸣鼓、琴、瑟、竽笙之声，以为不乐也”（《墨子·非乐上》）。正因音乐之乐，王公大人放纵私欲，纵情其中，“亏夺民衣食之财”以享受音乐之美，影响到百姓之实利；对于农夫农妇而言，喜欢并欣赏音乐会影响粮食和布帛的生产。他说：“凡入国，必择务而从事焉。国家昏乱，则语之尚贤、尚同。国家贫，则语之节用、节葬。国家憙音湛湎，则语之非乐、非命。”（《墨子·鲁问》）因此，他从节用的原则出发，主张“乐之为物将不可不禁而止也”（《墨子·非乐上》），他所非的“乐”是不顾百姓之利、只图少数人享乐的音乐之“用”。可以说，墨子更多地看到了贵族对乐的精神享受与百姓物质利益之间的矛盾。

老子认为：“五色令人目盲，五音令人耳聋，五味令人口爽，驰骋畋猎令

① 江文也：《孔子的乐论》，杨儒宾译，华东师范大学出版社2008年版，第69页。

人心发狂……是以圣人为腹不为目，故去彼取此。”(《老子》第十二章)为了反对当时社会过分追求感性的声色之乐和感官享乐的无节制现象，老子主张“大音希声”(《老子》第四十一章)。老子所谓的“大音”，虽不是听觉感官所能把握的对象，却是可以由心灵把握和体悟的对象。老子在否定音乐感性体验的同时，将人引向对音乐审美中精神体验的重视，这是试图解决声乐的感官享乐与精神体验之间的关系。后来，陶渊明常说的“但得琴中趣，何劳弦上声”就是继承。①

出于重建礼乐秩序的思考，孔子肯定音乐的作用，以理性来规范感官的享乐无度及音乐之用方面的逾礼。孔子主张用理性调适人的感情，使音乐成为提升德性修养、完善人格的文化途径。孔子在肯定音乐是一种感官享受的基础上，反对情感的过度释放。孔子明确反对“郑声”，“恶郑声之乱雅乐也”(《论语·阳货》)，主张“放郑声，远佞人。郑声淫，佞人殆”(《论语·卫灵公》)。对于“郑声淫”，清朝陈启源在《毛诗稽古篇》中指出：“朱子以郑声淫一语断尽《郑风》二十一篇，此误也。夫子言郑声淫耳，曷尝言《郑诗》淫乎？声者，乐音也，非诗词也。淫者，过也，非专指男女之欲也。古之言淫多矣，于星言淫，于雨言淫……皆言过其常度耳。乐之五音十二律长短高下皆有节焉，郑声靡曼幻眇，无中正和平之致，使闻之者导欲增悲，沉溺而忘返，故曰淫也。”②今人徐复观也作了类似分析：“郑卫之声，所以能风靡当时，一定是因为它含有‘美’。但孔子却说‘郑声淫’，此处的‘淫’字，仅指的是顺着快乐的情绪，发展得太过，以至于流连忘返，便会鼓荡人走上淫乱之路。”③可见，孔子反对郑声，应该主要是反对其情感宣泄过度，也可以说是郑声在音律方面失去节制，以其靡曼幻渺使闻之者沉溺忘返。

在孔子那里，乐的感情释放应遵循适度原则，体现音乐的中正平和之美。“喜怒哀乐之未发，谓之中；发而皆中节，谓之和。”(《中庸》)喜怒哀乐未表现于外时，有道君子能使自己的内心保持平静；表现于外时，又能合乎适宜，不逾度。乐能“达情”，但乐对感情的过度释放则是“过犹不及”，“合乎孔子所要求的美，是他所说的‘关雎乐而不淫，哀而不伤’(《八佾》)。不淫不伤

① 朱长文著，林晨编著：《琴史》，中华书局 2010 年版，第 94 页。

② 程树德：《论语集释》，中华书局 2013 年版，第 1248 页。

③ 徐复观：《中国艺术精神》，华东师范大学出版社 2001 年版，第 9 页。

的乐，是合乎'中'的乐"[1]。这是中庸原则在孔子音乐思想中的体现。《关雎》一诗发于人心之情感，一君子思淑女，求而未得之时，辗转反侧寤寐思之，必有哀思；求之既得，钟鼓乐之，鼓瑟有之，呈现一片欢乐之情。但是哀思过度则为抑郁，抑郁则有伤损，喜乐逾度，则为烦恼。但淫与伤之过不在哀、乐本身，而在于发展太过，以至于流连忘返。孔子提出的"乐而不淫，哀而不伤"，讲究的是音乐的中和之美，是起于感性但又不流于感性的情理适中。

音乐的中和之美之所以可能，正在于理性对音乐感性的规范与节制。孔子之时，理性表现为符合礼，即"发乎情，止乎礼"。蔡仲德认为，孔子"两次将郑声与'佞人'并提，说明'郑声淫'之'淫'就是'思无邪'之'邪'，指声（形式）、情（内容）之'过度'、'邪恶'，即不合于礼，违背于礼"[2]。孔子不得已离开父母之邦的直接原因就是，鲁国国君和权臣季氏沉溺女乐，三日不朝，祭祀天地后的供物也不送给大臣，这不符合当时的礼。除此之外，孔子反对的乐还有一种情况：这种乐虽是雅乐正声，但在"用"上违背了礼数。鲁国大夫僭越身份，使用八佾之乐舞。孔子感叹："八佾舞于庭，是可忍也，孰不可忍也？"（《论语・八佾》）按照礼制，天子才应该有八佾之舞，季氏不过是个大夫，公然违背礼制私自用天子的乐舞，孔子对此极力反对。《论语》又载：三家者以《雍》彻。子曰："'相维辟公，天子穆穆。'奚取于三家之堂？"（《论语・八佾》）《雍》是《诗经・周颂》中的一篇，是天子祭祀宗庙完毕后，撤（彻）去祭品时所奏的乐章。但鲁国的三家大夫孟孙氏、叔孙氏、季孙氏却违反礼制，也用《雍》乐来撤去祭品。"人而不仁如礼何？人而不仁如乐何？"（《论语・八佾》）这是孔子针对权臣逾礼的僭越与骄妄所进行的诘问。孔子后学在《礼记》中指出："是故先王之制礼乐，人为之节"（《礼记・乐记》），先王制定礼乐，是为了节制人的情欲，使之不致过度、逾礼。

乐是感性与理性的中和，但现实是礼崩乐坏，乐流于纵情过度，并在乐的使用上僭越违礼，因此才有孔子的"正乐"。子曰："吾自卫反鲁，然后乐正，《雅》《颂》各得其所。"（《论语・子罕》）对于孔子如何"正乐"，主要观点有：朱熹认为，"孔子自卫反鲁。是时周礼在鲁，然《诗》、乐亦颇残阙失次。

---

① 徐复观：《中国艺术精神》，第 9 页。

② 蔡仲德：《中国音乐美学史》，人民音乐出版社 2003 年版，第 99 页。

……故归而正之"[①],"或曰正乐章……或曰正乐音"[②]。钱穆认为,"一是正乐章,一是正乐音。两义可兼采"[③]。主张正乐音者,如清代包慎言《敏甫文钞》:"《论语》《雅》《颂》以音言,非以《诗》言也。乐正而律与度协,声与律谐,郑卫不得而乱之,故曰得所。……《诗》之《风》《雅》《颂》以体别,乐之《风》《雅》《颂》以律同,本之性情,稽之度数,协之音律,其中正和平者则俱曰《雅》《颂》焉云尔。"[④]《淮南子·泰族训》曰:"雅颂之声,皆发于辞,本于情……性情正,音律调,虽风亦曰雅颂;性情不正,音律不调,即雅颂亦不得为雅颂。"《史记·儒林列传》言:"《诗》三百五篇,孔子皆弦歌之,以求合乎韶武雅颂之音。"我们在赞成"正乐音"之说的基础上,参以"正乐章"之说。孔子晚年"删诗",皆弦歌之,这应该是立足于当时的民俗民谣,并对之雅训,使其音律声歌合于《韶》《夏》,使情感归于适度,人心自然平和,使当时的民谣于不知不觉中由粗鄙而达于"思无邪"的醇美。

孔子的正乐实则是以雅正的审美规范人欲,以理性去节制音乐的感性特征,从而达到感性与理性的中和。这种音乐上的情理中和,以逾礼、过度为丑,以情合于礼、声合于度为美。音乐既有情感表达和满足,又有理性的节制与规范,既是在理性规范下的情感表达,又是在情感满足基础上的情理适中。孔子音乐哲学中的情与理,即是感性与理性,两者既有差异,又按照自己的本性存在与生长,并在生长中达到和谐,理化为情,情理交融,情融于理,情理共生。这种和谐避免了任何一方成为超级强权,既避免情的放纵而流于淫,又避免理的垄断而导致游艺精神的丧失,最终呈现出儒家音乐和谐温雅的中和之美。

三、乐的美善合一

在孔子那里,起于感性的音乐呈现出情理交融的中和之美,这种美还要以其承载的内容启人向善,达到美善合一。

孔子的音乐评论彰显了音乐应具备的美善合一。"子谓《韶》:'尽美矣!

① 朱熹:《四书章句集注》,中华书局 1983 年版,第 113 页。

② 程树德:《论语集释》,第 703 页。

③ 钱穆:《论语新解》,三联书店 2002 年版,第 252 页。

④ 程树德:《论语集释》,第 701 页。

又尽善也。'谓《武》:'尽美矣,未尽善也。'"(《论语·八佾》)如何理解"美"与"善"?朱熹说"美者,声容之盛。善者,美之实也"①,今人钱穆解释为:孔子所说的美主要指声容之表现于外者,主要指乐的音调、舞的阵容等。他所说的善指声容之蕴于内者,主要指乐舞中所蕴含的意义。② 我们可以把音乐的美与善理解为:美是声容、形式、风格之美,能给人带来视听感官之乐;善是蕴含于声容形式之中或其背后的意义,是乐要传达的导人向善的力量和德性美。音乐的善既与乐曲创作者、歌唱者、表演者甚至欣赏者的德性修养有关,又与规范社会秩序的伦理道德有关。乐之善主要外显为乐的教化功能,对于乐的创作者、表现者、欣赏者而言,乐的意义是良善的,有助于感动人之善心,不使放纵之心和邪恶之气影响人,从而使人内心达至平和。

《武》《韶》皆"尽美"。古代帝王治国功成,必作乐以歌舞当时的盛况,如韶乐是歌颂舜的乐章,武乐是歌颂武王的乐章。不论韶乐、武乐,其帝王的功绩一旦以乐舞的形式表现出来,无论是乐舞的表演者还是观赏者,都不可避免地会发生内在情感、意志的激活与震动,并且从乐舞的艺术形式中引发强烈的审美体验。但韶乐和武乐带给孔子的审美体验是不同的。武乐是周武王以兵力革商之命,征服天下,是以威武勇猛为特征的时代之乐,主要歌颂武功。其盛大壮美不言而喻,但其尚武而非尚德的内容让孔子感慨:"尽美矣,未尽善也。"舜以文德接受尧之禅让,所以韶乐主要是歌颂文德。其形式之盛大壮美,其内容之对文德的歌颂令孔子感叹:"尽美矣!又尽善也。"

孔子的音乐评论之所以褒《韶》抑《武》,与孔子对"仁"的追求密切相关。"德音之谓乐"(《礼记·乐记》),乐是仁的艺术表现,乐是艺术性与道德性的统一,是美与善的统一。武乐是歌颂武王武功之乐,不符合孔子理想中"禅让"之仁德,因而虽然盛大壮美,但未能尽善。韶乐不仅形式盛大壮美,而且歌颂了舜之仁德,因此达到了尽善尽美的境界。完美无瑕的艺术形态与至高无上的道德理想和谐统一,才是孔子所追求的音乐审美境界。孔子沉浸其中的音乐,既是道德的,又是审美的;既激发了高度的情感体验,又令人慕然深思,体现了孔子的艺术心情与道德心情的合一。徐复观和钱穆曾有类似的表述,徐复观谈道:"乐与仁的会通统一,即是艺术与道德,在其最深的根底中,同时,也即是在其最高的境界中,会得到自然而然的融合统一;因而

① 朱熹:《四书章句集注》,第 68 页。

② 参见钱穆:《论语新解》,第 81 页。

道德充实了艺术的内容，艺术助长、安定了道德的力量。”[①]钱穆指出：“孔子言仁常兼言知，言礼常兼言乐，言诗又常兼言礼，两端并举，使人容易体悟到一种新境界。亦可谓理智与情感合一，道德与艺术合一，人生与文学合一。”[②]

孔子所提倡的“美善合一”，就个人而言，在于以乐来培养君子人格。“‘乐者，乐也。’君子乐得其道，小人乐得其欲。”（《礼记·乐记》）乐的善就是使人在感受乐之美时不流于乐得其欲，而是乐得其道。“兴于诗，立于礼，成于乐。”（《论语·泰伯》）诗本性情，可以兴发人之心志；礼有恭敬辞让，节文度数，可使人卓然自立；乐有五声十二律，更唱迭和，可以养人之性情，荡涤其邪秽，消融其渣滓，是学之成，是乐的教化作用的实现。可以说，音乐既能感发人之性情，又能砥砺陶冶人的礼乐德性。孔子对子路鼓瑟的评价耐人寻味：子路是孔子非常钟爱的学生，但孔子对于“由之瑟”的评价是“奚为于丘之门”（《论语·先进》）。对此，朱熹谈道：“程子曰：‘言其声之不和，与己不同也。’《家语》云：‘子路鼓瑟，有北鄙杀伐之声。’盖其气质刚勇，而不足于中和，故其发于声者如此。”[③]子路鼓瑟之所以未得到孔子的赞许，并非子路演奏技术、旋律把握有问题，而主要在于子路还未体会到礼乐德性之奥妙，对音乐精神、音乐人格的表达未能臻于佳境妙境，礼乐德性尚需提升。子路鼓瑟刚猛有余，中和不足，不合《雅》《颂》之声，因此孔子非之，以抑其刚也。孔子的评价除了“由之瑟，奚为于丘之门”，还有“由也升堂矣，未入于室也”（《论语·先进》），这都需要我们玩味、体悟乐对人的礼乐德性之提升作用。

孔子重视乐的美善合一，旨在用乐来教化人，并在此基础上移风易俗，醇厚民风，甚至使天下归仁。“乐也者，圣人之所乐也，而可以善民心。其感人深，其移风易俗，故先王著其教焉。”（《礼记·乐记》）乐可以感发人之善心，从而移风易俗，使人心向善。“乐在宗庙之中，君臣上下同听之，则莫不和敬；在族长乡里之中，长幼同听之，则莫不和顺；在闺门之内，父子兄弟同听之，则莫不和亲。”（《礼记·乐记》）乐教可以使人顺应社会的伦理道德规范，有助于君臣和敬、长幼和顺、父子兄弟和睦与社会的和谐，最终实现“天下归仁”的理想。儒家后学在孔子“人而不仁如乐何”的基础上提出“乐通伦

① 徐复观：《中国艺术精神》，第10～11页。
② 钱穆：《论语新解》，第77页。
③ 朱熹：《四书章句集注》，第126页。

理”。《礼记·乐记》中说:“凡音者,生于人心者也。乐者,通伦理者也。……知乐则几于礼矣。礼乐皆得,谓之有德。德者,得也。是故乐之隆,非极音也。……是故先王之制礼乐也,非以极口腹耳目之欲也,将以教民平好恶而反人道之正也。”这是儒家后学对孔子音乐中乐仁统一思想的扩展和强化。

孔子所反对的“郑声”之所以风靡,正在于其客观的美;孔子之所以反对,正在于其缺少导人向善的力量。正如徐复观所分析的那样:“乐的美是通过它的音律及歌舞的形式而见。这种美,虽然还是需要通过欣赏者在特种关系的发现中而生起,但它自身毕竟是由美的意识进而创造出一种美的形式;毕竟有其存在的客观意味。郑卫之声,所以能风靡当时,一定是因为它含有‘美’。”[①]但“郑声”缺少的恰是导人向善的力量,它让人们“乐得其欲”,鼓荡人顺着情欲走向淫乱。情感所含有的不羁力量,应该是孔子正乐的原因之一,他要通过雅驯使情欲得以净化和升华。这种雅驯包含以善导美,美善合一,最终使音乐不仅有美的感发力,而且具有导人向善的德性力量。

孔子美善合一的音乐观,影响深远。叶朗明确指出了这一点:“艺术应该对人的精神起一种感发、净化、升华的作用,而不应该引导人们放纵本能,追求私欲,追求低级趣味,或者使人消极、悲观、颓丧。中国古代思想家的这种艺术观,主要受孔子思想的影响。”[②]

四、乐的技道统一

音乐对情的表达,音乐中的情理交融、美善合一,皆需要借助音乐技艺。

乐的制作、形成要有度、有文、有方,其中要有“声—音—乐”的层层提升,而这显然需要以专门技艺为依托。乐由“情”而发,由“感”而生。但由“情”而成的“声”并不是随意而发,任意恣肆就能形成“音”,而是有一定的曲调与旋律的尺度规约。“凡音之起,由人心生也。人心之动,物使之然也。感于物而动,故形于声。声相应,故生变。变成方,谓之音。比音而乐之,及干戚羽旄,谓之乐。”(《礼记·乐记》)可见,音乐的制作、形成首先需要专门知识与专门技艺。这种技艺体现为旋律的制作、声音的把握、乐器的演奏、

① 徐复观:《中国艺术精神》,第9页。

② 叶朗:《欲罢不能》,黑龙江人民出版社2004年版,第106页。

肢体语言的表达等。可以说，音乐首先是一种专业技艺，是对音乐制作之方的掌握，是对钟、磬、琴、瑟等乐器的熟练演奏，是对音调旋律乐曲的精湛制作，是对乐曲以歌舞形式的精彩表演。因此，音乐家必须用功苦学才能掌握极为精巧复杂的音乐技艺。掌握各种技艺并不容易，需要不断练习，使人的身体和心灵得到训练，从而达到心灵手巧的境界。

但是，音乐不仅是一种技艺。孔子谈道："乐云乐云，钟鼓云乎哉？"（《论语·阳货》）《礼记·乐记》认为："乐者，非谓黄钟、大吕、弦歌、干扬也，乐之末节也，故童者舞之。"可见，孔子的音乐哲学不止于此，而是有所延伸。儒家所讲的"君子不器"（《论语·为政》），"君子上达，小人下达"（《论语·宪问》）体现在音乐上，就是对于音乐技术的掌握仅仅是"器"的层面，是掌握音乐之道的前提，还需要上达于道，需要经由形而下之"器"上达为形而上之"道"，以技艺来表达与体现道。江文也谈道："作曲家先讲究这种技术训练，继而将它化为作曲家的一部分，更进而将技术的观念消化得无影无踪，最后在作品中连一丝丝气味都感觉不出来，这才是追求自我必须达到的目标。"①

我们可以体味"孔子学琴"的过程和情形：

> 孔子学鼓琴于师襄子，十日不进。师襄子曰："可以益矣。"孔子曰："丘已习其曲矣，未得其数也。"有间，曰："已习其数，可以益矣。"孔子曰："丘未得其志也。"有间，曰："已习其志，可以益矣。"孔子曰："丘未得其为人也。"有间，有所穆然深思焉，有所怡然高望而远志焉。曰："丘得其为人，黯然而黑，几然而长，眼如望羊，如王四国，非文王其谁能为此也！"师襄子辟席再拜，曰："师盖云《文王操》也。"（《史记·孔子世家》）

这则记载中的文王之琴操，不仅表现在"曲""数"等技艺层面，还有文王之志与文王之人格、境界、气象层面的表达。作为欣赏者与演习者的孔子，在向师襄学琴时依次习得"曲""数""志""人"，从对音乐技术技巧的掌握上升到对"志"即音乐精神的理解，进而上升到对"人"即音乐精神具有者之人格、境界的思慕。孔子学琴的过程体现出他不仅注重音乐技巧，而且注重对音乐精神、音乐境界的理解，这正是乐技与乐道的统一。

音乐是音乐技艺与音乐之道的统一。一方面，由于音乐技艺是一种工具、媒介，技艺本身不是目的，音乐需要借助技艺来达情、表意，进而显道。

---

① 江文也：《孔子的乐论》，第78页。

另一方面,音乐之道必须借助音乐技艺来显现与表达。先秦时人对道的领会,总带有身体的触感、耳目所摄的旋律与色彩、进退揖让与周旋从容的动作与神态,借助这些,方能使技艺超越"术"而近于"道"。道虽然存在,但若不表达出来,就是对自身的遮蔽。道的显现既可以是宗教的、伦理的、法律的、政治的,也可以是艺术的。关于艺与道之关系,宗白华指出:"'道'具象于生活、礼乐制度。道尤表象于'艺'。灿烂的'艺'赋予'道'以形象和生命,'道'给予'艺'以深度和灵魂。"①音乐技艺与音乐之道的统一应是技中有道,道由技显,技达为道,技道合一,最终呈现"大乐与天地同和"之境。

音乐技艺与音乐之道统一的丧失会导致音乐问题的出现。一方面,音乐技艺可以表达道,但其本身不是道,而是术、技。如果过分强调技术、技艺,忽视对道的追求与表达,就有可能导致形式主义和技法主义。如此,音乐中的技艺被绝对化,一味注重技艺的繁杂高超及音乐表现形式的华美铺陈,把音乐变成无内容的形式,失去其表现的深度与音乐灵魂,沦为技能的玩弄和炫耀,音乐人也随之沦为乐匠、技匠。另一方面,过分强调音乐之道,也会走向极端,陷入技艺虚无主义,忽视音乐技艺训练的艰苦性与过程性,不仅有失去音乐技艺之美的危险,还会使音乐有不可承受的政治与伦理道德之重,丧失乐自身"游"的特性。

在中国,音乐之道既可以外显为儒者的中和温雅、道者的飘逸自然,也可以是释者的清寂空明。儒家所讲的道有天道、地道、人道,"昔者圣人之作《易》也。将以顺性命之理,是以立天之道曰阴与阳,立地之道曰柔与刚,立人之道曰仁与义"(《易传·说卦》)。天道是就天之气而言的,指阴阳之气;地道是就地之质而言的,为"柔与刚";人道为"仁与义",是就人之德而言的。人道之所以为"仁与义",乃是因为人是禀受了天地阴阳刚柔之性而形成的。儒家注重效法天地之道的人道,其人道以"天人合一"作为人生之最高的理想境界,致力于达到"夫大人者,与天地合其德,与日月合其明"(《易传·文言》)的境界。

在孔子那里,音乐要达到的道呈现出"天人合一"之境。儒家的"天人合一"与道家不同。道家音乐看重在天(自然)之基础上的统一,以天籁之音为最美。天籁才是音乐的本源,其本质是超感性的,是无声的。老子提出"大

① 宗白华:《中国艺术意境之诞生》,《美学与意境》,人民出版社 1987 年版,第 219 页。

音希声”，只有“希声”是源于自然、最接近自然的，最美的音乐是与“道”结合、回归自然的“乐”。儒家音乐强调在人之基础上的“天人合一”，从音乐的感性表达出发，达到情理中和、美善合一，艺术与道德融合，最终通过音乐这一载体达到与天地合其德、与日月合其明的境界。

儒家音乐的“天人合一”，若用《礼记·乐记》的说法就是：“是故大人举礼乐，则天地将为昭焉。天地䜣合，阴阳相得，煦妪覆育万物。”“夫歌者，直己而陈德也，动己而天地应焉，四时和焉，星辰理焉，万物育焉。”音乐可以影响天地自然，奏乐可使阴阳调和，风调雨顺，万物并育。“大乐与天地同和，大礼与天地同节。和，故百物不失；节，故祀天祭地。明则有礼乐，幽则有鬼神。如此则四海之内合敬同爱矣。”“大乐”，指儒家理想中最完美的乐。这种乐与天地自然和谐，这种“天人合一”基础上的礼乐最终落实于天下人的互尊互爱。

通过乐的审美情感活动能够成就一种人生境界，这种境界就是为孔子所称的“曾点意境”，这是“天人合一”的一种实现。曾点所言“暮春者，春服既成，冠者五六人，童子六七人，浴乎沂，风乎舞雩，咏而归”（《论语·先进》），最为孔子赞叹。在“风乎舞雩，咏而归”的意境中，面对生命的自然活力，孔子流露出由衷的欣喜。这种乐观愉悦已超然于任何繁饰礼乐的形式之上，人们各得其所，各得其乐，获得一种随心所欲而不逾矩的审美体验。其中既有人与自然的和谐相处，又有人与人之间的和乐相融。

结　语

在当今中国民众的日常生活中，音乐成为一种重要的休闲方式。手机卡拉 OK 和卡拉 OK 厅的纵情欢歌，音乐节目中各种飙高音、秀技巧和煽情演唱，一些音乐创作者的媚俗，一些音乐作品的庸俗、低俗、恶俗等，在为人们提供休闲放松的同时，也暴露了不少问题。

第一，音乐情理失和有可能导致音乐纵情过度或者音乐“游艺”精神的丧失。当今社会的主要问题是音乐纵情过度。在人人都是歌手的大众音乐时代，音乐的纵情、娱乐的过度、“郑声”的泛滥充斥耳目。以音乐为背景的乐舞形式，如僵尸舞、尬舞时有出现。一些传递低俗内容的嘻哈音乐也曾流行一时。音乐没能引导人们“乐得其道”，反而引导人们“乐得其欲”，既没有起到陶冶性情、成就人格的作用，也没能在社会层面敦厚民风，美化民俗。

有的音乐作品“一味媚俗、低级趣味，把作品当作追逐利益的‘摇钱树’，当作感官刺激的‘摇头丸’”[①]。正如习近平总书记所指出的：“低俗不是通俗，欲望不代表希望，单纯感官娱乐不等于精神快乐。”[②]

第二，音乐形式华美，却不能以美导善。音乐与现代科技的融合，使得音乐形式日益华美，但音乐创作者的人文素质和人文修养良莠不齐，与音乐专业人才应有的“德艺双馨”尚有一定差距。有的音乐作品不能很好地以艺载道，传达美善合一的理念，营造美善和谐的艺术氛围。有的音乐甚至“是非不分、善恶不辨、以丑为美”[③]，使得社会音乐氛围颓废萎靡。

第三，违背音乐的技道合一，有可能导致音乐技法主义或者陷入技艺虚无主义。当前的主要问题是音乐技法主义和形式主义盛行。当今社会的音乐执着于技术层面，注重演唱方面的飙高音、演奏表演方面的技巧复杂性，但恰恰失落了对音乐境界的理解以及音乐之道的显现。不少媒体的音乐节目注重音乐技艺的繁杂高超，注重音乐形式的华美铺陈，使音乐成为技艺的炫耀，忽视音乐精神的追寻、音乐人格的培养与音乐境界的提升。

孔子的音乐观有助于矫正当前音乐休闲中存在的诸多问题，提升与引领当今音乐艺术风气。孔子音乐观的情理中和，在承认音乐感性作用的基础上，提倡音乐的情理交融、情理共生，主张音乐感性与理性的中和之美。这有助于人们反思当今音乐的纵情与过度，以音乐的中和之美调节当代人的生活情境。孔子音乐观的美善合一，认为音乐作为一种艺术，自然具有美的特性，但音乐以美启善、以善导美、美善合一，是艺术与道德自然而然的融合统一。这有助于音乐艺术界人士“德艺双馨”的实现，引导人们在美善合一中陶冶性情，提升修养，并进一步在社会层面引领风气，化民成俗。孔子音乐观的技道合一，认为音乐需要以技艺为依托，因此要对技艺切磋琢磨、千锤百炼，但音乐不能止于技艺层面，要进一步达情，表意，显道，实现技中有道，技达为道，道由技显，技道合一，最终呈现“大乐与天地同和”之境。这有助于化解音乐技法主义盛行之蔽，引导人们注重音乐境界的提升。

正如习近平总书记所指出的：“中华美学讲求托物言志、寓理于情”[④]，

---

① 习近平：《在文艺工作座谈会上的讲话》，《人民日报》2015 年 10 月 15 日。

② 习近平：《在文艺工作座谈会上的讲话》，《人民日报》2015 年 10 月 15 日。

③ 习近平：《在文艺工作座谈会上的讲话》，《人民日报》2015 年 10 月 15 日。

④ 习近平：《在文艺工作座谈会上的讲话》，《人民日报》2015 年 10 月 15 日。

“追求真善美是文艺的永恒价值。艺术的最高境界就是让人动心，让人们的灵魂经受洗礼，让人们发现自然的美、生活的美、心灵的美……我们要通过文艺作品传递真善美，传递向上向善的价值观，引导人们增强道德判断力和道德荣誉感，向往和追求讲道德、尊道德、守道德的生活。只要中华民族一代接着一代追求真善美的道德境界，我们的民族就永远健康向上、永远充满希望”[①]。“好的文艺作品就应该像蓝天上的阳光、春季里的清风一样，能够启迪思想、温润心灵、陶冶人生，能够扫除颓废萎靡之风。”[②]在一定意义上，习近平总书记的文艺观是对孔子音乐观的现代阐扬，是对孔子音乐观及其当代价值的肯定。

① 习近平：《在文艺工作座谈会上的讲话》，《人民日报》2015年10月15日。

② 习近平：《在文艺工作座谈会上的讲话》，《人民日报》2015年10月15日。

论朱熹对孔子“从周”诠释的德慧面向

王 广

摘要：孔子基于一种对夏、商、周三代礼乐文化“慧命”的理性省察，确立了涵养自己德慧、砥砺践行自身追求的“从周”志业。朱熹从德慧面向出发，重新诠释了汉儒郑玄提出的礼乐制作之“反本修古”精神，主张孔子集圣王制礼作乐“慧命”之大成，以“十六字心法”作为法门涵养自己德慧，努力体认道体流行的“活泼泼”的生命世界。朱熹认为正是有了这个法门，通过开辟天人合一、物我一体的人文价值世界，去“继往圣，开来学”。由此，孔子的“从周”志业，反而具有超越尧、舜等圣王的功业。

关键词：朱熹　孔子　从周　德慧

在《论语·八佾》篇中，孔子曾有语：“周监于二代，郁郁乎文哉！吾从周。”《中庸》也有段体现孔子“从周”的话语：“吾学周礼，今用之，吾从周。”的确，孔子一生以周公为榜样，孜孜以求恢复周代礼制。那么，如何理解孔子这一志业呢？这一志业，对我们以“现代人”身份承继和创新以儒家为主流的中国传统文化事业有何启示？

一、以德慧行从周志业

在理解孔子“从周”志业上，我们首先要厘清的是孔子为何要“从”周，而

王广，山东财经大学马克思主义学院副教授，主要从事中国哲学研究，著有《颜师古学术思想研究》等。

不是"改"周?

大致说来,古老的中华文明之核心就是礼乐。在传统社会里,"礼"在全面安排宇宙社会人生之秩序和范导人们生活之行为方面起着重要作用。《礼记·礼运》中说:"礼者,君之大柄也,所以别嫌明微、傧鬼神、考制度、别仁义,所以治政安君也。"郑玄注曰:"疾今失礼如此,为言礼之大义也。柄,所操以治事。"①可见,"礼"是君王治国平天下的利器,其主要精神就是全面安排生活世界之秩序以及范导人们各种生活之行为。比如,社会生活要"别嫌明微",宗教生活要"傧鬼神",经济生活要"考制度",伦理生活要"别仁义",政治生活要"治政安君",等等。按照《周易》中《贲卦·彖传》"观乎天文以察时变,观乎人文以化成天下"的说法,这种治理天下的礼乐制度体现了一种人文化成的功能。这种制度通过开辟一个可以贯通天人、和谐内外的人文价值世界,实现每个自我生命的安顿以及整个天下秩序的安排。借用传统儒者的说法,就是实现"内圣外王"。

既然礼乐制度如此重要,那么究竟谁有资格来操控这一"大柄"的制定呢?《礼记·乐记》指出:"王者功成作乐,治定制礼。"郑玄注曰:"功成、治定,同时耳。功主于王业,治主于教民。《明堂位》说周公曰:'治天下六年,朝诸侯于明堂,制礼作乐。'"②按照《礼记》的理解,制礼作乐并不是一件简单的事情,必须有"位",有"时"。位是"王者"之位,比如周公之位;时是"功成治定"之时,比如周公"治天下六年"。根据《乐记》和《明堂位》的这种解释,制礼作乐是圣王的重要功业。只有拥有"位"和"时"这两个客观的条件,才能创制新的礼乐制度。

首先,从"位"这个因素来看,显然孔子缺失了客观上的"位"。本来作为《礼记》之一篇的《中庸》指出:"虽有其德,苟无其位,亦不敢作礼乐焉。"对此,郑玄注曰:"言作礼乐者,必圣人在天子之位。"③对于郑玄这一注解,朱熹并无异议。在《中庸章句》中,他直接引用这一注解,并进一步对孔子之所以"从周"做出这样的解释:"孔子既不得位,则从周而已。"④可见,郑玄和朱熹都认为,因为孔子未能像尧、舜、文、武、周公等圣王那样,能够"大德受命",

① 郑玄注,孔颖达疏:《礼记正义》,北京大学出版社 1999 年版,第 682 页。

② 郑玄注,孔颖达疏:《礼记正义》,第 1091 页。

③ 郑玄注,孔颖达疏:《礼记正义》,第 1457 页。

④ 朱熹:《四书章句集注》,中华书局 1983 年版,第 36 页。

所以无法制礼作乐。

其次，就“时”的因素来看，显然孔子也生不逢时。他处于一个礼乐崩坏、天下无道的时代。《春秋·哀公十四年》记载：“十有四年，春，西狩获麟。”后来，《左传》进一步解释说：鲁哀公十四年(前481)春，七十一岁的孔子遇到了这样一桩事：当时鲁国管理山林的“虞人”在鲁国都城曲阜西边的“大野”一带打猎。鲁国权臣叔孙氏的管车仆从钽商捕获了一只奇怪的兽，并用车把它载了回来。叔孙氏见此怪兽，以为不祥，自己不要，赐予了发现这只怪兽的“虞人”。后来，《孔子家语·辩物》《史记·孔子世家》和《孔丛子·孔子获麟而哭》等文献又进一步解读，说孔子看后，说：“麟也！胡为来哉！胡为来哉！”并掩面大哭，涕泪沾襟。

孔子认为麟是祥瑞“仁兽”，太平盛世才会出现，现在不是太平盛世，出非其时而被捕获，所以甚为感伤，写了“西狩获麟”这句话后，就停笔不再写了。这就是传说中孔子写《春秋》“绝笔于获麟”的故事。总之，在孔子看来，麒麟与他一样，都生不逢时。后来，儒者又将这个“获麟而哭”事件变成了一首歌：“唐、虞世兮麟凤游；今非其时来何求？麟兮麟兮我心忧。”①

正是因为孔子缺失了“时”和“位”这两个客观条件，所以他无法制礼作乐，创辟一套治理天下的新礼乐制度。既然不能创新一套与时俱进的新礼乐制度，那么是不是来一场“革命”，直接放弃这套贯穿夏、商、周三代并在周初大兴的礼乐制度？就像《道德经》第三十八章所主张的那样，“夫礼者，忠信之薄，而乱之首也”，这套礼乐制度是我们每个自我生命空疏虚无、天下祸乱不断的根源，只有抛弃这套礼乐制度，实行崇尚自然的无为而治，才能让我们每个自我生命充实饱满、整个天下自然有序。

虽说孔子曾向道家的老子请教有关礼制建设的问题，也向往其学生曾点所描述的那种“暮春三月”的快乐自适生活，但他“不愿与鸟兽同群”的淑世情怀，又促使他孜孜以求重构天下秩序，以结束无道乱世，虽然“知其不可”但仍然“为之”。

面对人生发展的逆境，一个儒者应如何对待？孟子说过这样一段话：“人之有德慧、术知，恒存乎灾疾。”(《孟子·尽心上》)在孟子看来，德慧和术知都是能让我们通达事理的重要凭借。德慧和术知这两种本领，可以在人

① 傅亚庶：《孔丛子校释》，中华书局2011年版，第97页。

生的逆境中得以发展。朱熹注解曰:“言人必有灾疾,则能动心忍性,增益其所不能也。”[①]可见,在儒家看来,人生的逆境可以涵养我们的心性,提升我们改造无道乱世的能力。所谓“德慧”,朱熹解释说是“德之慧”,是一种关乎道德实践的智慧。所谓“术知”,朱熹解释说是“术之知”,是一种关于操作技能的知识。前者后来被理学家视为“不萌于见闻”的“德性之(所)知”,后者则被当成囿于见闻的“见闻之知”。术知作为一种关于操作技能的知识,其旨归是将天人、物我解析成主客二元关系,以便更好认识客体的本质、规律,从而不断提升对客体的认识和改造能力,它成就的是一种知识理性、工具理性;德慧作为一种关于道德实践的“德性之知”,是一种以开辟一个天人合一、物我一体的人文价值世界为旨归的实践智慧,它成就的是一种道德理性、价值理性。

虽然孔子既无“位”也无“时”,但这不妨碍他对培养自己以及学生们德慧与术知两种本领的关注。虽然他以书、数、射、御、礼和乐这六种基本生存技艺作为教育学生成才的重要内容,但他更为关注能够开辟一个人文价值世界的《诗》《书》《礼》《易》《乐》和《春秋》这六部人文经典的学习。譬如,在学习《诗经》的过程中,他教诲学生说:“小子,何莫学夫《诗》?《诗》可以兴,可以观,可以群,可以怨;迩之事父,远之事君;多识于鸟兽草木之名。”(《论语·阳货》)显然,对于《诗经》,孔子强调要培养自己的术知,借以“多识于鸟兽草木之名”。当然,孔子更重视的是德慧的培养,以此更好地发挥《诗经》在“兴观群怨”“迩之事父,远之事君”的道德实践中对人文价值世界的开辟之功。

虽说孔子不反对术知层面,但他提出“君子不器”(《论语·为政》),主张一个人能不能成为君子的关键,不在于他是不是一个知识专家、技术专家,而在于他是否拥有德慧,能否通过成就一个贯通天人、物我一体的人文价值世界,挺立其内在的道德主体性。在孔子看来,礼乐文化不仅体现在让学生拥有一个基本生存技能的术知层面,更重要的是能让学生成就一个可以挺立自己道德主体性的德慧。这个德慧成就的内在根基是人人生而即具的,《大学》称之为“明德”,《孟子》称之为“本心”,等等。既然我们生来即具有这种成就德慧的根基,那么即使没有制礼作乐的“天子之位”和“功成治定之

① 朱熹:《四书章句集注》,第354页。

时”，仍然可以涵养这种德慧。

如果说“时”和“位”是制礼作乐的外在客观条件，那么这个德慧则是圣王能够制礼作乐的内在根据。据此，《中庸》进一步主张，只有有德有位的圣王才具有制定这套礼制的正当性。在《中庸》看来，只有拥有“中庸”德慧的圣人，才能够“居上不骄，为下不倍，国有道其言足以兴，国无道其默足以容”；不管居于什么样的地位、处于什么样的境遇，都能做到“时中”，实现行为的恰恰好状态，既不“过”也不“不及”；并且圣人深知“无忌惮”的反中庸行为必然招致灾祸：“愚而好自用，贱而好自专，生乎今之世，反古之道。如此者，灾及其身者也。”于是《中庸》概括说：“虽有其位，苟无其德，不敢作礼乐焉。”

正是孔子拥有这种能够“时中”的德慧，才能明觉到制定夏、商、周三代礼乐制度的根据。孔子指出：“夏礼吾能言之，杞不足征也；殷礼吾能言之，宋不足征也。文献不足故也。足，则吾能征之矣。”（《论语·八佾》）虽说杞国人是夏人的后裔，但对夏代礼乐制度，孔子能说出大致，可杞人则不能；虽说宋国人是殷人的后裔，但对商代礼乐制度，孔子能说出大概，可殷人后裔则不能。究其关键，在于缺失了充足的记载礼乐制度的典籍，以及在他们后裔中没有能够践行各自传统礼乐制度的典范。正因为这种典籍缺失和典范不足，所以夏、商两代的礼乐制度无法很好地涵养我们的德慧。如果有典籍、典范，孔子可以借助自己的德慧，更好地恢复夏、商两代的礼乐制度。有鉴于此，孔子选择了典籍、典范完备的“郁郁乎，文哉”的周代礼乐制度，以此作为涵养自己德慧的重要资粮。据此，朱熹解读说：

> 三代之礼，孔子皆尝学之而能言其意。但夏礼既不可考证，殷礼虽存，又非当世之法，惟周礼乃时王之制，今日所用。孔子既不得位，则从周而已。①

可见，孔子“从周”志业，不仅是出于对周公的崇拜之心、对周礼的景仰之情，更重要的是基于一种对夏、商、周三代礼乐文化“慧命”的理性省察。在这个理性省察基础上，孔子选择用三代礼乐文化的这个“慧命”来涵养自己的德慧。据《论语·颜渊》篇，孔子教诲自己爱徒颜回说，要努力在日常生活中践行“克己复礼”，通过“非礼勿视，非礼勿听，非礼勿言，非礼勿动”的道德实践，不断涵养自己的德慧，以成就一个“天下归仁”的人文价值世界。

① 朱熹：《四书章句集注》，第 36 页。

二、以德慧集群圣大成

既然孔子“从周”志业奠基于以三代礼乐文化的“慧命”来涵养自己的德慧，那么有了这个德慧作内在根据，孔子是如何完成自己的“从周”志业的？孔子向学生解释自己对三代礼乐文化之“慧命”的把握时，说：

> 殷因于夏礼，所损益，可知也；周因于殷礼，所损益，可知也。其或继周者，虽百世可知也。（《论语·为政》）

孔子认为，夏、商、周三代礼乐文化之间并不体现为一种革命式的“断裂”，而是一种层累式的“连续”，“殷因于夏礼”“周因于殷礼”。但这种“连续”，并不是机械地克隆、复制，而是有所损益、有所创新。正是因为孔子的德慧能够明觉三代礼乐文化相互“因革损益”的内在“慧命”，所以才敢说出“其或继周者，虽百世可知也”的话语。如此一来，孔子“从周”的指归就不是机械地“照着讲”周代礼乐制度，而是创造性地“接着讲”周代礼乐制度，以更好发挥周礼在重构天下秩序中的积极功能。那么，如何“接着讲”周代礼乐制度呢？《礼记·礼器》指出：“礼也者，反本修古，不忘其初者也。”

郑玄认为，这种“本”与“古”就是圣王制礼的根本判据，所以他注“是故先王之制礼也，必有主也，故可述而多学也”曰：“‘主’谓本与古也。”“以本与古求之而已。”[①]由郑注我们可以看出，先王制礼的精神在于“反本修古”。按照这一精神，孔子要想更好地“接着讲”周礼，当然离不开“反本修古”工作。

对于“修古”，《论语·述而》篇称孔子奉持“述而不作，信而好古”的原则，《中庸》篇也概括说：“仲尼祖述尧舜，宪章文武。”有鉴于此，《汉书·艺文志》才把“祖述尧舜，宪章文武”作为儒门成立的一个重要标志。

如何理解孔子这种“修古”“好古”？在如今文化进化论的视界中，“古”就意味着“旧”，“修古”“好古”就意味着以一种狭隘、守旧心态进行复古、倒退。如果从工具理性角度讲，知识技术的确是不断进化的，旧石器就是比新石器落后，铁器就是比新石器先进。但如果把这些器物视作“文”物，视作艺术品，那么谁比谁更先进的问题就没有意义。每个器物都有一个“活泼泼”的生命世界，这个世界可以让我们忘“我”，让天人、物我消泯差异，融为一

---

① 郑玄注，孔颖达疏：《礼记正义》，第750页。

体。孔子站在川上，感受到的就是这样一个“活泼泼”的生命世界。

在孔子看来，三代的礼乐制度就是让我们涵养德慧，以体认这样一个天人合一、物我一体的“活泼泼”的生命世界。但时人看见的“礼乐”，却是“钟鼓”“玉帛”等器物，无法明觉超越这些器物之上的形而上者——“道”。就连聪明的子贡也未能形成这种明觉。当他觉得既然“告朔”之礼已经没人当回事了，那又何苦再浪费一只羊的生命呢？孔子感慨自己的爱徒子贡依然停留在“器”的层面，无法明觉“告朔”之礼之上的道体流行的“活泼泼”的生命世界。

如此一来，孔子的“修古”“好古”则是涵养德慧，以体认道体流行的“活泼泼”的生命世界。对此，朱熹的《集注》曾有段长注：

> 孔子删《诗》《书》，定礼乐，赞《周易》，修《春秋》，皆传先王之旧，而未尝有所作也，故其自言如此。盖不惟不敢当作者之圣，而亦不敢显然自附于古之贤人；盖其德愈盛而心愈下，不自知其辞之谦也。然当是时，作者略备，夫子盖集群圣之大成而折衷之。其事虽述，而功则倍于作矣，此又不可不知也。①

在这段注里，朱熹指出孔子通过“修古”“好古”涵养德慧，“其德愈盛而心愈下”。“作”本是圣人之事，孔子不以圣人自居，所以自称“述而不作”。孔子不仅不以圣人自居，而且不自附于古之贤人，所以只是“信而好古”。然而，孔子并不是简单地“述”和“好古”，而是为了更好地以自己所涵养的德慧，明觉古代典籍、古代圣贤所内含的“活泼泼”的生命世界，以“集群圣之大成而折衷之”。如此一来，“其事虽述，而功则倍于作矣”。

按照朱熹的这种解释，孔子“述而不作，信而好古”的目的是更好地涵养自己的德慧，以“集群圣之大成而折衷之”。对于孔子如何“集群圣之大成而折衷之”，《中庸》概括说：“仲尼祖述尧舜，宪章文武，上律天时，下袭水土。”认为孔子的“从周”奠基于集尧、舜、文、武等古代圣王之大成而折衷之上。对于《中庸》这段文字，朱熹注曰：

> 祖述者，远宗其道。宪章者，近守其法。律天时者，法其自然之运。袭水土者，因其一定之理。皆兼内外该本末而言也。②

---

① 朱熹：《四书章句集注》，第 93 页。

② 朱熹：《四书章句集注》，第 37 页。

显然,在朱熹看来,孔子是以贯通内外和本末的形而上之道来实现对群圣的集大成。在《中庸章句序》中,朱熹又指出:"《中庸》何为而作也?子思子忧道学之失其传而作也。"由这句话可以看出,朱熹认为《中庸》之所以被撰写,主要在于子思所要昭明的是一个要失其传的"道"。

这个"道"是什么?朱熹接着指出:

> 盖自上古圣神继天立极,而道统之传有自来矣。其见于经,则"允执厥中"者,尧之所以授舜也;"人心惟危,道心惟微,惟精惟一,允执厥中"者,舜之所以授禹也。尧之一言,至矣,尽矣!而舜复益之以三言者,则所以明夫尧之一言,必如是而后可庶几也。①

不难看出,朱熹所理解的道是超越的形而上之道,它"继天立极",是尧、舜、文、武等圣王制礼作乐、以开辟人文价值世界的最终根据。从形上超越意义来看,这个道就是宋代理学家着力建构的"天理"。同朱熹"理一分殊"的哲学理念相通,这个道一方面体现为"一本万殊",虽然同是一个道,但在尧、舜、文、武等圣王之间以及天时、地利之中又有着不同的发用情势,孔子根据这些不同情势采取了不同的实现道的方式,所以才会"祖述尧舜,宪章文武,上律天时,下袭水土";另一方面这个道还"万殊一本",不管圣王之间的制礼作乐理想以及天道、地道之间有什么殊异,都以这个超越的道作为最终根据。

那么,如何明觉这个作为圣王制礼作乐最终根据的道呢?朱熹认为,要明觉这个道,须以伪古文《尚书》之《大禹谟》中"十六字心法"涵养自己的德慧。这个"心法"即"人心惟危,道心惟微,惟精惟一,允执厥中"。这"十六字心法"是尧、舜等圣王治人修己的关键。正是有了这个"心法",圣王制礼作乐理想才得以建构和实现;也正是根据这个"心法",孔子才有了德慧作根基,也才完成了"集群圣之大成"。

概言之,朱熹认为孔子的"修古""好古",并不是狭隘、守旧,而是把"十六字心法"作为实现集尧、舜、文、武等圣王之大成的重要法门。通过这个"心法",可以涵养自己的德慧,以更好体认尤其是周代礼乐制度所内蕴的一个道体流行的天人合一、物我一体的"活泼泼"的生命世界。

---

① 朱熹:《四书章句集注》,第 14 页。

三、以德慧贤尧舜之功

如上所论，礼乐制度的建设离不开“反本修古”，既然“修古”是通过涵养德慧，集圣王之大成，以更好体认尤其是周代礼乐制度所内蕴的一个道体流行的天人合一、物我一体的“活泼泼”的生命世界，那么“反本”又有何功?

据《论语·八佾》记载，一直忧心于“礼崩乐坏”的孔子，有一天当学生林放问关于“礼之本”问题时，他不禁喜形于色，赞叹说:“大哉问!”这说明“礼之本”问题是孔子致力思考的重要问题之一。如何理解这个“本”?

孔子指出:“人而不仁，如礼何! 人而不仁，如乐何!”(《论语·八佾》)在他看来，没了践行仁德的德慧作为礼乐制度之本，礼乐制度就没了内在支撑，纯粹流于“钟鼓”“玉帛”等形式，沦为工具。在孔子看来，正是那些作为执行礼乐制度主体的贵族们精神堕落了，没了践行仁德的德慧作内在支撑，才使得礼乐制度被挂空，无法发挥出全面安排生活世界之秩序的积极效能。

在《礼记》看来，礼乐制度不仅安排社会人生之秩序，还安排天地万物之秩序。《礼记·乐记》认为:“乐者，天地之和也。礼者，天地之序也。和故百物皆化，序故群物皆别。”要实现礼制这一功能，就得本天道，立人道。“乐由天作，礼以地制。……明于天地，然后能兴礼乐也。”(《礼记·乐记》)如此一来，孔子所探讨的“礼之本”也就成了天地之本。《中庸》将之概括为“天下之大本”，并指出:“喜怒哀乐之未发，谓之中;发而皆中节，谓之和。中也者，天下之大本也;和也者天下之达道。”郑玄认为，这里作为天下之大本的“中”就是“礼之本”。他注曰:“中为大本者，以其含喜怒哀乐，礼之所由生，政教自此出也。”①

在《中庸》看来，作为“天下之大本”的“礼之本”如果得以畅通的话，那么礼乐制度就不仅能实现我们社会人生的和谐有序，而且能实现天地万物的和谐有序，也就是《中庸》所说的“致中和，天地位焉，万物育焉”。按照《中庸》的看法，“中”就是实现礼乐制度全面安排宇宙社会人生秩序的“本”。其实不管是《论语》所讲的“仁”，还是《中庸》所说的“中”，都可以理解成能够开辟天人合一、物我一体的“活泼泼”生命世界的道体。这个道体既澄明着我

① 郑玄注，孔颖达疏:《礼记正义》，第1422页。

们生命的本真状态，也体现着这个“活泼泼”的生命世界的超越根据。对于“中”的解释，孔颖达曾疏解郑玄对“中”的注释说：

> “中也者，天下之大本也”者，言情欲未发，是人性初本，故曰“天下之大本也”。“和也者，天下之达道也”者，言情欲虽发而能和合，道理可通达流行，故曰“天下之达道也”。①

结合孔疏我们不难看出，郑玄所理解的“礼之所由生，政教自此出”的“天下之大本”就是人之生命的本真状态。这种情欲未发的生命之本真状态为什么能够成为“天下之大本”？其关键在于《中庸》所彰显的这样一种理念：“天命之谓性。”朱熹解释说：

> 命，犹令也。性，即理也。天以阴阳五行化生万物，气以成形，而理亦赋焉，犹命令也。于是人物之生，因各得其所赋之理，以为健顺五常之德，所谓性也。②

可见，朱熹从形上之理的角度，认为“性”是我们生命之价值、意义的超越根据，即“理”。需要说明的是，朱熹虽然认为“理”是人和天地万物生命的源头和根据，但这并不意味着“气”就不是人和天地万物生命的源头和根据。朱熹同样汲取了郑玄等汉唐儒者从气化角度理解天和人、命和性的思想，认为“气以成形”。也就是说，正是阴阳二气以及二气所形成的五行之气赋予到我们和天地万物身上，才凝聚成不同形状。

但是，朱熹认为理和气有着形上和形下之分。在《朱文公文集》卷五八《答黄道夫》中，他概括说：“理也者，形而上之道也，生物之本也；气也者，形而下之器也，生物之具也。”③可见，在朱熹看来，理和气虽然同为人和天地万物生命的来源和根据，但二者一个是形而下的质料，另一个是形而上的本体。朱熹曾以宝珠和水比喻性（理）体与气质的关系，清明之气就像清水，可以更好地澄明宝珠，即天理。但作为宝珠的天理，是超越的道体；清明之气只是其澄明自身的凭借，是第二序的，是道用。

不管是“仁”还是“中”，都可以作为澄明我们本真生命情势、彰显“活泼

---

① 郑玄注，孔颖达疏：《礼记正义》，第 1424 页。

② 朱熹：《四书章句集注》，第 17 页。

③ 《晦庵先生朱文公文集》卷五八《答黄道夫》，朱杰人、严佐之、刘永翔主编：《朱子全书》第 23 册，上海古籍出版社、安徽教育出版社 2002 年版，第2755 页。

泼”生命世界超越根据的“道体”。这个作为形上本体的“道体”，显然不是以逻辑的解析达至的第一序的概念范畴，而是在践行“仁德”“时中”的道德实践中所体认的生命的本真情势与超越根据。它不是成就一个理论知识体系的最高概念，而是成就一个天人合一、物我一体的人文价值世界的“源头活水”。我们只要体认到这个“道体”，就可以拥有这样一种德慧，一方面集圣王制礼作乐的“慧命”之大成，另一方面开辟天人合一、物我一体的人文价值世界。

在朱熹看来，正是因为拥有这种能够体认这个“道体”流行的德慧，所以“从周”的孔子反而拥有超越尧、舜的功业。就此，他指出：

> 夫尧、舜、禹，天下之大圣也。以天下相传，天下之大事也。以天下之大圣，行天下之大事，而其授受之际，丁宁告戒，不过如此。则天下之理，岂有以加于此哉？自是以来，圣圣相承：若成汤、文、武之为君，皋陶、伊、傅、周、召之为臣，既皆以此而接夫道统之传，若吾夫子，则虽不得其位，而所以继往圣、开来学，其功反有贤于尧舜者。[①]

在这里，朱熹提出了一个孔子“贤于尧、舜”的主张。该主张对于汉唐诸儒而言，可谓石破天惊。因为在他们看来，以“从周”为志业的孔子只是一个尧、舜、文、武等圣王的“骥尾”，其功业自然无法与德位兼具的、能够制礼作乐的圣王相比。

为什么未能制礼作乐的孔子之功反而贤于尧、舜呢？朱熹认为，关键在于孔子以德慧为根基“继往圣，开来学”。对此，余英时先生解释说；

> 朱熹有意将“道统”与“道学”划分为两个历史阶段：自“上古圣神”至周公是个“道统”的时代，其最显著的特征为内圣与外王合而为一。在这个阶段中，在位的“圣君贤相”既已将“道”付诸实行，则自然不需要另有一群人出来，专门讲求“道学”了。周公以后，内圣与外王已分裂为二，历史进入另一阶段，这便是孔子开创“道学”的时代。[②]

余先生的解释揭示出，朱熹认为孔子“开来学”中的“学”是“道学”，这个“道学”要解决的课题就是成就能够实现内圣与外王合一的德慧。周公之前的

---

① 朱熹：《四书章句集注》，第14～15页。

② 余英时：《朱熹的历史世界》，三联书店2004年版，第15页。

圣王有德有位，是天然的内圣外王的合一，但孔子则不是天然的合一，而是通过“十六字心法”修养功夫涵养德慧，才得以实现的合一。因此，只有孔子从圣王们天然就具有的内圣外王合一的德慧之中，抉发出一个实现这种合一的“精义”——“十六字心法”，并以之修身和教化君王、臣民。

概言之，孔子基于一种对夏、商、周三代礼乐文化“慧命”的理性省察，确立了自己的“从周”志业。按照“反本修古”的精神，孔子集圣王制礼作乐“慧命”之大成，以“十六字心法”作为法门涵养自己的德慧，努力体认道体流行的天人合一、物我一体的“活泼泼”的生命世界。正是有了这个法门，孔子的“从周”志业，反而具有超越尧、舜等圣王的功业。

孔子的古典式政治教诲

李福建

摘要：孔子的古典式政治教诲，坦承人的德性层次有“圣凡智愚”的高低差异。因此，对不同的人要讲不同的话，实行不同的政治教诲。故而，孔子的古典式政治教诲有微言和大义的区分。孔子通过“博学于文，约之以礼”的教诲原则，既让少数政治哲人（士君子）获得了心性的自由和高妙的理趣，又经由世俗礼法实现了对这少数聪明人的智慧的节制。这样就协调了政治哲人与现实社会的关系，既可鼓励大众追求德性的卓越，又让少数聪明人不至于为了极端的主义而破坏世俗社会的正常秩序，更防止了偏激的知识理性对正常人性的暴政式改造。如果现代学人不能直面孔子思想面貌的实际，只从现代启蒙哲学的视角去观照并阐发孔子跟现代启蒙哲人的一致之处，那不仅难得孔子的深邃博大，反而更加丑化了孔子；不仅不能从古典思想中吸取有益的政治教诲，反而葬送了中国古典政治教诲在未来世界的思想地位。

关键词：孔子　政治哲人　政治教诲　人性　微言大义

孔子是中国古代伟大的教育家，也是古代伟大的政治哲人，这自应无疑义。古人常说的“天不生仲尼，万古长如夜”，早已揭示了这一点：孔子给人类带来了关于光明或太阳的思想（我们不难想到柏拉图“洞穴之喻”对哲人的看法）。尽管黑格尔认为孔子不过是一个进行道德说教的老先生，但那是

李福建，广东药科大学马克思主义学院讲师，主要从事中国哲学、道德—政治哲学研究。

基于他特有的哲学立场,这就好比罗素基于他特有的哲学立场,把康德和黑格尔哲学贬得很低。在古代,教育当然首先是一种政治教化,即要把人教化成某种类型的政治人或成人,使人不再是一个自然人或野人。而要把人教化成某种类型的人,就要对人性本身做出某种解释,更要对政治生活本身做出某种理解,就像柏拉图和亚里士多德所做的那样。可以这样说,孔子所代表的古典式政治教诲,若因其不同于大家习以为常的现代启蒙哲学的政治教诲,那便抹杀了孔子的政治哲人身份,此实乃大谬不然。

现代启蒙大师法国伏尔泰曾说:"勇者生而能自由表达自己的思想,不敢正视人生的两极——宗教和统治——的人,只不过是懦夫。"①他似乎还有句耳熟能详的名言,这句话的作者虽不一定是他,但很能代表他的精神:"我不赞同你所说的,但是我至死也要捍卫你把它说出来的权利。"②这两句话,大概能令人强烈地感受到现代启蒙精神在政治上的豪勇之气。在中国古典作家中,同样能给人以这种豪气干云印象的话语,大概要出于孟子之口,想来这也是孟子深受中国近世启蒙学者们重视的一大因由。

古典儒家的另外两位大师孔子和荀子,与这种现代启蒙精神相比照,就不免略显几分拘谨甚至怯懦。拙见以为,这种豪勇与审慎的不同,恰恰表征了现代启蒙哲人与古典政治哲人两种不同的政治教诲,有着彼此相异的精神气质。孔子所代表的古典式政治哲人,与中国近世因受西方启蒙精神浸润而更突显的现代启蒙哲人相比,虽不敢说更高明,但至少多出几分冷静和审慎的德性,这很值得我们重视。因为在整个现代启蒙思潮受到普遍反思的情势下,重新检视作为古典政治哲人的孔子的古典式政治教诲,自是很有必要的,正所谓:"穷极思变","变则通,通则久"。

一、"性相近也,习相远也"——人与人的德性层次有差异

中国古典作家的论述,不约而同,都或多或少、或明或暗地对人性有所论述。后世学者多将各作家的人性论视为其思想的逻辑起点,在儒家又以孟子、荀子的表现最为明显。这一点似无足怪,因为文化就是要"化人",即把人教育成某种类型的人。这就必然要对人做出判断和想象,既包括现实

① 转引自刘小枫:《学人的德性》,《施特劳斯的路标》,华夏出版社 2011 年版,第246 页。

② 陈乐民:《伏尔泰与爱尔维修》,《启蒙札记》,三联书店 2009 年版,第 66 页。

层面的，也包括理想层面的。即使认为人应当取法自然的道家，也有其理想的圣人、至人、神人等人格范型。

作为古典政治哲人，孔子对人性虽谈论不多，但也有明确的文献记载可供致思。在《论语》中，明显涉及孔子对人性看法的有两处：一处是子贡说他没听到过孔子谈论人性和天道（《论语·公冶长》），这一处暂且搁置；另一处在《论语·阳货》，孔子说："性相近也，习相远也。"对于这一句话的理解，分歧虽不大，但引申阐述颇多。按照通常的理解，这句话是说，孔子认为"人性情本相近，因为习染不同，便相距悬远"[①]；或者解释为"人的天性是相近的，由于习惯而相远"[②]。根据这两种理解，不难设想孔子的这句话似乎是在解释"人与人何以有差异"。但还有一种可能，即孔子在感叹：人跟人禀性本相近，受习染的影响竟然那么大，从而导致了彼此的巨大差异。

不管哪种语境，从现实层面讲，人跟人有差异，是孔子这句话的思想逻辑。这点已经予以承认了的，不容讳辩。在过去，大家往往囿于孟子的性善论，总轻易拿孟子的性善论来疏释孔子这句话，从而特别强调"性相近"，并拿它来大做文章，进而忽略了孔子这句话前后两半相互关联这一具体语境。

按照前文对此语境的两种设想，不管怎样理解，孔子都承认人跟人有差异。在这句话之后，要问的当是：这种人与人的差异，是否可以改变或完全消除？对于这一点，孔子并未明确予以说明。《论语·阳货》在紧跟这句话之后，记载了孔子的另一个论述："唯上智与下愚不移。"朱熹《论语集注》说这句话是承上一句话说的，即这两句话是有关系的。此说正确与否，因为这句话前有一个"子曰"，暂不可确论；但这两句话间接地有某种关联，则可以按照思想逻辑加以推论。孔子曾说："生而知之者，上也；学而知之者，次也；困而学之，又其次也；困而不学，民斯为下矣。"（《论语·季氏》）这里的"上""下"大概可以作为对"上智""下愚"二词的解释，即上智谓生而知之者，下愚谓困而不学的下民。上智与下愚这两种人的差异没法改变是肯定的。如果这种文本内证的理解可以成立，那么孔子认为，像自己这样的"好古，敏以求之者"（《论语·述而》）与那些"困而学之"者能发生改变，也是不言而喻的。问题在于，他们该如何改变？对于这个问题，前文引述的孔子这句话已有所暗示，即在一个"学"字上（这与"习相远"的"习"字也有联系，如今日所谓"学

① 杨伯峻：《论语译注》，中华书局 1980 年版，第 181 页。

② 钱穆：《论语新解》，三联书店 2005 年版，第 475 页。

习”)。

至此,我们不禁豁然明白,何以整部《论语》不仅开篇始之以“学”字,即使《论语》终篇孔子所说的“不知命,无以为君子也;不知礼,无以立也;不知言,无以知人也”(《论语・尧问》),其中三个“不知”突出的无非就是一个“学”字。因为要知就得学,对绝大多数人来说这是必然的。孔子曾明确对其子孔伯鱼说过:“不学诗,无以言”,“不学礼,无以立”(《论语・季氏》),还说:“加我数年,五十以学《易》,可以无大过矣。”(《论语・述而》)在另一处,他又说:“吾十有五而志于学,三十而立,四十而不惑,五十而知天命。”(《论语・为政》)按照李零的说法,对于孔子是否学过《易》,过去虽有争论,但现在已确定其无疑,而这两个“五十”,大概并非巧合。① 那么,就不难想见,孔子能“知”天命跟他“学”《易》,大概有一定的联系。不唯如此,《论语》全书也到处可见孔子及其弟子论“学”的话语。所以,钱穆先生说:“孔子一生重在教,孔子之教重在学。孔子之教人以学,重在学为人之道。”②

孔子认为人与人有差异,并非仅仅指社会地位有别,还尤其体现在德性层次和道德境界各异。读过《论语》的读者,大概都有个深刻的印象,其中论断德性差异和评述各类人境界的话语特别多。李零对此有专门的总结和论述:“孔子论人,有品级。他把古往今来的人分成很多种,品级最高,要属圣人。”其次,则有仁人、有恒者、善人、贤人、成人、君子、小人、野人和鄙人,士或大人可看作与君子相近似。③ 人既然有智愚圣凡高低之不同,那自然就有某种善恶的绝对标准作为其判断依据。很显然,孔子跟很多现代人(认为没有绝对的对错和善恶)不一样,他不是一个善恶观上的相对主义者,在他心目中,有明确的善恶好坏的价值判断标准。孔子甚至赞同,为政的最大毛病在于“善恶之不分”。比如,《晏子春秋・内篇问》记载:景公问于晏子曰:“为政何患?”晏子对曰:“患善恶之不分。”公曰:“何以察之?”对曰:“审择左右。左右善,则百僚各得其所宜,而善恶分。”孔子闻之曰:“此言也信矣!善进,则不善无由入矣;不善进,则善无由入矣。”《说苑・政理》的记载与此类似。《论语》中虽没有关于这件事的直接论述,但有类似的话语。孔子曾说:“举直错诸枉,能使枉者直。”(《论语・颜渊》)与此类似的话又见于《论语・为

① 参见李零:《丧家狗——我读〈论语〉》,山西人民出版社 2007 年版,第 151 页。

② 钱穆:《论语新解》,第 4～5 页。

③ 参见李零:《丧家狗——我读〈论语〉》,第 341～349 页。

政》，孔子对鲁哀公说："举直错诸枉，则民服；举枉错诸直，则民不服。"由此，我们自不难想见，孔子肯定认为存在绝对的善恶直枉的判断标准，否则就没法在为政时轻易做出这类判断。至于孔子价值标准的根据是什么，非拙文所主要关注，暂不分析赘述。

《论语》中虽然陈述了这么多类型的人，但总体来说，孔子对人的区分和判断主要有三类，即从德性层次讲是圣王、君子和小人[①]，或可说是"中人以上""中人"与"中人以下"(《论语·雍也》)。在孔子看来，这三类人有着完全不同的德性层次，他曾说："圣人，吾不得而见之矣；得见君子者，斯可矣。"(《论语·述而》)参照《论语》其他的记载，这话即是说：历史上有过圣王，如尧、舜、禹，但现实中是可遇不可求的、很难见得到的。所以，孔子平常论列最多的是君子和小人，尤其是君子(因为孔子自己预设的主要教育对象是君子，这点可由"樊迟请学稼，孔子评点樊迟是小人"等得到证明，后文再详述这一问题)。这样的论述在《论语》中所在多有，比如："君子周而不比，小人比而不周"(《论语·为政》)，"君子喻于义，小人喻于利"，"君子怀德，小人怀土；君子怀刑，小人怀惠"(《论语·里仁》)，等等。按照杨伯峻的解释，《论语》中的"君子"，有的指有德者，有的指有位者。[②] 如此，"小人"自亦是有的指无德者，有的指无位者。不管怎样解释，把人从社会地位或德性层次上分成君子与小人，对于受过现代启蒙精神(如民主、平等观念)洗礼的现代人来说，大概是难以接受的。

但是，在现实生活中，人们关心的东西不一样，人们天性有异，这是不容置疑的。假如把孔子对"君子"与"小人"的称谓，看作对于两种不同人的德性的表述，那么孔子的这些话绝不应引起大家的深恶痛绝，也没必要去为孔子是否讨厌小人的谋利进行辩护。比如说，我们可以这样理解"君子喻于义，小人喻于利"，即在孔子看来，有种人是天生对义感兴趣的，一辈子孜孜以求的就是这个东西，如颜回是也；而另有一种人是天生对利更感兴趣，不管自己已经有多少钱，也不会放弃追求利，对于生活中的一切选择总是从利

---

① 《论语》中有"圣"或"圣人"的说法，但从所论述的人来说，"圣"或"圣人"似乎主要指的是"圣王"，这或许可以解释为什么孔子不同意别人说他是圣人，他的自我定位为"君子"。此点可参见《论语·述而》："圣人，吾不得而见之矣。""若圣与仁，则吾岂敢。"《论语·子罕》："君子多乎哉？不多也。""君子居之，何陋之有？"

② 杨伯峻：《论语译注》，第2页。

出发。这两种人，前者是读书人（君子），后者是市井小民（小人）。我不知道孔子这样的说法为什么会引起大家的反感，在现实生活中，似乎天然地就存在这样两种人，并且对他们还很难全部彻底进行改造，既无法把小人彻底消灭，也无法把君子彻底铲除，唯一能做的就是让小人向君子看齐，或营造一种君子得势的政治氛围，这不是再真实不过的事情吗？

所以，当我们平心静气地来思考一番，就会发现孔子这种认为人的德性有层次差异的思想，仍有很大的解释空间：

第一，假如人跟人德性层次一样，不承认人的德性层次有高低之不同，就等于否定了人有追求德性崇高和人性卓越的必要和可能，道德生活或卓越人性的追求就被废弃了。如此，人类社会必然会成为一个庸俗无比的失乐园。同时，假如每个人都像动物一样，按照天生的欲望和需求去生活，且不允许说这种追求很低级，那就不存在人类独有的尊严和灵性了。我们不能因为做一个有道德的人很困难，就转而去盛赞应该发展一个不需要讲究德性层次差异的社会，然后所有人在里面各自恬不知耻地生活着。其实，正是因为存在着追求卓越德性的困境，才显示了人的伟大和崇高，并且那些为现代启蒙精神观念竭力思考论证和辩护的学人，其本身的行为也证明着人与人是不一样的，本就需要去追求崇高和卓越的价值。他们对崇高和伟大的理解不同，并不代表着他们不追求崇高，更不意味着能彻底否定存在崇高的可能，否则就没必要进行价值论证和辩护，而只需要按照自己选择的生活方式生活就好了。很明显，动物不会跟人争论哪种生活方式更好，而只有同样追求崇高和意义的人才会有这样的争论，这自然也就预设了存在某种崇高，否则不需要争论。

第二，假如人跟人没有德性层次的差异，那么就会没有人有资格对别人进行政治教化。因为既然大家都是德性层次相同的人，不存在哪种德性更优越，即人与人各种情况完全一致平等，这自然就不存在先觉后觉的问题，任何人也就没有权利对别人进行教育，也没有任何人有权利去组织管理别人。然而，多数人需要听少数人对社会的认识和思考，然后朝着某个社会方向努力，这本身即隐含着少数人是正确的而多数人是认识不正确或者认识有差错的意思。如此一来，仍旧承认了人跟人还是有差异的。不承认人的天性、兴趣、智慧、能力，尤其是德性有差异，就会导致少数人经常有彻底改造社会的冲动，以图符合某种所谓的真理性理想，其结果自是不言而喻。这种浪漫主义的政治梦幻及其问题，恰恰是否定人的德性层次有差异而造成的，对此我们不能不警惕。其实，承认人的德性有层次差异，那么对于人类社会理想的真理，并非如同自然界的物质真理那样强求一律，而是应做到怎么在一个有秩序的社会里“和而不同”“协和万邦”。

二、“中人以下，不可语上”——对不同的人要说不同的话

按照前文的分析，在孔子看来，人与人不仅智愚有别、学思有异，还圣凡不同。因此，他对人虽可说是“有教无类”“自行束脩以上，吾未尝无诲”（《论语·述而》），但所教的内容则有先后、显隐、深浅之不同。孔子强调，对不同的人，要说不同的话。也可以说，孔子的政治教诲对象有小众和大众之区分，教诲内容有对内（及门弟子）和对外（众人）之不同，即有所谓“微言”和“大义”的分别，这是孔子古典式政治教诲的又一个要点。[①]

在《论语》中，孔子应答弟子与时人，虽不外是言仁言孝、道为政、说礼乐之类，但殊异其言、各个不同。过去，大家多谈及孔子的教育思想，看到这样的特点，便极力颂扬孔子“有教无类”“因材施教”，因为这些特别符合现代启蒙精神里平等、民主的口号和追求。可是，这种只见树木不见森林的宣传性话语，总让人很困惑，因为孔子还有很多看起来明显违背现代启蒙精神的话语。如前文所述，孔子明显认为人存在君子小人、智愚、高低等不同的德性层次。又比如说，他讲过：“民可使由之，不可使知之。”（《论语·泰伯》）还说：“中人以上，可以语上也；中人以下，不可以语上也。”（《论语·雍也》）这明显是把人区分成高低不同的等级，并且听起来绝对像是在说愚民不可教，只可把他们当作工具来使用。这些怎么能跟现代启蒙精神相等同？不过，有一次马厩焚烧，孔子退朝回来后“问人，不问马”（《论语·乡党》），这又多被发挥成现在政治的“以人为本”。或者有人认为，这话不符合后世儒家“仁民爱物”的思想，更不符合现代启蒙精神中动物保护主义者或反人类中心主义者的观点，由此便认为这句话应该标点为“伤人乎？不（否）。问马。”诸如此类的现象，歧义纷呈、彼此抵牾，难免让人困惑。面对这些困惑，我们不得

① 李零在《丧家狗——我读〈论语〉》（第 17 页）中指出，孔子弟子那么多，其实是分很多层的，有只编牒登记在册的弟子，有及门登堂的核心弟子，还有学生带的学生等，这种划分只说明了学生的类别。虽说明了并非所有的学生都可亲自聆听孔子的教诲，但似乎没有注意到，它并没有解释为什么对不同的学生要说不同的话。

不回到承认孔子对人性的基本判断这一问题上,即人与人有德性层次的不同。只有明了、认同了这一点,才能进一步清楚合理地说明孔子思想中这些令人困惑的矛盾,从而老老实实地学习到孔子的政治智慧。如果把孔子的思想演绎成现代各种主义观点的解释性注脚,看起来是尊崇孔子,其实恰恰是贬低以君子自期的精神贵族式人物孔子。要他来迁就这些过眼云烟式的靠论文成果混饭吃的市井流民式学人的观点,那岂不搞笑至极!

前文提及,孔子的论学特点多被总结为"因材施教",这种耳熟能详的总结并无不可,只是其内涵有待重新思考。本文第一部分提到,孔子的开门授徒、设教开科,虽说是"有教无类",但他的主要教授对象其实是有志成为君子的人物,教学目标就是培养君子(士大夫、读书人、知识分子)。根据杨伯峻《论语译注》一书附录《论语词典》的统计,"君子"一词在《论语》中出现的频率多达107次,不仅《论语》开篇第一章即提到"君子",而且终篇最后一章也言及"君子"。此外,在《论语》二十篇中,"君子"在每篇都有出现,真可谓贯穿《论语》全书始终的一个概念,比起《论语》中另两个核心概念"礼"(74次)和"仁"(109次),丝毫不逊色,由此足见其地位之重要。因此,业师黎红雷教授对自己的发现和创说曾不无自豪地教示道:"孔子创办的学校就是培养君子的学校,孔子就是君子之师,孔子之学就是君子之学。"

这些主要是文本的表面特征,从《论语》一书所反映的孔子思想来说,更可证明这一点。《论语·子路》记载:樊迟请学稼和为圃。孔子说自己不如老农和老圃,从而拒绝对樊迟进行说教。等樊迟走了,孔子感叹樊迟就是一个孜孜求利的"小人"——小老百姓,不懂君子的看家本领乃好仁好义好信。不唯如此,孔子还曾明确说道:"君子谋道不谋食。耕也,馁在其中矣。学也,禄在其中矣。君子忧道不忧贫。"(《论语·卫灵公》)这就是说,在孔子看来,君子要操心的是仁义礼信之道,而不是那些耕稼之事。因为把仁义之道弄好了,天下太平,大家自可安居乐业,实现衣暖食饱;如果作为社会精英的君子不懂得抓大放小,而像市井小民一样汲汲于谋生糊口,即使偲偲而耕,不免连肚子都难以填饱。正因为孔子如此强调当政者或君子应该知道抓大放小,所以当卫灵公问他军旅之事时,他应对道:"俎豆之事,则尝闻之矣。军旅之事,未之学也。"(《论语·卫灵公》)不仅不告诉卫灵公,甚至不屑于再与他见面谋事了,"明日遂行",离开了卫国。

孔子对樊迟的斥责,对卫灵公的敷衍作答,这些事情单一地去看,不免让人得出孔子鄙视农业、轻视农人或者不懂得军事学问等让人啼笑皆非的结论。正是这些让人困惑的解释，促使我们不得不探寻孔子深层的致思和用心。在《论语》中，孔子早已给出了他为什么在应答问题时殊异其言、各有不同。其实，这与孔子对人性的基本判断有密切关系，那就是孔子明白宣说的："中人以上，可以语上也；中人以下，不可以语上也。"（《论语·雍也》）也就是说，孔子认为不仅人与人德性层次有差异，而且对不同德性层次的人应该说不同的话。否则的话，"可与言而不与之言，失人；不可与言而与之言，失言"（《论语·卫灵公》）。该说的人不跟他说，是失于知人；不该说的却跟他说，那是失于知言。① 而以君子自期的孔子，自然希望自己做到"知者不失人，亦不失言"。

作为近代中国最有思想的政治哲人，廖平和康有为对孔子这一古典式政治教诲仍心领神会，惜乎现代启蒙后的哲人不明此理。比如，廖平在《知圣篇》及《知圣续篇》中极力论证孔子有微言与大义的不同教诲。他说："余立意表章微言，一时师友以为骇俗，不知专详大义。因之谓董、何为罪人，子纬为讹说，并斥汉师通为俗儒。然使其言全出于汉师，可驳也。今世所谓精纯者，莫如《四子书》，按《论语》，孔子自言改作甚详，如告颜子用四代，与子张论百世，自负'斯文在兹'，'庶人不议'，是微言之义实尝以告门人，不欲自掩其迹。孟子相去已远，独传'知我''罪我'之言，'其义窃取'之说。盖'天生'之语，既不可以告涂人，故须托于先王，以取征信。而精微之言一绝，则授受无宗旨，异端蜂起，无所折衷。……若先入为主，则道不同不相为谋，各尊所闻，各行所知，不辨难驳击，以立门户，亦不敢依阿取悦于世，使微言既申而再晦也。"②在廖平看来，孔子的古典式政治教诲有微言与大义之分，其在《论语》中就有不少证据，此为其一。其二，对"生而知之"的人讲的精微之言，是不可以直接对一般人讲的，所以要托于先王来立教取信。

康有为在《论语注》中更明确地说道："然精义妙道，亦惟根性至上之人能

① 杨伯峻《论语译注》把"失人"解为"错过人才"，把"失言"解为"浪费言语"。李泽厚《论语今读》（天津社会科学院出版社 2007 年版）的解释与其类似，牛泽群《论语札记》（北京燕山出版社 2003 年版）对这种解释有专门批驳，认为此处应像钱穆那样不译更好，要译的话，就把"失人"译为"失言于人"，与"可与言而不与之言"的意思等同，并无层次、语义之递进。拙见认为这两说皆不当，而应该与他处孔子对言说的看法结合起来看，孔子曾说："不知言无以知人。"（《论语·尧曰》）故而窃以为，"失人"应译为"失于知人"，"失言"应译为"失于知言"。

② 廖平：《知圣篇》，李耀仙主编：《廖平选集》上册，巴蜀书社 1998 年版，第 176～177 页。

闻之,否亦须中人以上乃能领受。苟非其人,则闻之惊骇,轻泄微言,反为无益。或未至其时而妄行,未至其地而躐等,更滋大害,且为永戒,虽精义妙道,反因流弊而后不敢行。若以天人之故而告愚人,则诲之谆谆,而听之藐藐,终日言而无闻。佛与诸大菩萨言,而初学菩萨无闻,可证此也。甚者,惊怪其言,若以钟鼓享爰居,必至悲忧眩视,不食而死。故圣人非靳于教也,虑流弊也。故人之材性各异,神圣之教科亦各殊。如大医生药笼无所不有,亦必因人强弱而施之,惟其不同乃为适合。此孔子之苦心救世,而无可如何者乎!”①

孔子既已坦承自己对不同的人说不同的话,那么自可豁然明白,《论语》中记载的很多话,并非单指一般的教育方式,而是与孔子的古典式政治教诲有着深刻的关联,即人的德性层次有差异。那么,讲话就是一门很重要的艺术,所以孔门四科之言语科(《论语·先进》)排在第二位。② 孔子既然深谙言语之道,那他对什么该讲,什么不该讲,什么时候适合讲,对什么人讲,等等,大概都有自己精深的思考,并认真贯彻到了自己政治教诲的教授之中。下面拟把《论语》中明显涉及这个问题的话胪列如次:

子曰:“赐也,始可与言《诗》已矣,告诸往而知来者。”(《学而》)(康有为《论语注》说:“孔子作经皆寓微言,如华严之藏,滴水可现大海。故一端之旨,类推引伸,六通四辟而不可穷,如《春秋》之三世,《易》之卦变,横亘六合而不可尽。……孔子固云:‘举一隅不以三隅反,则不复。’子赣善悟,孔子许以言《诗》。然则,后世之泥一二训诂文字以求《诗》者,必不足与言《诗》矣;泥一二文字经典以求孔子者,必不足与知孔子矣。”③)

子曰:“起予者商也,始可与言《诗》已矣。”(《八佾》)(康有为《论语注》说:“读素绚而悟礼后,孔子乃许以言《诗》。然则,泥于章句说《诗》者高叟,必非圣人所许也。此可为说诗之法。”④)

---

① 康有为:《论语注》,中华书局 1984 年版,第 81 页。

② 请注意,孔门的教诲至少有四科,而不是一科。于此足见孔子认识到人的德性层次有差异,他不会对所有人都按照一个标准来要求。同时,这四科有层次高低的不同,如德行科肯定是最高的一科。颜渊大概是孔子最欣赏的弟子之一,言语科的子贡“闻一知二”不如颜渊“闻一知十”,这点也应是孔子深以为然的。因此,这足可说明言语是很重要的一门艺术,否则不会紧接在德行科之后。

③ 康有为:《论语注》,第 14 页。

④ 康有为:《论语注》,第 35 页。

子贡曰："夫子之文章，可得而闻也；夫子之言性与天道，不可得而闻也。"(《公冶长》)(康有为《论语注》说："若夫性与天道，则孔子非其人不传。"①)

子曰："不愤不启，不悱不发。举一隅不以三隅反，则不复也。"(《述而》)(康有为《论语注》认为："此与中人以下不可语上参观之。"②)

子曰："民可使由之，不可使知之。"(《泰伯》)(康有为《论语注》："孔子之欲明民至矣。然中人以下不可语上。……如以神道设教，则民以畏服，若明言鬼神无灵，大破迷信，则民无所忌惮，惟有纵欲作恶而已。故可使民重祭祀，而鬼神之有无生死，不必使人人知之。凡此皆至易明者。"③)

子曰："可与共学，未可与适道；可与适道，未可与立；可与立，未可与权。"(《子罕》)(甚至像《子罕》篇的"子罕言利，与命与仁"，或许也是因顾及言说艺术，才有那样的问题)

子曰："由也升堂矣，未入于室也。"(《先进》)

子曰："道不同，不相为谋。"(《卫灵公》)

孔子曰："侍于君子有三愆：言未及之而言，谓之躁；言及之而不言，谓之隐；未见颜色而言，谓之瞽。"(《季氏》)

子曰："予欲无言。"子贡曰："子如不言，则小子何述焉？"子曰："天何言哉？四时行焉，百物生焉，天何言哉？"(《阳货》)(这一章可与"子贡不得闻性与天道"章相对参)

既已明白孔子因为对人的德性层次有所区分，所以注重言说艺术，那我们还可以追问这样一个问题：为什么人的德性层次有差异，就应该对不同的人说不同的话？在《论语》中，孔子多次警告君子应该"慎言"。鉴于此，或可问一个问题：君子为什么要慎言？为什么不能像现代启蒙精神宣扬的那样，高唱言论自由或者平等权、知情权等人权主张呢？关于这个问题，我们可以给出几点分析和解释。

首先，因为人的德性层次有差异，所以各自的兴趣爱好、知识能力、接受程度、造诣境界便会有所不同，正如孔子所说："射不主皮，为力不同科，古之

① 康有为：《论语注》，第 62 页。
② 康有为：《论语注》，第 92 页。
③ 康有为：《论语注》，第 114 页。

道也。"(《论语·八佾》)人的力气有大有小,标准就不能很死板。如此看来,立言行教,不能不顾及人的德性层次有差异,否则就会所言所教不得其人,这样于教者、学者都不是好事。经学大师廖平曾说:"《论语》云:'未能事人,焉能事鬼';'未知生,焉知死。'儒者引以为孔子不言鬼神之证,不知为学之次第,不可躐等而进。未知生,不可遽言死;未事人,不可遽言鬼。"[①]"宋人(厭)[餍]闻佛说,遂以天学移于修身之前,说玄说妙,谈性谈心,皆属颠倒。"[②]故而"北宋以后,人天颠倒,以禅悦责之童蒙,致为人才大患。子路问事鬼神章,即所[以]防宋人流弊"[③]。在廖平看来,宋明心性之学,不注意人的才性殊异,弄出"人人皆可明心见性为圣人"的比拟佛家之说,不再讲究对不同的人说不同的话,结果是人天颠倒,泯灭人才,祸乱社会,因"此不得不急正之"。

其次,言与行不是一回事,更不能直接等同。可以说,言总比行要容易些,行总会受到各种现实条件的限制。时至今日,我们不也经常讲思想理论的可行性问题吗?孔子早已看到了这一问题,他不大喜欢言过其实和夸夸其谈的人。所以,孔子说:"君子欲讷于言而敏于行。""古者言之不出,耻躬之不逮也。"(《论语·里仁》)有一次,宰予昼寝,孔子对此不仅发出了一个感慨,甚至还总结阐发了他自己思想行为的一个重要转变。他说:自己过去对人是"听其言而信其行",从今往后就要"听其言而观其行"(《论语·公冶长》)。又如司马牛问仁,孔子就说:"仁者,其言也讱。"司马牛对此有所怀疑,难道仁者就这么简单吗?孔子接着说:"为之难,言之得无讱乎?"因为做比说要困难,所以说的时候能不小心谨慎、有所迟疑吗?(《论语·颜渊》)与此话类似,孔子还说:"其言之不怍,则为之也难。"(《论语·宪问》)

最后,言关乎个人德行修养,更关乎邦国兴衰,所以对于言不能不讲究。孔子说:"刚、毅、木、讷,近仁"(《论语·子路》),而"巧言令色,鲜矣仁"(《论语·学而》《论语·阳货》),作为君子则"耻其言而过其行"(《论语·宪问》),因为"巧言乱德"(《论语·卫灵公》),这是就言与个人德行关系来说的。就言与邦家命运来说,孔子同样讨厌多言、乱言,所以说"不在其位,不谋其政"(《论语·宪问》《论语·泰伯》),"恶利口之覆邦家也"(《论语·阳货》)。即

① 廖平:《六变记·四变记》,李耀仙主编:《廖平选集》上册,第554页。

② 廖平:《孔经哲学发微·贵本观》,李耀仙主编:《廖平选集》上册,第333页。

③ 廖平:《孔经哲学发微·凡例》,李耀仙主编:《廖平选集》上册,第300页。

使孔子不赞成“一言而兴邦，一言而丧邦”（《论语·子路》）等过于简单的理论总结，但也禁不住认为真要找也并非找不到这样的言论。

三、“不学诗无以言，不学礼无以立”
——政治教诲谨守的两大规条

前文还是就言语一般的重要性立说，更重要的原因还在于，言不仅关乎政治哲人个人的生命安全，还关乎整个政治教化事业的成败，对于作为政治哲人的君子来说，这才是不得不慎言的更为重要的深层原因。政治哲人的活动无外乎经由教育“以化成天下”，而教育又无非言教和身教两种形式，又由于个体生命都是有限的，作为政治哲人的君子也不例外，因而一个政治哲人想绵延自己的政治教诲，就只能通过师徒口传相授受或文字语言的记载来赓续，而后者则是更为重要的教诲方式。因为好老师要碰到一个可以继承自己事业的好学生并非易事，毋宁说这还得依靠偶然性命运来成全。这样看来，作为政治哲人的君子，一定很在乎自己的立言成文可传之久远的教诲方式，即使我们采信孔子坦承的自己是“述而不作”，但也不能由此说他只述而不形诸文字。因此，“述而不作”的孔子对古代的典籍文献重新进行编排，这样他就可以把自己的主观意图和思考添加进去，因为选择什么和不选什么来述，也足以体现选择者个人的思想倾向和价值标准。

廖平甚至认为孔子“述而不作”的说法，其实正表明“孔子实作也，不可径言作，故托于述。所云‘述而不作’，自辨于作也；‘不知而作，无是’，‘天下有道，则庶人不议’，自任乎作也。意有隐显，故言不一端，且实不作，又何须以述自明乎”[①]。在廖平看来，如果孔子没有什么创作，那就无须向弟子解释自己是“述而不作”，既然不厌其烦地去解释，那就难免有“此地无银三百两”之嫌，这反倒恰恰表明，孔子深谙并采用了寓隐晦的“微言”于显白的“大义”之下的言说艺术。《汉书·艺文志》曾说：“昔仲尼没而微言绝，七十子丧而大义乖。”这揭示了孔门政治教诲有“微言”与“大义”之别。又说：“有所褒讳贬损，不可书见，口授弟子，弟子退而异言。……《春秋》所贬损大人当世君臣，有威权势力，其事实皆形于传，是以隐其书而不宣，所以免时难也。及末

① 廖平：《知圣篇》，李耀仙主编：《廖平选集》上册，第176页。

世口说流行，故有公羊、穀梁、邹、夹之传。”这进一步表明孔门的《春秋》之教，存有政治哲人的深层次政治教诲。但因其事关当时政治现实，不得不讲究“微言”与“大义”的区分，所以要“隐其书而不宣”，将隐微的政治教诲掩盖在显白的政治教诲之中，只让少数善于“以意逆志”的后学揣摩出其深层用心，从而避“免时难”。对于孔门《春秋》之教的这种良苦用心，《孟子·滕文公下》和《史记·孔子世家》都有所记载和揭示。孔子曾说：“知我者其惟《春秋》乎，罪我者其惟《春秋》乎！”（《孟子·滕文公下》）《孟子·离娄下》更明确记载，孔子所作之《春秋》，“其事则齐桓、晋文，其文则史”，而“其义则丘（孔子）窃取之矣”。这就是说，孔子述作的《春秋》，其中的事情（质）是齐桓公、晋文公等人的史事，但其“文”即其所采用的表现手段、修辞手法，乃是文胜其质的“史”——所谓“春秋笔法”。①

这种“春秋笔法”，在后世学者那里，往往理解为在遣词造句的立言行教中所使用的“微言大义”。司马迁的《史记·太史公自序》对孔子作（述）《春秋》的评述，已经点明了孔子这一立言行教的方式。他说：“余闻董生曰：‘周道衰废，孔子为鲁司寇，诸侯害之，大夫雍之。孔子知言之不用，道之不行也，是非二百四十二年之中，以为天下仪表，贬天子，退诸侯，讨大夫，以达王事而已矣。’子曰：‘我欲载之空言，不如见之于行事之深切著明也。’夫《春秋》，上明三王之道，下辨人事之纪，别嫌疑，明是非，定犹豫，善善恶恶，贤贤贱不肖，存亡国，继绝世，补弊起废，王道之大者也。”由此我们知道，司马迁懂得“春秋笔法”，大概与深谙《公羊春秋》的董仲舒有莫大关系。还有一点颇值得注意，《史记·太史公自序》在论述《春秋》的那段话之后，借壶遂之口提出了一个“夫子（司马迁）所论，欲以何明”的问题。尽管司马迁否定壶遂把他作《史记》与孔子作《春秋》相比，“而君比之于《春秋》，谬矣”，但这话其实也有点“此地无银三百两”的意味。如果我们清楚古人著书立说、立言行教，都谨守“慎言”的传统（关于这点，后文将有详细论述），当不难明白这点修辞的技巧。②

---

① 杨伯峻的《孟子译注》（中华书局 2005 年版，第 192 页）把这句话翻译为“所用的笔法不过一般史书的笔法”，似不妥。此处的“史”，应该拿《论语·雍也》“文胜质则史”中的“史”来定义。就是说，对历史客观事件，加进了超过其本来面貌的人文价值判断类的思考和意义。

② 关于司马迁《史记》里“微言大义”的写作手法，可以参看徐复观《两汉思想史》第 3 卷（华东师范大学出版社 2001 年版）收录的《论〈史记〉》一文的解读。

为什么立言行教要注意这种“对不同的人说不同的话”的“微言大义”的表现手法？这与政治哲人的政治教诲所具有的性质有莫大的关系，《史记·太史公自序》其实已经点明了这个问题。政治哲人的政治教诲要“是非二百四十二年之中”，“贬天子，退诸侯，讨大夫”，要“别嫌疑，明是非，定犹豫，善善恶恶，贤贤贱不肖，存亡国，继绝世，补弊起废”，自然不可能不涉及当时的人事，更不可能不臧否是非。可是，政治哲人作为非王非侯的“教书匠”，要做这些天子诸侯之事，所面临的政治风险必定非常大①；如果不懂得“闪烁其词”“微言大义”，不仅难以让自己的政治教诲“行而久远”，甚至还难以自保其身。假如《易传·系辞上》的记载可以采信，那么孔子更是明白宣说过：“乱之所生也，则言语以为阶。君不密则失臣，臣不密则失身，几事不密则害成。是以君子慎密而不出也。”这是明说言语关乎政治治乱，不可不慎。同时，言语又关乎君子能否通达成化：“君子居其室，出其言善，则千里之外应之，况其迩者乎？居其室，出其言不善，千里之外违之，况其迩者乎？言出乎身，加乎民；行发乎迩，见乎远。言行，君子之枢机。枢机之发，荣辱之主也。言行，君子之所以动天地也，可不慎乎？”（《易传·系辞上》）而《韩诗外传》卷十甚至记载孔子的话说：“终身无患难，其择言而出之也。”②

既然言语如此重要，那么注意言语的修辞和表现手法，对于政治哲人来说就更有其必要。这点并非我向壁虚构，孔子自己就表达过这个意思。《左传·襄公二十五年》记载，孔子说：“《志》有之：‘言以足志，文以足言。’不言，谁知其志？言之无文，行而不远。晋之为伯，郑入陈，非文辞不为公。慎辞哉！”这句话可以引申为，政治哲人不立言设教，没人知道你的用心和思想；

---

① “迫害与（言说）写作艺术”的问题，当然并非西方所独有。因为只要有政治，就自然会有政治理想与政治现实的矛盾。而作为政治理想和人文价值的言思者、代言人的政治哲人、读书人，往往跟维持政治现实的政客和世俗社会的观念有矛盾，这大概并非什么难以理解的事情。所以，关键在于如何处理这个矛盾，而孔子关于这个问题的教诲，正是拙文所要掘发的。关于这个问题，可以参看［美］列奥·施特劳斯：《迫害与写作艺术》，刘锋译，华夏出版社2012年版。

② 试观孔子一生行事，正如《史记·太史公自序》所言：“孔子为鲁司寇，诸侯害之，大夫雍之。”即使按照《论语》的记载，孔子一生至少也有三次大灾难：过匡被围（《论语·子罕》），宋司马桓魋要杀他（《论语·述而》），还有在陈绝粮（《论语·卫灵公》）。假如可以采信《庄子》一书的记载，那孔子是“再逐于鲁，伐树于宋，削迹于卫，穷于商、周、齐，围于陈、蔡之间”（《天运》《山木》《让王》《盗跖》《渔父》）。孔子一生这样的颠沛流离，周游列国而不得志，自可想见，这些对他的启蒙活动一定有很大的经验启发或影响。

如果你说话不注意修辞文采和表达方式，就不能传之久远。

既然言语的修辞和表现手法这么重要，那么该如何加强语言艺术的学习修为呢？孔子特别重视“诗”和“礼”的教学，所谓“不学诗，无以言”“不学礼，无以立”（《论语·季氏》），又所谓“兴于诗，立于礼”（《论语·泰伯》），“博学于文，约之以礼”（《论语·雍也》《论语·颜渊》），“夫子循循然善诱人，博我以文，约我以礼”（《论语·子罕》），等等。在春秋时期，至少从《左传》的记载来看，诸侯国、贵族之间往来应对多引《诗》来隐喻式地表达各自的思想，不懂得《诗》，不仅难以完成出使往来应对任务，而且会造成表达不得体等问题[①]。而在《论语》中，我们甚至可以看到一句看似平淡无奇的诗居然可以表达出深刻的思想奥义。比如，子贡引“如切如磋，如琢如磨”（《论语·学而》）诗句，子夏引“巧笑倩兮，美目盼兮，素以为绚兮”（《论语·八佾》）诗句，来阐明某种哲理，且都受到了孔子的赞许。同时，孔子重视并教授《诗》，就是要人能学以致用，而并非仅仅为了学《诗》而学《诗》。他不仅说过：“小子何莫学夫《诗》?《诗》，可以观，可以兴，可以群，可以怨。迩之事父，远之事君。多识于鸟兽草木之名。”（《论语·阳货》）更说过：“诵《诗》三百，授之以政，不达；使于四方，不能专对。虽多，亦奚以为?”（《论语·子路》）这就把《诗》的巨细之用全都明白宣说了，也让我们明白了，懂得《诗》对于一个政治哲人来说，有着极其重要的意义。

可以这样说，学会《诗》可以让一个人懂得言语的表达方式和修辞技巧，但还不足以保证说的话是得体的，更不足以保证行为是合宜的。要想四通八达，能行能立，还得修习“礼”，正所谓“不知礼，无以立也”（《论语·尧曰》）。孔子认为，人的言行都应准之于礼，“非礼勿视，非礼勿听，非礼勿言，非礼勿动”（《论语·颜渊》），这样才能做到“克己复礼为仁”。否则，“恭而无礼则劳，慎而无礼则葸，勇而无礼则乱，直而无礼则绞”（《论语·泰伯》）。很显然，一个人要想言语得体、审慎合宜，还得深谙于礼，如此才能保证政治教诲活动的言传身教能顺利长久地进行。按照《礼记·曲礼上》的记载，要“入竟（境）而问禁，入国而问俗，入门而问讳”，才能“礼从宜，使从俗”，不至于招惹违背世俗的麻烦，从而影响政治教诲活动的展开。因此，《论语·述而》记

① “根据近人统计，《左传》引诗一百三四十处，其中关于卿大夫赋诗的共三十一处。故春秋时倘非深于诗、书之教的人是不敢在国际宴会的场合出现的。”（余英时：《古代知识阶层的兴起与发展》，《士与中国文化》，上海人民出版社2003年版，第18页）

载陈司败问"昭公知礼乎?"孔子对曰"知礼"。可是后来,孔子又通过承认自己有错的方式,间接表明了昭公不知礼。从这里我们不难看到,孔子既顾及公共话语的影响,而不愿意与社会礼俗或政治生活发生正面冲突,又对有更高理解力的局内人(朋友、弟子),尽到了他作为政治哲人该做的事,表达了自己所坚持的人文价值理想。这样一种"双重教诲"——教诲对象有小众和大众之别,教诲内容有对内(及门弟子)和对外(众人)的不同,教诲方式有微言与大义之分——恰恰是古典政治哲人很重要的一个特征。

也许,有人会拿《论语·季氏》里的一个故事来反驳孔子有"双重教诲"的说法。那个故事是:陈亢问于伯鱼曰:"子亦有异闻乎?"孔子的儿子孔伯鱼回答说自己并没有听到不同的教诲。陈亢因此高兴不已,以为自己"问一得三,闻诗闻礼,又闻君子之远其子也"。这似乎说明,孔子对待自己的儿子和外人并没有不同的教诲,但是这种印象未免过于简单。其实,我们可以追问一下:陈亢为什么会问"有否异闻"这个问题?这说明要么曾有人说起过在孔子那里"有异闻"的问题,要么根据常识或私意,父亲对待儿子一般会有不一样的教诲,陈亢不知道孔子会不会也是如此,所以才去问。比如,朱熹《论语集注》即解释说:"亢以私意窥圣人,疑必阴厚其子。"[①]否则,这个"有否异闻"的问题,一般不会被随便提及。不过,即使抛开这个问题不论,对于孔伯鱼答话的真实含义,我们也并不敢保证其本身没有其他含义。即使孔伯鱼的答话没有其他含义,我们也不要忘记了,就算是教授《诗》,孔子对何时才能跟人谈《诗》以及谈及什么内容,都是因人而有所不同的,这在前文我们早已说明。那么,孔子有"双重教诲"的说法仍旧可以成立。

不唯如此,关于孔子有"双重教诲",我们还可以提供其他佐证。《说苑·辨物》记载了一则对话:子贡问孔子:"死人有知无知也?"孔子曰:"吾欲言死者有知也,恐孝子顺孙妨生以送死也;欲言无知,恐不孝子孙弃不葬也。赐欲知死人有知将无知也,死徐自知之,犹未晚也!"这就是说,孔子之所以不谈论死人有知无知的问题,是因为顾及政治哲人有维护世俗社会礼法的义务,不想造成政治教诲活动与世俗社会的巨大冲突,否则,必然会危及政治哲人的教诲事业。《礼记·表记》还记载,孔子曾说:"斋戒以事鬼神,择日月以见君,恐民之不敬也。"这更是明白道出,礼法的实行似乎主要是为了照

---

① 朱熹:《四书章句集注》,中华书局1983年版,第173页。其他的解释,可参见程树德:《论语集释》第4册,中华书局1990年版,第1169~1170页。

顾一般大众的感受。而《说苑·杂言》记载,孔子曰:"终日言不遗己之忧,终日行不遗己之患,唯智者有之。故恐惧所以除患也,恭敬所以越难也;终身为之,一言败之,可不慎乎!"又曰:"众言不逆,可谓知言矣。"对于孔子来说,什么叫作"知言"?说话不违逆众人的好恶叫"知言",这足见孔子对世俗礼法的审慎与尊重。所以,孔子是"祭如在,祭神如神在"(《论语·八佾》),"子之所慎:齐(斋),战,疾"(《论语·述而》)。康有为《论语注》注解此句话说:"既有鬼神、国家、人身,则因而存之,兢兢致慎。此圣人之善于因也。"[①]孔子还说:"君子有三畏:畏天命,畏大人,畏圣人之言",而"小人不知天命而不畏也,狎大人,侮圣人之言"(《论语·季氏》)。

结 语

根据前文的研究,可以总结说,孔子的古典式政治教诲,虽然想实现天下有道,但他并不幻想通过革命暴动或全面洗脑来实现这一切。毋宁说,在孔子看来,政治哲人的立言行教,首先要尊重并顺应世俗礼法,从而在此基础之上,针对不同德性层次的人,使用不同的方式,说不同的话,尽力唤醒并促成不同德性的人达到其所属的德性层次。也就是说,古典政治哲人并不是想着去普遍地改造人性,让人于灵魂深处"闹革命",而只是尽力帮助有自我意识的人克服人性的弱点,积极向更高的德性层次靠拢;对于那些没有受到感化的人,并不是想着要尽速除之而后快,而是要把他们的恶限制在一定的范围之内。我们可以总结这种古典式政治教诲的教授是"礼闻来学,不闻往教"(《礼记·曲礼上》),"自行束脩以上,吾未尝无诲"(注意"自行",显然强调的是自愿),也就是任个人受感化去成就其德性,而不会人为地强迫所有人都达到某一德性层次。因为人本身就有德性层次的不同,要把人齐一化,实现"满街都是圣人",那不仅是痴人说梦,更是对人性的暴政。所以,孔子说:"古之学者为己,今之学者为人。"(《论语·宪问》)这就是说,过去学者的受学是为了成就自己的德性层次,而现在的学者要么是为了卖弄学问,要么就是想着去改造、变化别人的德性,却忽略了每个人的德性层次本身就是有差异的。与此同时,古典式政治教诲的教诲对象,不是小人,而是君子,也

---

① 康有为:《论语注》,第 93 页。

就是教诲知识分子和社会精英;不奢想能够轻易改变“小人”礼法习俗的信仰常识,而是要让君子(政治哲人)有个君子的样子。一方面,政治哲人要隐藏自己的天资才华和聪明智慧,不能炫学耀智;智慧的最高境界不是为人,而是为己。另一方面,聪明的政治哲人要尽力向世俗的礼法道德看齐,即所谓“博学于文,约之以礼”。只有这样,才能处理好君子(政治哲人)与世俗社会的矛盾。

这是我们对比现代启蒙哲学的政治教诲可以显明看出的一个问题,现代启蒙哲学的政治教诲承认人人都有同样的理性,可结果是能启蒙、影响人的仍旧是少数人的思想,而对于这些少数聪明人,我们却忘记了他们该受谁的教诲和约束。结果他们打着追求真理的旗帜,却干着违背社会常识礼俗的言行。可以肯定的是,这种理想的说辞难免自欺欺人,让我们多想想古典政治教诲对少数聪明的政治哲人的要求吧:“极高明而道中庸”(《中庸》),“和其光,同其尘”(《老子》第四章、第五十六章),“圣人被褐怀玉”(《老子》第七十章)。

孔子所代表的这种古典式政治教诲,在古代可以说是一种政治常识,如老子、庄子、荀子、司马迁、刘向、徐干、颜之推等都明白这一点(这点只能俟诸他日来具体分析),尤其是在荀子那里得到了最为集中的发挥和体现。这种古典式政治教诲,有待于我们给予足够的重视,并竭力去揭示、阐发其深刻的含义。

《论语·公冶长》“乘桴浮于海”句解

张义生

摘要:前人注解“乘桴浮于海”一句,可分为“入世说”和“避世说”两类。其中,入世说包括行道九夷说、设教子路说、海外宣化说三种。以上注解均因对孔子态度不符合中道而失之偏颇。

关键词:乘桴浮于海　九夷　子路　隐逸

《论语·公冶长》篇中“乘桴浮于海”一句,历来多受注家重视,但歧义纷出,莫衷一是。大致来看,诸解可分为两大类:第一类以孔子积极入世为出发点诠释,第二类以孔子灰心逃世为出发点诠释。其中,第二类解释较少,属于注解中的异类,我们将在阐述完第一类后再述及此类。第一类解释虽多,但可大体归纳为三种:第一种为行道九夷说,第二种为设教子路说,第三种为海外宣化说。下文依次详述。

一、行道九夷说

简略来说,关于“乘桴浮于海”一句的“行道九夷说”,就是用《子罕》篇中的“子欲居九夷”一句解释目的地。

此说始于汉代。《汉书·地理志》载:“玄菟、乐浪,武帝时置,皆朝鲜、涉

张义生,青岛大学马克思主义学院讲师,主要从事儒学与道教研究。

貉、句骊蛮夷。殷道衰，箕子去之朝鲜，教其民以礼义，田蚕织作。乐浪朝鲜民犯禁八条：相杀以当时偿杀；相伤以谷偿；相盗者男没入为其家奴，女子为婢，欲自赎者，人五十万。虽免为民，欲犹羞之，嫁取无所雠，是以其民终不相盗，无门户之闭，妇人贞信不淫辟。其田民饮食以笾豆，都邑颇放效吏及内郡贾人，往往以怀器食。郡初取吏于辽东，吏见民无闭臧，及贾人往者，夜则为盗，俗稍益薄。今于犯禁浸多，至六十余条。可贵哉，仁贤之化也！然东夷天性柔顺，异于三方之外，故孔子悼道不行，设浮于海，欲居九夷，有以也夫！"认为孔子假设浮海，其目的地即是九夷。《说文解字》解"羌"字为"西戎牧羊人也。从人从羊，羊亦声。南方蛮闽从虫，北方狄从犬，东方貉从豸，西方羌从羊：此六种也。西南僰人、僬侥，从人；盖在坤地，颇有顺理之性。唯东夷从大。大，人也。夷俗仁，仁者寿，有君子不死之国。孔子曰：'道不行，欲之九夷，乘桴浮于海。'有以也"[①]。这明显将浮海的目标等同于九夷。

唐颜师古因之："言欲乘桴筏而适东夷，以其国有仁贤之化，可以行道也。"[②]同样认为乘桴欲至九夷。

宋邢昺认为："此章仲尼患中国不能行己之道也。言我之善道中国既不能行，即欲乘其桴筏浮渡于海而居九夷，庶几能行己道也。"[③]明确认为孔子要渡海居夷，推行己道。

清戴望继续将"九夷"具体为朝鲜。他说："此盖孔子失鲁司寇将去国，心悼伤之辞也。鲁与齐接壤，尽青州海其东为九夷朝鲜之地，箕子之国，故设言浮海欲以去之。九夷因其有箕子遗教，可以行道也。"[④]这更为具体化了孔子浮海的目的地，承接了《汉书·地理志》中的观点。

刘宝楠认为："据《志》言，则浮海指东夷，即勃海也。夫子当日必实有所指之地，汉世师说未失，故尚能知其义，非泛言四海也。夫子本欲行道于鲁，鲁不能竟其用，乃去而之他国，最后乃如楚。则以楚虽蛮夷，而与中国通已久，其时昭王又贤，叶公好士，故遂如楚以冀其用，则是望道之行也。至楚，又不见用，始不得已而欲浮海居九夷。《史记世家》虽未载'浮海'及'居九

---

① 许慎：《说文解字》，天津古籍出版社1991年版，第78页。

② 程树德撰，程俊英，蒋见元点校：《论语集释》第1册，中华书局1990年版，第299～300页。

③ 黄怀信主撰：《论语汇校集释》，上海古籍出版社2008年版，第384页。

④ 黄怀信主撰：《论语汇校集释》，第385～386页。

夷'二语，为在周游之后，然以意测之当是也。其欲浮海居九夷，仍为行道，由《汉志》注绎之，则非遁世幽隐，但为世外之想可知。即其后浮海居九夷，皆不果行，然亦见夫子忧道之切，未尝一日忘诸怀也。"[①]

细考以上诸说，亦渊源有自。但九夷本身就有两说：一说与《汉书·地理志》相同，一说为畎夷、于夷、方夷、黄夷、白夷、赤夷、玄夷、风夷、阳夷(《后汉书·东夷传》)。但无论哪种说法，实际上东夷都不可能离开现在的中国及朝鲜。因为所谓东夷之说是古代地理名词，实际上指的是现在中原东部的地方。对比"蛮夷"一词，古代中国仅仅指黄河中下游河洛地带，此外四方皆为蛮夷，而东方为夷。后来，"中国"的概念逐渐扩大，但在孔子时代应该还是主要以此概念为主。既然如此，则实际上东夷不可能离开现在的中国及朝鲜。如果在中国境内，则仅指现代山东中东部及江苏一部分地方；如超出现在的中国，则有可能指朝鲜。但是这两地实际上都可以通过陆路到达，无须泛海而至。山东中东部及江苏一带自不待言，泛海之说无从谈起。即使是朝鲜，在谈及箕子入朝时，无一明确说为渡海，且箕子之朝鲜为现在朝鲜半岛北部，非为南部，更不需要乘舟。另外，从古代航海技术来看，乘舟泛海，所冒风险大于陆路。因此，如孔子真要行己道于朝鲜，必不会言"乘桴"。钱穆先生亦指出，"若专以居夷释此章之浮海，转成呆板"[②]。因此，用"九夷"释"浮海"之说存诸多漏洞，难以让人信服。

二、设教子路说

设教子路说，即认为此句感叹乃孔子试探子路的假设，并非孔子的真意，其最终目的在于教育子路。

如郑玄认为："子路信夫子欲行，故言好勇过我也。无所取材者，言无所取桴材也。子路不解，微言戏之耳。"[③]郑玄解此章并未谈"乘桴浮于海"的真实意思，而是把落脚点放在子路身上，似乎此章仅为教育子路而设。

后朱熹引程颐注解："浮海之叹，伤天下之无贤君也。子路勇于义，故谓

---

① 黄怀信主撰：《论语汇校集释》，第 386 页。

② 钱穆：《论语新解》，三联书店 2002 年版，第 118 页。

③ 黄怀信主撰：《论语汇校集释》，第 383 页。

其能从己，皆假设之言耳。”[①]这里明确说“浮海”和“从己”都是假设之言，但并未明确说是教育子路。

清代王夫之说得最为明白透彻。他认为：“此章是圣人欲教子路以不可果于忘世，而先设为浮海之言以动之，探得其情而可施之教，非凭空叹道之不得。盖子路从夫子周流日久，目击当世之昏乱已深，知天下无邦，未免有愤激而为避世之想，观其遇晨门、沮弱、丈人，闻言而皆无以对，或亦有动于心，特见圣人辙辕天下，不已于行，虽欲避世，尚疑而未决。夫子微窥其意，故发是叹，以察子路意之欣戚若何。及其闻言而喜，然后使之裁度于理义，以知不忍忘天下之心。……观此，其为属意教由可知。”[②]他认为，孔子感觉子路有出世之想，故言浮海，探得子路真意再教之。

黄怀信虽也主张设教子路说，但其重点不是子路欲避世，而是子路过勇。他说：“夫子此言，盖因子路有勇而发。言一旦有一天吾道不得行于海内，我将乘木筏而出海外，届时随我者恐怕就是子路，因为他勇敢。子路闻之喜，以为夫子偏爱自己。”[③]他认为，孔子以子路过于勇敢，因出此言示于子路，子路喜，孔子教之。

以上四种解释，郑玄和程朱之意在于说明浮海之言仅仅是假设，而王夫之和黄怀信都认为是为教子路而作的假设，一为教子路不可避世，一为教子路不可过勇。

综合而言，此说的重点仅在于“浮海”之叹是假叹还是真叹，以上四种皆认为是假叹。孔子虽为一大教育家，需要制造各种教育机会去点拨弟子，但是否非要假设一种情况，诱出学生错误的回答再去施行教育呢？笔者认为，这不仅不符合孔子所要求的“直”德，还与《论语》中随处可见的因时、因地、因具体事情、因具体情况教育学生的诸多情形不符，此说难免让人生疑。

三、海外宣化说

海外宣化说，即认为孔子“乘桴”到海外继续传播儒学，教化海外之民。关于此说，阐释者较少，仅近代康有为提出。

---

① 黄怀信主撰：《论语汇校集释》，第 385 页。

② 黄怀信主撰：《论语汇校集释》，第 385 页。

③ 黄怀信主撰：《论语汇校集释》，第 387 页。

康有为认为："孔子抱拨乱反正之道，太平大同之理，三世三重之法，横览中国皆不能行，私居忧叹，欲出海外。是时，大瀛海之说已通，大九洲之地已著，孔子答曾子，发明地圆。故心思海外大地，必有人种至善，可行大同太平之理者，欲择勇者同开教异域。以子路勇而好仁，故许其同行，子路果喜。可见圣贤传教救人，不惮艰远之苦志矣。从行海外，凿空创开，事本艰难，故孔子极称其勇。而是时海道未大通，无船筏可出海，欲泛无舟，空深叹慕，此则圣人所无如何，故卒不果行。使当时孔子西浮印度、波斯以至罗马，东渡日本以开美洲，则大教四流，大同太平之道，当有一地早行之也。传教救人，宜出海外，后学当以孔子、子路为法，无惮艰远矣。"①康有为处于西方文化传入、国人睁眼看世界之时，当时对于世界地理已经有较清晰的了解。因此，他认为浮海是到海外去，而这个海外指的是印度、波斯、罗马、日本、美洲等。当然，此说虽有令人耳目一新之感，但与史实大相径庭，孔子时代恐难以有这样的地理知识。

值得注意的是，在康有为之前就有海外说，但这个海外仍不离现在中国境内。比如，王夫之说："《集注》曰'伤天下之无贤君'，于义自明，惜未言欲行道于海外……夫子居鲁，沂、费之东即海也，其南则吴、越也。夫子此叹，伤中国之无贤君，欲自日照通安东、赣榆适吴、越耳。"②这种海外说实际上仍属于九夷说。孔子周游列国，未闻乘舟，何以此次去吴越偏选海路，亦难通其义。

四、灰心隐逸说

以上三种说法，均属于立足孔子积极入世的角度，无论是行道九夷，还是设教子路，抑或是海外宣化，孔子在注家的笔下不忘任重道远的使命，始终保持旺盛的斗志，教育弟子，弘扬己道。除了历史上这类主流的声音之外，尚有另一类看法，即认为孔子此叹乃是伤怀不遇，心灰意冷，有意避世隐逸，与前说截然相反。这种说法与传统所认为的孔子形象不符，因此古代注疏中难见其踪，仅能从注家的批评之语管中窥豹。

比如，王夫之在注中特别提道："《集注》曰'伤天下之无贤君'，于义自

① 康有为：《论语注》，中华书局1984年版，第58页。

② 黄怀信主撰：《论语汇校集释》，第385页。

明，惜未言欲行道于海外，遂使俗儒以鲁连蹈海、管宁渡辽拟之。”[①]可见，确有认为浮海之叹乃孔子灰心隐逸之意。

进入近现代后，以隐逸说解释此句者渐多。比如，南怀瑾认为：“这是孔子晚年感觉到，文化衰颓的振兴以及社会风气的挽回，犹如海上仙山，可望而不可即。所以他感叹地说，今日文教、德育的路是走不通了；世界变了，大家都现实，对于文化没人讲究了，还是出国吧！……他感叹地说，万一自己在中国无法传道，无所作为，那只好做个独木舟，到海外野蛮的地方归隐，默默无闻以终此生。”[②]南怀瑾此说也可说是海外隐逸说，他的这个“海外”近于康有为所说之意。

李泽厚也主张以归隐解释此句。他说：“这是孔子和儒学的道家（退隐）面。至苏东坡还有‘小舟从此逝，江海寄余生’的著名词句。不过海上难居，多半退隐于山野、水边。后世诗文山水画中的渔樵与半角草堂中的儒生（读书人）常相映成趣。他们与大自然（山水）似乎就代表着、象征着永恒。它们就是中国人的本体符号。”[③]这也明确认为此句表现的是孔子道家退隐一面。

灰心隐逸说的特点是以孔子之叹为真叹，是有感于无处行道、悲观绝望之后的真心归隐逃世之叹。这显然与孔子积极入世的一贯主张相违背，也不能真切揭示此句真义。

结　语

以上诸说的诠释出发点，可统而言之，即从对孔子的态度出发。第一类以孔子为儒家圣贤，孜孜以求，诲人不倦，百折不挠，那必然以积极入世的观点诠释此句；第二类，以孔子为凡夫，四处碰壁，锐气挫尽，灰心逃世，那必然以消极避世的观点诠释此句。

但是，这两类观点均不合中庸之道，第一类观点以孔子为圣贤，甚至神化孔子，乃至不能有一丝瑕疵；而孔子所言句句珠玑，皆有深意，这在诠释《论语》的过程中难免过于深求，因而失却其本义。如行道九夷说、设教子路

① 黄怀信主撰：《论语汇校集释》，第 385 页。

② 南怀瑾：《论语别裁》，《南怀瑾选集》第 1 卷，复旦大学出版社 2003 年版，第 184～185 页。

③ 李泽厚：《论语今读》，三联书店 2008 年版，第 150 页。

说、海外宣化说，其出发点均立足于此，因而难免穿凿，难以令人信服。

第二类观点以孔子为凡夫，同于常人，以至所思、所想、所行，一无特异，这在诠释《论语》的过程中也往往失之于浅薄。灰心隐逸说所依据的正是此点，因而将失意的孔子等同于隐士，或说是其道家(隐逸)面。

正因以上诠释《论语》过程中的过与不及，故我们认为以中道看待孔子，在此基础上诠释《论语》，才能切近《论语》的本意。孔子为圣人不假，但其“圣”表现在其学说上，而非所有的所作、所思、所言，不能以孔子为圣贤，推而广之，其所作、所思、所言皆有深意而不可疑；孔子为凡人不假，但其“凡”表现在其性情上，而非其志向及学说主旨，不能以孔子为凡夫，扩而大之，其所作、所思、所言皆直言而无意义。因此，在诠释《论语》的过程中，以孔子为“即圣贤即凡人”为出发点和立足处，更能切中要点。既要充分认识到孔子的学术主张和志向追求，这是其“圣贤”的一面；又要切实意识到孔子的直率性格和生活情趣，这是其“凡夫”的一面。

在此基础上诠释“乘桴浮于海”一句，我们认为，此句显然确是孔子有感于大道不行、时运不济而后发出的真实感叹。在这一刹那，他确实有泛舟海上、不复返回这个既令他牵挂又令他挫败的伤心地，因而要“浮于海”。但是，又并未说明目的地，或者根本就没有目的地，只能在海上漂浮，最后可能死亡，这是一件极其危险的事情，因此他认为只有过于勇敢的子路能够跟随他。这一叹，是真叹，不是假叹。但是这一想法仅仅一闪而过，是孔子屡受挫折后的悲观情绪和直率性格的反映。当子路把孔子的这句话当真，以为孔子马上就要携己出海时，孔子意识到自己带给弟子的不良影响，因此又马上借此教育子路。这一叹显示了孔子是凡夫，是情绪的释放；后一转显示了孔子是圣贤，是理想的坚持。

《论语》与魏晋南北朝之谈论时风

闫春新　杨瑞冬　王鹏涛

摘要：在谈论时风日益盛行的趋势下，魏晋南北朝士人阶层在日常言谈、清议以及人物品评与清谈等不同场合，对《论语》进行了多角度的征引。这种不同于两汉的传播方式与途径，大大推动了《论语》在中古社会中下层的影响。

关键词：《论语》征引　魏晋南北朝　谈论时风

两汉时期，儒家经典逐渐成为上至皇族、下至士人乃至平民晋身的必读书目；又因《孝经》《论语》相对儒家"五经"较为浅显，为便于初学儒经的幼儿或经生识字、句读，而从汉初便开始为蒙童小学所必修。因而，《论语》在刘汉之时就已相当普及，不仅在君臣的政治生活中作为意识形态的理论指导影响深远，而且在中下层的社会生活中也常常被征引。对此，时贤已有所论，兹不赘述。现仅从魏晋南北朝之谈论时风这一特殊视角，管窥这一时期社会各阶层尤其是中下层士人对《论语》的征引。

众所周知，发端于汉末的以知识分子为主体的激扬名声、品核公卿的清议，到魏晋南北朝时期扩张、普及到社会各阶层，进一步发展成为汉唐间盛极一时的谈论时风。这种谈论之风，按其类型，主要可分为：汉末至南北朝

本文系2016年国家社科基金项目"经学观念视野下的汉唐《春秋》学研究"（16BZX055）阶段性成果。

闫春新，曲阜师范大学孔子文化研究院教授，主要从事儒学思想史研究；杨瑞冬，曲阜师范大学孔子文化研究院硕士研究生；王鹏涛，山东省济宁市经济开发区疃里镇第三中学教师。

日用生活中的一般性日常言谈，注重人伦道德的汉末魏晋南朝清议（臧否人物，议论时政）及其社会舆论，偏重玄理发挥与人的神采、才识的魏晋南朝清谈或曰“玄谈”（包括口谈与笔谈两种方式）。因而，这一时期社会各阶层尤其是中下层士人在谈论中对《论语》的化引，随之也可大致分为三类：汉末至南北朝日常言谈中的《论语》化引（汉末至南北朝的日用《论语》）、汉末魏晋南朝的乡论清议及人物品评中的《论语》征引、魏晋南朝清谈中的《论语》话题及玄学中人对《论语》的化用。

一、汉末至南北朝日常言谈中的一般性《论语》征引

汉末至魏晋南北朝的这一日用《论语》，可以说用于社会各阶层日常生活中的方方面面，这又可进一步细分为：

第一，探讨经意。

谢混问羊孚：“何以器举瑚琏？”羊曰：“故当以为接神之器。”①如没有读过《论语》，简直就不知谢混所问、羊孚所答究为何意。其实，结合上下文，应是两人在推究《论语》经意。据《论语·公冶长》记载：“子贡问曰：‘赐也，何如？’子曰：‘汝，器也。’曰：‘何器也？’曰：‘瑚琏也。’”孔子先说子贡是一个有用的“器皿”，接着具体说是瑚琏。“瑚琏”，古代祭祀时盛粮食的器皿，是相当尊贵的。谢混问羊孚：“为什么说到器皿就要举出瑚琏呢？”羊孚说：“自然因为它是迎神的器皿。”而下文看似记载了高欢三子高浚的早慧，实际上是高浚在与博士卢裕探讨《论语·八佾》中的一句话：“祭如在，祭神如神在。”

> 永安简平王浚，字定乐，神武第三子也。初神武纳浚母，当月而有孕，及产浚，疑非己类，不甚爱之。而浚早慧，后更被宠。年八岁时，问于博士卢景裕曰：“‘祭神如神在。’为有神邪，无神邪？”对曰：“有。”浚曰：“有神当云祭神神在，何烦‘如’字？”景裕不能答。②

第二，进行日常的人物评论。比如：

> 胤虽少离屯难，流踬殊荒，而风骨俊茂，爽朗卓然。身长八尺三寸，

---

① 余嘉锡：《世说新语笺疏》上卷上《言语》一〇五，上海古籍出版社 1983 年版，第157页。

② 李百药：《北齐书》卷十《永安简平王浚传》，中华书局 1972 年版，第 132 页。

发与身齐，多力善射，骁捷如风云，曜因以重之，其朝臣亦属意焉。曜于是顾谓群下曰："义孙可谓岁寒而不凋，涅而不淄者矣。义光虽先已树立，然冲幼儒谨，恐难乎为今世之储贰也，惧非所以上固社稷，下爱义光。义孙年长明德，又先世子也，朕欲远追周文，近踪光武，使宗庙有太山之安，义光飨无疆之福，于诸卿意如何？"其太傅呼延晏等咸曰："陛下远拟周汉，为国家无穷之计，岂惟臣等赖之，实亦宗庙四海之庆。"①

义光为前赵刘曜之太子刘熙，其异母兄刘胤为刘曜次子，字义孙，美姿貌，善机对。刘胤十岁时，曾为汉主刘聪所称，刘曜于太兴元年(318)称赵主后已立刘熙为太子。上面所引材料为刘曜又欲废刘熙立刘胤，并引《论语》，对"少离屯难，流踬殊荒"的刘胤给予极高的评价。

《晋阳秋》记曰，谢鲲跟随王敦东下建康，入朝见太子，与时为太子的晋明帝相语于东宫：

太子从容问鲲曰："论者以君方庾亮，自谓孰愈？"对曰："宗庙之美，百官之富，臣不如亮。纵意丘壑，自谓过之。"②

显然，谢鲲此处所对，既以能寄情于山水而自负，又是在借《论语·子张》中子贡对孔子的赞誉来品藻庾亮。其原文为："子贡曰：'譬之宫墙：赐之墙也及肩，窥见室家之好。夫子之墙数仞，不得其门而入，不见宗庙之美，百官之富。得其门者或寡矣。夫子之云，不亦宜乎？'"

再如，据《宋书·谢弘微传》载，谢混谓瞻等曰："汝诸人虽才义丰辩，未必皆惬众心，至于领会机赏，言约理要，故当与我共推微子。"③并常云："阿远刚躁负气，阿客博而无检；曜恃才而持操不笃；晦自知而纳善不周，设复功济三才，终亦以此为恨；至如微子，吾无间然。"④引文中，谢混对其侄子(继侄)谢弘微的评语"至如微子，吾无间然"短短八字，却两处化引《论语》。其一，谢混称谢弘微为"微子"，此"微子"乃微子启，殷商之贤人。按照孔子的说法，微子乃殷朝"三仁"之一。《论语》曰："微子去之，箕子为之奴，比干谏而死。子曰：'殷有三仁焉。'子路曰：'桓公杀公子纠，召忽死之，管仲不死。曰

① 房玄龄等：《晋书》卷一〇三《刘曜载记》，中华书局 1974 年版，第 2696 页。

② 余嘉锡：《世说新语笺疏》中卷下《品藻》十七注引孙盛《晋阳秋》，第 513 页。

③ 沈约：《宋书》卷五八《谢弘微传》，中华书局 1974 年版，第 1591 页。

④ 沈约：《宋书》卷五八《谢弘微传》，第 1591 页。

未仁乎?'子曰:'桓公九合诸侯,一匡天下,不以兵车,管仲之力。如其仁!如其仁!'"[①]明乎此,可知"微子"之号所以能够表示"特所敬贵"之意的深层原因,而不仅仅是"谢弘微"三字中有一个"微"字。其二,"吾无间然"引自《论语·泰伯》:子曰:"禹,吾无间然矣。菲饮食而致孝乎鬼神,恶衣服而致美乎黻冕,卑宫室而尽力乎沟洫。禹,吾无间然矣。"这是谢混在按照孔子对圣王禹的评价来赞誉谢弘微,可见前者对后者之期许。

第三,用以表明自己的心迹、看法甚或一种生活态度。

> 戴安道既厉操东山,而其兄欲建式遏之功。谢太傅曰:"卿兄弟志业,何其太殊?"戴曰:"下官'不堪其忧',家弟'不改其乐'。"[②]

在这里,"下官'不堪其忧',家弟'不改其乐'"。显然,戴安道在借《论语·雍也》中的"一箪食,一瓢饮,在陋巷,人不堪其忧,回也不改其乐",抒发自己的志向与感慨。戴氏之意为,他感到忧的事,其兄感到乐,与相应的《论语》文本文意有一定距离。[③] 齐高帝萧道成善书,即位后仍笃好不已;而琅琊王僧虔学识广博,精通经史,同时在书法上很有造诣,擅长草书、隶书。萧道成曾就两人书法水平高低询问王僧虔,并借孔子语予以回应,表明自己"敝'书'自珍"的立场:

> 或云帝问:"我书何如卿?"答曰:"臣正书第一,草书第二;陛下草书第二,而正书第三。臣无第三,陛下无第一。"帝大笑曰:"卿善为辞;然天下有道,丘不与易也。"[④]

第四,用以戏谑、讽喻。

正始上中期,司马师、陈泰等人拿钟毓开玩笑,钟毓引《论语》等,以有意犯其家讳的形式,加以回敬:

> 钟毓为黄门郎,有机警,在景王坐燕饮。时陈群子玄伯、武周子元夏同在坐,共嘲毓。景王曰:"皋繇何如人?"对曰:"古之懿士。"顾谓玄

---

① 余嘉锡:《世说新语笺疏》中卷下《品藻》四一刘孝标注引,第 524 页。

② 余嘉锡:《世说新语笺疏》下卷上《栖逸》十二,第 660～661 页。

③ 此处"家弟"应为"家兄"。参见余嘉锡:《世说新语笺疏》下卷上《栖逸》十二,第 659～660 页。

④ 李延寿:《南史》卷二二《王昙首传》附《王僧虔传》,中华书局 1975 年版,第 602 页。

伯、元夏曰："君子周而不比，群而不党。"①

此处，钟毓是钟繇的儿子；景王即为司马懿的儿子司马师，晋朝建立后，追尊为景王；玄伯为陈群之子陈泰之字；元夏为武周的儿子。"君子周而不比"一句引自《论语·为政》，"群而不党"一句引自《论语·卫灵公》，两句意指君子忠信而不党附，虽众却不相私助。而钟毓引之，却意在语带双关：因司马师、陈泰与元夏"共嘲毓"。其说"古之懿士""君子周而不比，群而不党"，表面上是在回答景王司马师的提问："皋繇是怎样的一个人？"实则将他们家里人全捎带上了。显然，钟毓暗点司马懿、陈群与武周的名字。

初，(周)颉以雅望获海内盛名，后颇以酒失，为仆射，略无醒日，时人号为"三日仆射"。庾亮曰："周侯末年，所谓凤德之衰也！"②

周顗(269～322)，字伯仁，汝南安城(今河南汝南县东南)人，西晋安东将军周浚之子。西晋末，累迁至尚书吏部郎、镇军将军长史，东晋之初官至尚书左仆射。年少因风德雅重而素有名望。渡江后深达危乱，故常酒醉不醒，人称"三日仆射"。庾亮此处以"凤德"喻指德行名望，似引《论语·微子》"楚狂接舆歌而过孔子曰：'凤兮！凤兮！何德之衰！'"而暗讽周顗颇以溺酒而失众望。

又如，《论语》记载孔子评论周代礼仪说："郁郁乎文哉！"(《八佾》)这是在说周代礼仪丰富多彩。又载孔子说："草上之风必偃。"(《阳货》)这是在说统治者的作风像风，百姓的作风像草，风往哪边吹，草便往哪边倒。但下文却因之而引出了祖孙间的戏问妙答：

绚字长素，早惠。年五六岁，读《论语》至"周监于二代"，外祖何尚之戏之曰："可改耶耶乎文哉。"绚应声答曰："尊者之名，安可戏，宁可道草翁之风必舅？"③

"绚"，指王绚，晋宋间王彧的儿子、何尚之外孙。古人有避长者名讳的规矩，读书时遇到与长辈名字相同的字，要改读成别的字。当王绚读到《论语》"周监于二代，郁郁乎文哉"时，因为"郁"和"彧"同音，且南朝吴地人称呼父亲为

① 余嘉锡：《世说新语笺疏》下卷下《排调》三，第780～781页。

② 房玄龄等：《晋书》卷六九《周顗传》，第1851页。

③ 李延寿：《南史》卷二三《王绚传》，第636页。此处"周监于二代"似应为"周监乎二代"。因"于"和"彧"亦同音，对王绚来说，同样违反家讳，除非当时吴地"于"字非"彧"音。

“耶”(同“爷”),所以何尚之与外孙开玩笑说:“这一句可改为‘耶耶乎文哉’。”没想到,王绚很聪明,应声回答道:“尊者之名,怎能拿来开玩笑?如果这样,‘草上之风必偃’是不是也该改为‘草翁之风必舅’?”王绚说的“翁”即指何尚之,因“尚”与“上”同音;同理,“舅”当指何尚之的儿子何偃。

二、汉末魏晋南朝乡论清议及人物品评中的《论语》征引

周一良在《两晋南朝的清议》一文中指出:“清议是东汉以来乡里中形成的关于每个人的舆论。魏晋实行九品官人之法,中正就根据清议或乡里的舆论,来厘定、提升或贬降某人的乡品,从而向吏部提供给予或升降他的官位的依据。”①“自从曹魏设立九品中正后,中正寻访乡论清议,以品评升降人才,再由吏部录用。乡论清议的作用大为重要。……其核心内容,大都以儒家道德伦理作为衡量人物的标准,而孝道尤其受到特别的重视。”②大致而言,汉魏对人物的品评主要掌握在在野士人与乡里手中;而魏晋南朝时除民间社会舆论外,中正也有很大的权力品评人物,并对社会产生很大影响。

汉唐间在野士人,比如:

> 贾淑字子厚,林宗乡人也。虽世有冠冕,而性险害,邑里患之。林宗遭母忧,淑来修吊,既而巨鹿孙威直亦至。威直以林宗贤而受恶人吊,心怪之,不进而去。林宗追而谢之曰:“贾子厚诚实凶德,然洗心向善。仲尼不逆互乡,故吾许其进也。”淑闻之,改过自厉,终成善士。乡里有忧患者,淑辄倾身营救,为州间所称。③
>
> 陈元方遭父丧,哭泣哀恸,躯体骨立。其母愍之,窃以锦被蒙上。郭林宗吊而见之,谓曰:“卿海内之儁才,四方是则,如何当丧,锦被蒙上?孔子曰:‘衣夫锦也,食夫稻也,于汝安乎?’吾不取也!”奋衣而去。自后宾客绝百所日。④

这两个故事足以说明,汉末太学精神领袖郭林宗之影响力与互相题拂、士风

① 周一良:《魏晋南北朝史论集》,北京大学出版社1997年版,第436页。

② 周一良:《魏晋南北朝史论集》,第437页。

③ 范晔:《后汉书》卷六八《郭符许列传》附《贾淑传》,中华书局1965年版,第2229~2230页。

④ 余嘉锡:《世说新语笺疏》中卷下《规箴》三,第549页。

相扇的汉末清议风气，更可管窥当时清议名流人物品鉴之一“言”九鼎。前者“许其进也”，奖拔后进，令其革心洗面，终成善士；后者却道德杀人，引孔子语，随即奋衣而去，竟至陈元方声名扫地。陈元方是汉末大名士陈寔之子，素有清名令誉，被郭泰一番指责后，一百多天“门前冷落鞍马稀”，名士尚且如此，其他人更可想而知。正是如郭林宗之流品鉴水准极高，且在士林中享有崇高威望；其在品评人物上又掌控着如此权威的“话语权”，因而达官贵族多与之竞相交往，希望自己或亲属、近人获其佳评。比如，曹魏卫尉武周就与有知人之鉴的同郡刘公荣过从甚密，从而其三子获得“皆国士也”的好评。尤其是刘公荣化用《论语·季氏》“周任有言曰：‘陈力就列，不能者止。’”称武周之长子武陔有辅佐之才，这确属过誉之辞：

> 陔沉敏有器量，早获时誉，与二弟韶叔夏、茂季夏并总角知名，虽诸父兄弟及乡闾宿望，莫能觉其优劣。同郡刘公荣有知人之鉴，常造周，周见其三子焉。公荣曰：“皆国士也。元夏最优，有辅佐之才，陈力就列，可为亚公。叔夏、季夏不减常伯、纳言也。”①

魏晋南朝韩伯领中正，大加贬斥居丧废礼而崇尚老庄的周勰：

> 陈郡周勰为谢安主簿，居丧废礼，崇尚庄老，脱落名教。伯领中正，不通勰，议曰：“拜下之敬，犹违众从礼。情理之极，不宜以多比为通。”时人惮焉。识者谓伯可谓澄世所不能澄，而裁世所不能裁者矣，与夫容己顺众者，岂得同时而共称哉！②

韩康伯，名伯，字康伯，东晋玄学思想家，颍川长社（今河南长葛西）人。据其本传记载，他“清和有思理，留心文艺”③；其舅著名玄谈家殷浩称其为“能自标置，居然是出群之器”④。同时，曾身为中正的他，极力维护名教。上文所用史料，即是韩康伯通过化引《论语·子罕》：“子曰：‘麻冕，礼也；今也纯，俭。吾从众。拜乎下，礼也；今拜乎上，泰。虽违众，吾从下。’”痛批居丧废礼、脱落名教的陈郡周勰，而这恰恰反映了其以道德风教天下的清议的一面。

---

① 房玄龄等：《晋书》卷四五《武陔传》，第 1284 页。

② 房玄龄等：《晋书》卷七五《韩伯传》，第 1993 页。

③ 房玄龄等：《晋书》卷七五《韩伯传》，第 1993 页。

④ 房玄龄等：《晋书》卷七五《韩伯传》，第 1993 页。

关于乡论(民间社会舆论)中的《论语》,这里仅举两例:

庾衮字叔褒,明穆皇后伯父也。少履勤俭,笃学好问,事亲以孝称。咸宁中,大疫,二兄俱亡,次兄毗复殆,疠气方炽,父母诸弟皆出次于外,衮独留不去。诸父兄强之,乃曰:"衮性不畏病。"遂亲自扶持,昼夜不眠,其间复抚柩哀临不辍。如此十有余旬,疫势既歇,家人乃反,毗病得差,衮亦无恙。父老咸曰:"异哉此子!守人所不能守,行人所不能行,岁寒然后知松柏之后凋,始疑疫疠之不相染也。"……齐王冏之唱义也,张泓等肆掠于阳翟,衮乃率其同族及庶姓保于禹山。是时百姓安宁,未知战守之事,衮曰:"孔子云:'不教而战,是谓弃之。'"……及贼至,衮乃勒部曲,整行伍,皆持满而勿发。贼挑战,晏然不动,且辞焉。贼服其慎而畏其整,是以皆退,如是者三。时人语曰:"所谓临事而惧、好谋而成者,其庾异行乎!"①

谧字永和,少好学,周览百氏。初师事小学博士孔璠,数年后,璠还就谧请业。同门生为之语曰:"青成蓝,蓝谢青,师何常,在明经。"②

前者父老、时人两引《论语》而盛赞庾衮,可见庾衮乡评甚佳。后者则是同门生以"师何常,在明经"来歌咏北魏文学博士孔璠与后来居上的学生李谧之间的互相学习。此处"师何常"引自《论语·子张》:"卫公孙朝问于子贡曰:'仲尼焉学?'子贡曰:'文武之道,未坠于地,在人。贤者识其大者,不贤者识其小者,莫不有文武之道焉。夫子焉不学?而亦何常师之有?'"

三、魏晋南朝清谈中的《论语》话题与玄学中人的《论语》征引

从整个魏晋南北朝历史看,"《论语》在魏晋时代为世族们所常谈的经书,它的重要性不亚于《易》和《礼》。例如钟会七岁即诵《论语》;管辂年十五至父官舍,即读《论语》;袁悦自述其少年时读《论语》《老子》,又看《庄》。《论语》乃和《三玄》同列"③。在魏晋南朝清谈场上,征引《论语》乃至以《论语》为话题或谈资,应为义中之理。例如,荀觊在一次清谈聚会中,以《论语》中的

① 房玄龄等:《晋书》卷八八《庾衮传》,第2280～2283页。

② 李延寿:《北史》卷三三《李孝伯传》,中华书局1974年版,第1225页。

③ 陈金木:《何晏论语集解用玄理注书问题的检讨》,《孔孟月刊》第23卷第5期。

“仁孝论”与司马骏辩论“仁孝孰先论”。魏晋南朝时期为门阀政治[①]，清谈谈客大多为世家贵族或社会名流，想必他们小时所受教育应与钟会等人相同。因而，从理论上讲，这些清谈家也应如荀颢、司马骏一样，会以《论语》为重要的清谈谈资而出入清谈场。下面的一些史实即印证了这一点。

大体说来，在魏晋南朝清谈场上，由于《论语》文本主要为孔子师徒言行之结集，其相对“三玄”，多蕴含道德伦理思想，较少思辨，因而并不常用于谈说深妙玄理；但常被玄学中人用在日常应对妙答中，也被用作探讨儒家的道德伦理与品题人物，从而为魏晋南朝清谈的兴起与发展准备了一大谈资，且成为其向政坛拓展的一大原动力。请先看魏晋清谈中的三例《论语》话题：

《论语》被直接或间接用于魏晋清谈，一是引发并发展了“圣人有情”的清谈命题。《三国志》卷二八《钟会传》裴松之注：“何晏以为圣人无喜怒哀乐，其论甚精，钟会等述之。弼与不同，以为圣人茂于人者神明也，同于人者五情也，神明茂故能体冲和以通无，五情同故不能无哀乐以应物，然则圣人之情，应物而无累于物者也。今以其无累，便谓不复应物，失之多矣。”[②]王、何所讨论的这一圣人话题，显然何晏的“圣人无情”论虽似提高了孔子的“体无”境界，但与《论语》文本相抵牾；“自然有所拔得”[③]的王弼，以《论语》相关篇章为依据，通过书信笔谈的清谈方式，既幽默地反击了荀融，又间接化引《论语》中的“颜渊死，子曰：‘噫！天丧予！天丧予！’”等篇章，完善了其“圣人有情”说：“弼注《易》，颍川人荀融难弼《大衍义》。弼答其意，白书以戏之曰：‘夫明足以寻极幽微，而不能去自然之性。颜子之量，孔父之所预在，然遇之不能无乐，丧之不能无哀。又常狭斯人，以为未能以情从理者也，而今乃知自然之不可革。足下之量，虽已定乎胸怀之内，然而隔逾旬朔，何其相思之多乎？故知尼父之于颜子，可以无大过矣。’”[④]

二是为“圣不可及”的清谈话题提供文本依据：

> 孙齐由、齐庄二人小时诣庾公，公问：“齐由何字？”答曰：“字齐由。”

---

① 田余庆先生认为，真正的门阀政治，只存在于江左的东晋时期。参见田余庆：《东晋门阀政治》，北京大学出版社1989年版，自序第1～2页。

② 陈寿撰，裴松之注：《三国志》卷二八《魏书·钟会传》注引何劭《王弼传》，中华书局1959年版，第795页。

③ 陈寿撰，裴松之注：《三国志》卷二八《魏书·钟会传》注引何劭《王弼传》，第795页。

④ 陈寿撰，裴松之注：《三国志》卷二八《魏书·钟会传》注引何劭《王弼传》，第796页。

公曰:“欲何齐邪?”曰:“齐许由。”“齐庄何字?”答曰:“字齐庄。”公曰:“欲何齐?”曰:“齐庄周。”公曰:“何不慕仲尼而慕庄周?”对曰:“圣人生知,故难企慕。”庾公大喜小儿对。[①]

此处,孙齐庄化用孔子的自评语——“我非生而知之者,好古,敏以求之者也”(《论语·述而》)来回答庾亮的问话:“孔圣人生而知之,所以难以企及。”小孩不大,却结合汉晋时人对圣人的一般看法——圣人不可学不可至,贤人与圣人有着不可逾越的鸿沟,虽改造了经文中学而不厌的孔子形象,但巧妙回答了庾亮的问难,难怪“庾公大喜小儿对”。

另外,《放光般若》的译者竺叔兰与乐广相识。某次醉酒后,被吏卒扭送到乐广处。接着,两人产生了一次关于饮酒与肤色问题的清谈:

时河南尹乐广与宾客共酣,已醉,谓兰曰:“君侨客,何以学人饮酒?”叔兰曰:“杜康酿酒,天下共饮,何以侨旧?”广又曰:“饮酒可尔,何以狂乱乎?”答曰:“民虽狂而不乱,犹府君虽醉而不狂。”广大呼。时坐客曰:“外国人那得面白?”叔兰曰:“河南人面黑尚不疑,仆面白复何怪耶?”于是宾主叹其机辩。[②]

王晓毅先生认为:“乐广的官衙,是当时著名的清谈中心,竺叔兰的上述活动,可视为进入这个中心后关于饮酒与肤色问题的一次清谈,并以其机捷的谈锋,使诸名士刮目相待。”[③]而关于饮酒的这次清谈,明显是以《论语·乡党》中的“唯酒无量,不及乱”为谈资的,并且两位清谈家始终未忘夫子之教诲。

再看魏晋南朝玄学家们其他几例对《论语》的化引:

第一,或被借用于日常妙答,或用以品评人物乃至作品。

前者如王徽之,字子猷。性卓荦不羁,为大司马桓温参军,蓬首散带,不综府事。又为车骑桓冲骑兵参军:

王子猷作桓车骑骑兵参军,桓问曰:“卿何署?”答曰:“不知何署,时见牵马来,似是马曹。”桓又问:“官有几马?”答曰:“不问马,何由知其

---

① 余嘉锡:《世说新语笺疏》上卷上《言语》,第109页。

② 释僧祐:《出三藏记集》卷十三《竺叔兰传》,《续修四库全书》编纂委员会编:《续修四训全书》第1288册,上海古籍出版社2002年版,第327页。

③ 王晓毅:《般若学对西晋玄学的影响》,《哲学研究》1996年第9期。

数?”又问:“马比死多少?”答曰:“未知生,焉知死?”[①]

此处“不问马”引用的是《论语·乡党》中的话,原是说孔子的马棚失火,孔子只问伤了人没有,没有问到马:“不问马。”“未知”句引用的是《论语·先进》中的话,篇中记述孔子的学生子路问孔子死是怎么回事,孔子回答说:“未知生,焉知死。”其大意是说,生的道理还不了解,怎么能了解死。显然,王徽之在此并非用其原意。

后者如:

孙兴公道:“曹辅佐才如白地明光锦,裁为负版绔,非无文采,酷无裁制。”[②]

据《世说新语》刘孝标注说:“《论语》曰:‘孔子式负版者。’郑氏注曰:‘版,谓邦国籍也。负之者,贱隶人也。’”“‘负版绔’为贱隶所穿服,将明光锦制成负版绔,自是拙于驭文之术。”[③]孙绰此处化用《论语》经文,用以批评曹毗有文才而少作文之术。

第二,被用于对付学术界的不同派别或政治斗争中的政敌:

支道林造《即色论》,论成,示王中郎。中郎都无言。支曰:“默而识之乎?”王曰:“既无文殊,谁能见赏?”[④]

简文在暗室中坐,召宣武。宣武至,问上何在?简文曰:“某在斯。”时人以为能。[⑤]

前一引文中,支遁所引孔子原文为:“默而识之,学而不厌,诲人不倦,何有于我哉?”(《论语·述而》)而此处支遁化用之,意在向循守章句之学的王坦之炫耀自己的学问和才识。后一引文中,《论语·卫灵公》中孔子说“某在斯”,是为了告诉师冕座中众人的所在位置,而简文引此语,含有对桓温不臣之心的贬斥之意。

在魏晋南朝清谈中,值得一提的是东晋永和玄言。咸康五年(339),王导逝世,殷浩、王濛等成为东晋前期最重要的清谈领袖,在永和前后迎来了

---

① 余嘉锡:《世说新语笺疏》下卷上《简傲》十一,第 774 页。

② 余嘉锡:《世说新语笺疏》上卷下《文学》九三,第 271 页。

③ 孔繁:《魏晋玄谈》,辽宁教育出版社 1991 年版,第 169 页。

④ 余嘉锡:《世说新语笺疏》上卷下《文学》三五,第 223 页。

⑤ 余嘉锡:《世说新语笺疏》上卷上《言语》六〇,第 120 页。

魏晋清谈的第三个高潮："从咸康年间(335～342)起，清谈风气再次兴起，到永和(345～356)时期达到鼎盛，此后绵延不绝，其规模超过了正始和元康，成为清谈史上最大的也是最后一次高潮。"①

永和前后的清谈盛况是前代所无法比拟的。"《世说新语·文学篇》记载与魏晋清谈有关之事61条，其中发生在咸康——永和时期的近40条之多，裹携了当时的几乎所有名士高僧，如王濛、刘惔、殷浩、司马昱、孙盛、孙绰、阮裕、许询、王脩、王羲之、王胡之、谢尚、谢安、桓温、韩康伯等名士和竺法深、支道林、于法开、于法威等高僧，并形成了京师建康和会稽两大清谈中心。"②同样，从发生在永和前后的日常谈论或撰述于这一时期的政论、文作来看，晋人对《论语》文句的引用也是十分频繁的。写作于永和、升平之际的孙盛《老子非大贤》多有《论》《老》之言，自不待言。③ 再看两例永和年间的《论语》引文，就可知晓《论语》在当时确实已深入人们的日常生活：

据《晋书》载，范宣以为自西汉石渠阁会议以来，儒学地位每况愈下，自己应以复兴儒学为己任，极力反对儒学的变异和老庄的日盛，"汉兴，贵经术，至于石渠之论，实以儒为弊。正始以来，世尚《老》《庄》。逮晋之初，竞以裸裎为高。仆诚太儒，然'丘不与易'"④。《晋书》又载："(刘惔)尤好《老》《庄》，任自然趣。疾笃，百姓欲为之祈祷，家人又请祭神，惔曰：'丘之祷久矣。'年三十六，卒官。"⑤而刘惔在永和五年(349)七月之前即已去世。从史书行文看，刘惔因这次"病笃"而亡，故刘惔引《论语》来阻止家人祈神求寿，当在永和年间无疑。

---

① 王晓毅：《论东晋清谈的积极意义》，《史学月刊》2001年第4期。

② 王晓毅：《论东晋清谈的积极意义》，《史学月刊》2001年第4期。

③ 孙盛：《老聃非大贤论》，严可均辑：《全晋文》卷六三，商务印书馆1999年版，第652～654页。据刘汝霖先生考证，孙盛所作此文当在永和之后的第一年，即升平元年(357)。参见刘汝霖：《东晋南北朝学术编年》卷二，上海书店出版社1992年版，第49～54页。

④ 房玄龄等：《晋书》卷九一《范宣传》，第2360页。据刘汝霖先生考证，范宣既家于豫章，则庾爰之与其相见，也必在居豫章之时。而《世说新语》及《晋书》卷七三《庾翼传》，俱载庾翼卒后，庾爰之为桓温所废而徙于豫章。庾翼卒在此年，即永和元年(345)，则庾爰之之徙也当在此年也。参见刘汝霖：《东晋南北朝学术编年》卷二，第38～39页。

⑤ 房玄龄等：《晋书》卷七五《刘惔传》，第1991～1992页。

孔子之"道"与儒学重构

——从朱熹、牟宗三的道统论说开去

郑治文

摘要:"道统"是儒学的核心观念之一,用以表征儒家根本精神的传承统绪。确立一个什么样的道统,往往就意味着确立一个什么样的儒学形态。朱熹以"心传""心法"为其"道统"论的主要意涵,构筑了以"道心"与"人心"、"理"与"气"、"天理"与"人欲"为基本特征的"二世界"的哲学;牟宗三则以"心体即性体""即存有即活动"释"道统",建构了其道德形上学。今天,我们在"后新儒学"的视域下反思宋明理学空谈理气心性、现代新儒学引向超越绝对的偏失、致力于当代儒学重构时,重归孔子之"道",确立儒学"新道统"或许是基础性的理论环节。

关键词:道统　孔子　道　儒学重构

"道统"论是儒家思想的重要方面。一般说来,儒家的道统观念可远溯至先秦孔孟,由唐代韩愈正式提出,终由宋儒发展完成。①"道统"是什么?不同的儒者对此有不同的理解。有论者认为,儒家"道统"可在即"统"言"道"、即"道"言"统"两种模式下得到诠释和说明。所谓即"道"而言"统",就是要首先确立何为儒家的"道",并以此"道"为标准来判别、确立儒家的谱系。

郑治文,曲阜师范大学孔子文化研究院副教授、博士,主要从事孔孟荀原始儒学研究,代表性成果《文明对话与中国文化——以"文明对话与儒学三期发展"为中心的考察》(山东人民出版社 2016 年版)。

① 见《论语·尧曰》《孟子·尽心下》,韩愈《原道》。

熊十力先生言："盖一国之学术思想，虽极复杂，而不可无一中心。道统不过表示一中心思想而已。"[①]就"道统"之宽泛意义来说，就是表征儒家之中心思想、根本精神、核心观念的传承统绪。"确立一个什么样的道统，往往也就意味着确立一个什么样的儒学形态。"[②]不同时代的儒者围绕着对"道统"之"道"的不同理解，建构了理论形态迥异、义理精神有别的儒学系统。作为宋明"新儒学"创设之关键人物，朱熹以"十六字心传"和孔颜"克己复礼为仁"之"心法"为"道统"之"道"的主要内涵，并由此整合圆融了呈现道心与人心、理与气、天理与人欲、天地之性与气质之性等二元架构的程朱理学系统。然而超越精神的提升、理气心性的圆融，使宋明理学虽能成功回应佛老挑战，扭转"儒门淡泊，收拾不住"之颓势，但将儒学引上了形上超越的极端，使之沦为"空谈心性"的玄学清谈。与之有类，现代新儒家有感于儒学"花果飘零"之困局，矢志延续道统，复兴儒学，他们遥接宋明，复活程朱陆王之思想睿慧，以形上超越的路径保存、提升、重建儒学，牟宗三即是其中的主要代表。牟氏以儒家内圣学"心体即性体"的圆教模型释"道统"之"道"，判分先秦儒典，重组宋明儒学，援引西学，提出"内圣开新外王"的构想，完成了其道德形上学的建构。然这种形上保存的方式，虽在继承、发扬、整合、创新中国文化方面做出了重要贡献，但有以心性修养代道德实践的偏执，难于"落实在整个历史社会总体间"。对此，我们不免会有这样一番思量：朱熹、牟宗三皆以回归孔孟为追求，力图彰明圣学本义，他们既以得悟儒门"道"之本旨，其孜孜以求、费尽心力所创构的所谓"新儒学"为何还有如此偏失？圣学要领究竟何在？事实上，我们今天在"后新儒学"的语境下对其进行总结反思，呼唤儒学重返生活世界，期待儒学活水流向民间，致力于儒学的生活化、民间化、大众化、社会化开展及其当代重构时，如果能静下心来细细品读《论语》，回到孔子的生活世界，真真切切地体验孔学精神，或许不难发现，儒门所传之"道"既非朱子匠心独运所提出的"心传""心法"那般抽象神秘，亦非牟氏所悟彻的所谓"心体即性体"那样玄奥精深。孔子"道"之真义不过"仁礼和合""极高明而道中庸"二语，如此而已。倘能明此儒之为儒的真精神，

---

① 熊十力：《读经示要》卷二，《熊十力全集》第二卷，湖北教育出版社 2001 年版，第 828 页。

② 朱叶楠：《"道统"在近现代学术体系中的失落与重生》，《五邑大学学报》(社会科学版)2012 年第 3 期。

对儒学的当代重建或可提供有益的借鉴和指引。

一、朱熹的"心传""心法"及其"二世界"哲学

"道统"是儒学的核心观念和中心思想所在。朱熹以"十六字心传"与"克己复礼为仁"之"心法"为其立学根基，可以说，其整个庞大的思想体系正是以此为起点，在此"道"的内核之上生发、展开的。"道统"一词由朱子率先提出，其主要内涵在《中庸章句序》中得到了最集中的表达。朱子说：

> 盖自上古圣神，继天立极，而道统之传有自来矣。其见于经，则"允执厥中"者，尧之所以授舜也；"人心惟危，道心惟微，惟精惟一，允执厥中"者，舜之所以授禹也。尧之一言，至矣尽矣。①

在此，朱熹发挥了程颐"《中庸》乃孔门传授心法"的说法，将尧、舜、禹圣贤一脉相传的"道统"具体化为《尚书·大禹谟》中的"十六字心传"。对于"十六字心传"，学界一般都以之为朱熹道统论全面的经典性表述，其实不然。诚如有论者所指出的："盖现有论述皆以'十六字心传'为朱子道统说之根本性、唯一性表述，而忽视了颜子及其所代表的'克复心法'在构筑朱子道统学中的应有地位。……故孔颜克己复礼为仁的心法授受实为'十六字心传'的必要补充"，其价值在于彰显了"儒家道统以工夫论为核心，由工夫贯穿本体的下学上达路线"②。应该说，"心传"与"心法"的结合，方是朱子道统论之"道"的基本内涵所在。因为讲"道心""人心"的"心传"只体现了朱学本体与心性的统合，唯有辅以"克复心法"所彰显的工夫学说，程朱理学才真正成其为一圆融本体、心性、工夫的完整体系。由是，朱学的整个义理架构可以"道统"为中心，由"心传""心法"两条主线进行分解说明。

就朱熹摘出的"十六字心传"来说，"人心惟危，道心惟微，惟精惟一，允执厥中"：所谓"道心"，指符合道体天理之心，故"微"；所谓"人心"，指生于形气之偏的私心，故"危"；而"允执厥中"，就是要时时省察此"危而不安"的人心，持守"微而不显"的道心，以合乎天理仁义之心为要求；所谓"执中"，即无

---

① 朱熹：《四书章句集注》，中华书局1983年版，第14页。

② 许家星：《朱子道统说新论——以孔颜"克复心法"说为中心》，《人文杂志》2013年第6期。

过无不及。不难看出，朱子所传之“道”正是二程“自家体贴出来”的“天理”，其对“十六字心传”的解释不过就是“存天理，灭人欲”一语。因此，以“十六字心传”为突破口，正可以析分出程朱理学“理”与“气”、“天地之性”与“气质之性”、“天理”与“人欲”的“二世界”架局。① 朱熹以“理”“气”二元互动确立其形上根基，并以此论心性而言“一性二分”“心统性情”，实现了本体与心性的合一。朱熹之所以能超迈张程，正在于他将心性论说纳于理气二元之形上体系统摄下，以理气论心性，使理学的心性论获得了本体论上的论证。下引数语最能体现朱熹贯通理气心性的意识，甚为关键。其言如是：

> 天地之间，有理有气。理也者，形而上之道也，生物之本也；气也者，形而下之器也，生物之具也。是以人物之生，必禀此理，然后有性；必禀此气，然后有形。②
>
> 论天地之性则是专指理言，论气质之性则以理与气杂而言之。③

以心贯通性情二层，以理气二元作为形上依据，心性论与本体论合一，朱子由是确立了“生命二元论”的完整建构。在朱熹的思想世界里，理气心性实已圆融为一，本体与心性合在了一起。这可以说是，朱熹以“十六字心传”为纲领所展开的义理建构。

以“心传”为根基，理气心性的贯通，辅以“克复心法”所体现的工夫进路，完整确立了程朱理学之规模。朱熹之所以被推崇为理学之集大成者，正在于其将本体、心性与工夫整合为一，完整确立了儒家的道德形上学体系，将儒家之道德价值理想立于形上超越之根基上。朱学明分“理”与“气”、“天地之性”与“气质之性”的这种生命二元架局，最终要落实于即物穷理、存理灭欲、涵养用敬、变化气质的工夫，即要学做圣人，克己复礼，行仁践义，坚守儒家道德价值理想，最终成圣成贤。正如他所说的：

> 孔子之所谓“克己复礼”，《中庸》所谓“致中和，尊德性，道问学”，《大学》所谓“明明德”，《书》曰“人心惟危，道心惟微，惟精惟一，允执厥

① 冯友兰先生说过：“理学家之哲学需要二世界，而心学家之哲学则只需要一世界。”（冯友兰：《中国哲学史》，商务印书馆 2006 年版，第 403 页）

② 朱杰人、严佐之、刘永翔主编：《朱子全书》第 23 册，上海古籍出版社、安徽教育出版社 2002 年版，第 2755 页。

③ 《朱子全书》第 23 册，第 2688 页。

中"，圣人千言万语，只是教人存天理，灭人欲。……只是这上便紧紧着力主定，一面格物，今日格一物，明日格一物，正如游兵攻围拔守，人欲自销铄去。所以程先生说"敬"字，只是谓我自有一个明底物事在这里，把个"敬"字抵敌，常常存个敬字在这里，则人欲自然来不得。[①]

"圣人千言万语，只是教人存天理，灭人欲"，朱子之言理气心性，以工夫论的开出为旨归。孔子谓"克己复礼"，《中庸》讲"致中和，尊德性，道问学"，《大学》言"明明德"，《尚书》云"允执厥中"，程朱则以用敬与致知作为工夫。朱熹服膺伊川"涵养须用敬，进学在致知"的说法，以用敬与致知作为其工夫论的两个方面。格物致知，即物穷理，虽被象山讥为支离事业，然就朱子之哲学系统整个观之，则此格物之修养方法，自与其全系统相协调。

综上可见，朱熹以"十六字心传"和"克复心法"为纲，创构了以圆融本体、心性、工夫为基本特质，以形上超越著称的"二世界"哲学，实现了儒学形态由"实存道德描述"向"道德形上学"的转变，极大地提升了儒家的哲学思辨水平，开拓了儒家形上超越的世界，由此成功回应了佛道的挑战，重建了中华人文价值理想，实现了儒学的第二次复兴。然而，程朱对"天理世界"的不断拔举和提升，尤其当朱子大言"理在事先"的时候，也将儒学引上了形上超越的极端，其所带来的不仅是使儒学日益脱离"活生生"的"生活世界"，沦为"空谈心性"的玄学清谈；而且在绝对超验的"天理世界"统治下，所造成的是道德本体之"超我"对自我的压抑和束缚。朱熹说："未有这事，先有这理。如未有君臣，已先有君臣之理；未有父子，已先有父子之理。"[②]君臣、父子、夫妇之"理"既先于人而存在，人生而就只能被动地接受这个"理"，即毫无怀疑地遵循践履儒家"三纲"之教。正如杨国荣先生所说："正统理学以性体为道德本体，并以此为前提，要求化心为性。在性体形式下，普遍的道德规范构成了涵摄个体的超验原则，本体被理解为决定个体存在的先天本质，自我的在世成为一个不断接受形而上之规范塑造、支配的过程。由此导致的，往往是先验的超我对自我的压抑。"[③]由此可见，这种形上超越的追求和提升，也可能使儒学蜕变为超然于世、藐视世俗、流于空谈、乏于践行的玄虚之学。

---

① 《朱子全书》第 14 册，第 367 页。

② 《朱子全书》第 17 册，第 3204 页。

③ 杨国荣：《心学的理论走向与内在紧张》，《文史哲》1997 年第 4 期。

二、牟宗三的"心体即性体"及其新儒学

牟宗三是现代新儒学的系统建构者。他深研道德形上学，会通天台圆融义，终悟孔子生命智慧和成德之教，先以心体、性体的圆融为要，判释先秦、宋明两期儒学，重构儒学新道统。又以此为基石，构筑起以肯定"智的直觉""内圣开出新外王""三统并建""良知自我坎陷"为主体内容的儒家道德形上学体系。可以说，悟彻孔子成德之教，识得儒家内圣心性学"心体即性体"之要旨，实现道统重建，是牟宗三现代新儒学创新的起点和关键。

其一，以"心体即性体"为深层依据，重组先秦儒典，判释宋明理学，重建儒门道统。① 在牟宗三看来，儒家所谓的"道统"乃是泛指儒家的内圣心性之学或内圣成德之教。"中国'德性之学'之传统即名之曰'道统'"，此内圣学包括三义：一是以"天道性命相贯通"为义理骨干，二是以"践仁以知天"为践履归宿，三是以"大而化之"为践履的最高境界②，集中凝结为"心体即性体"这一哲理深邃的命题。"性体"是道德形上学的概念，指内在道德性之性，与"天"这一实体相联系。"就其统天地万物而为其体言，曰实体；就其具于个体之中而为其体言，曰性体。"③这里，牟先生发挥了《中庸》"天命之谓性"的说法，以为"於穆不已"的天体下贯到个体之中而成其为性体。此"性体"概念从形上超越的高度确认了道德实践之可能，是儒家道德形上学可以成立的要害所在，正因为有此"法门"，儒家才能实现道德与形上学通而为一，确立其"即宗教即道德"的精神特质。与"性体"一样，"心体"亦是儒家内圣学的重要范畴，可以说，性体与心体构成了内圣心性学的一体两面。此"心"非生理之心，非心理学之心，更非所谓认知之心，而是内在固有、超越自律的道德本心，相应于性体而言，为"心体"。如果说，"性体"主要体现的是"天道性命相贯通"的第一义，而更像是一个本体论概念的话，那么"心体"则多显"践仁以知天"的第二义，而有工夫论之意味。

---

① 相关内容见牟宗三：《心体与性体》(一)，《牟宗三全集》第 5 册，(台北)联经出版事业股份有限公司 2003 年版，第 15～21 页；另参见杨海文：《略论牟宗三的儒家道统观》，《学术研究》1996 年第 6 期。

② 牟宗三：《心体与性体》(一)，《牟宗三全集》第 5 册，第 268 页。

③ 牟宗三：《心体与性体》(一)，《牟宗三全集》第 5 册，第 43 页。

当然，在这里，本体与工夫须是合而为一，“即心体即性体”，儒家和合心体、性体的内圣学成了道德实践和道德形上学的完美体现，即达到了第三义“大而化之”的最高践履境界。确认了内圣学“即心体即性体”的要旨之后，牟宗三以之为主要依据，重组先秦儒典，判分宋明理学，进而实现了儒家道统论的重构。牟宗三将先秦五部儒学经典《论语》《孟子》《中庸》《易传》《大学》判分为两系：《论》《孟》《易》《庸》为一系，它们蕴涵着“心体即性体”的深刻义理，是孔子生命智慧与成德之教的“一根而发”，代表着先秦儒学的本质；《大学》单列为一系，它相对于儒家的内圣成德之教而言是“另端别起”，“似是从外插进来”，不合乎孔子生命智慧的方向，并不能代表先秦儒学的本质。论定《大学》之义理归趣及其地位，是牟宗三重建道统的重要一环。[①] 以此两系“模式”为参照，牟氏将宋明理学也析分成了“两宗三系四组”：第一组为“周张程(颢)”。大致说来，他们学宗《论》《孟》《易》《庸》，未提及《大学》。其中，明道之学最为重要，他从《易》《庸》返归《论》《孟》，接续、彰显了儒家“即心体即性体”的一本圆融义。这一组作为理学先驱，至此宋明儒学尚未出现分系。第二组是“程(颐)朱”。从程颐开始，宋明儒学出现了分系，原因在于伊川以《大学》系统涵摄《论》《孟》《易》《庸》系统；朱子继之，以《大学》为中心，将伊川思想推向成熟完备。第三组为“胡(宏)刘(宗周)”。牟宗三特别推崇这组，以为胡五峰直接承续了明道的圆教模型，而明代刘蕺山与明道、五峰一脉相承，成为宋明儒学殿军。第四组是“陆王”。他们纯是孟学，即使阳明言《大学》，也是在孟学统摄下立说的。

以上是“三系四组”的提法，至于“两宗”，即以《论》《孟》《易》《庸》为中心的宋明儒作为“大宗”或“正宗”，这包括上述第一、三、四组；而以《大学》为中心的程朱则是所谓的“别子为宗”。言至此，牟宗三先生的道统观就大体明确了：“道统之道”应该是“即心体即性体”的内圣成德之教，其传承统绪大致是孔孟、明道、胡刘、陆王等。所谓重续道统，就要返归《论》《孟》《易》《庸》，“接着宋明讲”，光大儒家圆融心体性体的生命智慧和成德之教。

其二，以“新道统”为理论根基，创构现代新儒学体系。既已悟得了儒家“即心体即性体”的道统法门，牟宗三就以此为内核展开其新儒学架构。牟宗三接续宋明之“胡刘”“陆王”而言良知本体，又以“心体”和“性体”作为其

---

① 参见郑家栋：《当代新儒家的道统论》，陈明主编：《原道》第1辑，中国社会科学出版社1994年版，第159～191页。

不同的表现形式，“心体”“性体”合为一体，皆指“良知”本体。他说：

> 心体是就此良知明觉即是吾人之“本心”说，此本心就是“体”。性体是就此知体、心体就是吾人所以为道德的存在之超越的根据，亦即吾人所以能引生德行之“纯亦不已”之超越的根据而说。……此性体是通过知体、心体而被了解的。故性体是客观地说的，知体、心体是主观地说的。此两者是一。①

牟宗三讲“良知”本体，进而肯定人有“智的直觉”。其所谓的“智的直觉”，即“自由无限心”“知体明觉”或者就是“良知”。在牟宗三看来，正因为人也有“智的直觉”而其不只属于上帝，所以人不仅能认识现象世界，而且能呈现本体世界；不仅能践履形而下的道德，而且能通过道德实践实现自我转化，从而实现超凡入圣。因此，“良知”“智的直觉”是成就“道德的形上学”的关键，正因为人有“智的直觉”，有和合心体与性体的“良知”，道德本体一方面可由内向上翻，将生命存在接通终极价值本源；另一方面可自上向下“流布”，从至上的道德实体落实到具体万物。② 显然，牟宗三言“良知”本体，肯定“智的直觉”而证成的道德形上学主要是“返本”，而对于儒家这套内圣成德之教如何实现现代开展，进行全面系统的论证，方是牟学之“开新”所在，这主要表现在其“内圣开出新外王”“三统并建”“良知自我坎陷”说③的提出。当然，其义理精神无论多么高明、新颖，皆是本于儒家的内圣成德之教立说，皆是在此“内核”上萌发的新思。也就是说，牟宗三仍是“接着朱熹讲”，先将儒家内圣外王之道归结为内圣之道，以内圣统外王；又将内圣之道归结为形上的本体，以内圣的良知本体开出新的外王。换言之，牟宗三先是识得孔子的生命智慧和内圣成德之教，实现以“即心体即性体”为核心观念的道统之重构，进而开出其道德形上学，提出“内圣开出新外王”等一系列创造性构想，最终完成其新儒学体系的构建。

以牟宗三为主要代表的新儒家在回应西学挑战、实现儒学现代转化等方面无疑做出了重要的贡献，然而，当其把“接着宋明讲”的新儒学“提到一

---

① 牟宗三：《现象与物自身》，《牟宗三全集》第 21 册，（台北）联经出版事业股份有限公司 2003 年版，第 66 页。

② 程志华：《中国近现代儒学史》，人民出版社 2010 年版，第 209 页。

③ 详细论说参见牟宗三《生命的学问》《历史哲学》《时代与感受》《政道与治道》等相关内容，兹不赘述。

个超越绝对的地步"时，儒家之道德价值理想就很难"落实在整个历史社会总体间"(林安梧语)而作为一现实道德实践的开启。如比之于程朱理学，我们或许会更清楚地认识到这点。其实，新儒学发展至牟宗三，类似于宋明理学发展至朱熹立"形上绝对""超越至上"之"极"，理学遂日成超然于世、清高脱俗的清谈玄学。与此相类，牟宗三先生的道德形上学也有此特点，故林安梧称其为"高狂俊逸的哲学家"，"在牟先生的系统中，却把人提到上帝的层次，再从上帝下返到人间，就好像已经究竟地证道了，再作为菩萨下凡人间，而开启现代化的可能性。这样的理解方式，我以为可以用蔡仁厚先生所说的'高狂俊逸'这句话来形容，牟先生是一高狂俊逸的哲学家，果然！"[①]诚然，牟先生此"高狂俊逸"之哲学，难免有疏离"生活世界"、以心性修养代替道德实践的偏执。

正是因为有识之儒洞见了这种偏执，牟宗三之后所谓"批判的新儒学"才出现，遂成"护教的新儒学"与"批判的新儒学"之分野。所谓"批判的新儒学"，就是指对新儒学持一"批判继承、创造发展"的态度，在批判继承之基础上创构一面向"生活世界"、面向"历史社会总体之道德实践"的"后新儒学"，从而开启一个"后新儒学的时代"。在此"后新儒学"的时代，我们真切期望儒学能走出书斋，走出讲堂，"来到我们身边，活在我们中间"，以大众喜闻乐见的形式，令妇孺皆知，如春风化雨般教化国民。由是，我们不得不重新检视宋明理学、现代新儒学的道统观，觅求合乎时代精神的"新道统"，并以此"新道统"为纲领，实现当代儒学的重建。为此，重读《论语》，返本归源，追寻孔子真正的生命智慧或许是我们首要的理论工作。

三、仁礼合一——回归孔子之"道"，重构当代儒学

细读《论语》，回到孔子的生活世界，真切体验孔学精神，或许不难发现，孔子"道"之真义不过"仁礼和合""极高明而道中庸"二语，如此而已。就主要内涵来说，孔子之"道"要在"仁礼合一"；由哲理精神而论，孔子之"道"要在"极高明而道中庸"。即是说，孔子的"仁礼合一"之"道"本身彰显着一种"极高明而道中庸"的深邃哲理。

---

① 林安梧：《儒学革命——从"新儒学"到"后新儒学"》，商务印书馆 2011 年版，第 295 页。

众所周知，孔子的思想起点是礼，其创立儒学源于补礼、纠礼的致思路向。周文疲敝，礼乐不兴，孔子欲兴亡继绝，接替斯文，就有必要对“礼”进行一番因时制宜、损益革新的处理。孔子之为孔子者，就在于他敏求善思，体贴出了“礼”背后那个更为重要的根本——“仁”，为古老的礼乐文化重新注入了生机与活力。当然，“述”礼“作”仁，虽是孔子创立儒学的基本线索，但这并不意味着仁、礼简单拼凑相加就自然化生儒学。言礼不及仁，非儒也；言仁不及礼，亦非儒也；仁礼和合，真儒之谓。因此，孔子虽把“仁”界定为礼之本，但并未因仁而废礼，一方面以仁释礼，另一方面强调以礼来外化仁，落实仁。仁、礼不偏废，内外合为一；“仁”是内化的“礼”，“礼”是外化的“仁”，两者和谐互动、感通为一。如果仁不外化为礼而落实于日用常行间，就不能实现其价值，此其所谓“克己复礼为仁”(《论语·颜渊》)；同样，如果外在的礼失去了内在之仁作支撑，那么礼就流于形式、虚文，此其所谓“人而不仁，如礼何？人而不仁，如乐何？”(《论语·八佾》)；“礼云礼云，玉帛云乎哉？乐云乐云，钟鼓云乎哉？”(《论语·阳货》)可见，仁与礼构成孔子之“道”的一体两面，具有同等重要的地位：“仁”之要在于使“礼”合乎主体内在的情感，而不至于流于空有其表、形式僵化的所谓“吃人的礼教”；“礼”之要则在于将主体内在的情感化作外在的力量，落实于具体的社会关系中。“仁”的内在情感与“礼”的外在行为合而为一，方是道德实践之整个过程的完成。

由此，“仁礼合一”或许才是孔子的生命智慧和成德之教的真义所在，这便是儒门所传的“道”。此“道”内蕴的正是“极高明而道中庸”的深邃哲理：它既高举远瞻，又平实切近；既是终极关怀，又不离人伦日用；既是形上超越之“道”，又是百姓日用之“道”。具体论说如下：《论语》中论“道”多与“仁”相连，比如：

> 子曰：“富与贵，是人之所欲也；不以其道得之，不处也。贫与贱，是人之所恶也；不以其道得之，不去也。君子去仁，恶乎成名？君子无终食之间违仁，造次必于是，颠沛必于是。”(《论语·里仁》)
>
> 子曰：“志于道，据于德，依于仁，游于艺。”(《论语·述而》)
>
> 曾子曰：“士不可以不弘毅，任重而道远。仁以为己任，不亦重乎？死而后已，不亦远乎？”(《论语·泰伯》)

上引数语明确指出了道与仁是不可分割的关系。据此，以孔子之“道”为仁(须是合着礼的“仁”)，道也似无不可。这个仁道，一方面是孔子的终极托付之所在，“朝闻道，夕死可矣”（《论语·里仁》），可以清楚地看到“道”作为人的“终极关怀”的宗教意涵；另一方面“人能弘道，非道弘人”（《论语·卫灵公》）分明揭示了“道不远人”的重要特点，所谓“仁远乎哉？我欲仁，斯仁至矣。”（《论语·述而》）“为仁由己，而由人乎哉？”（《论语·颜渊》）此之谓也。当作为“礼之本”的内在的“仁”显发为用而成外在的“礼”时，又可化民成俗，落实于穿衣吃饭、日用常行之间。小至视听言动、举手投足、婚丧嫁娶、送往迎来，大至行军作战、为政治国，皆要合乎“礼”。《论语》有言如是：

颜渊问仁。子曰：“克己复礼为仁。一日克己复礼，天下归仁焉。为仁由己，而由人乎哉？”颜渊曰：“请问其目。”子曰：“非礼勿视，非礼勿听，非礼勿言，非礼勿动。”（《论语·颜渊》）

孟懿子问孝。子曰：“无违。”樊迟御，子告之曰：“孟孙问孝于我，我对曰，无违。”樊迟曰：“何谓也？”子曰：“生，事之以礼；死，葬之以礼，祭之以礼。”（《论语·为政》）

子曰：“能以礼让为国乎？何有？不能以礼让为国，如礼何？”（《论语·里仁》）

当我们的一言一行、待人接物都依礼而行时，自可“求仁得仁”“从容中道”，此即孔子所谓的“克己复礼为仁”。其实，这正是芬格莱特所说的礼之“神奇魅力”“魔术效应”。他认为，人们纯熟地实践人类社会各种角色所要求的礼仪行为，最终便可以从容中道，使人生焕发出神奇的魅力。圣人境界就是人性在不离凡俗世界的礼仪实践中所透射出的神圣光辉。① 概而言之，“即凡而圣”四字恰切地表述了孔子“仁礼合一”之“道”的深层意涵，凡俗与神圣相即不离，正是其最为显著的特点。

孔子的以上思路在《中庸》中得到了更加淋漓尽致的体现。人与道的关系是《中庸》所关注的中心问题之一，而其立论的基点则是道非超然于人，“道不远人。人之为道而远人，不可以为道”。道并不是与人隔绝的存在，离开了人的为道过程，道只是抽象思辨的对象，难于呈现其真切实在性。而所谓“为道”，则具体展开于日常的庸言庸行中：“君子之道，造端乎夫妇；极其至也，察乎天地。”道固然具有普遍性的品格，但唯有在人的在世过程中才能

① 参见［美］赫伯特·芬格莱特：《孔子——即凡而圣》，彭国翔、张华译，江苏人民出版社 2002 年版，第 1～13 页。

扬弃其超越性，并向人敞开。正是在此意义上，《中庸》强调“极高明而道中庸”。“中”，即无过无不及，“庸者，常也”。“极高明”，意味着走向普遍之道；道中庸，则表明这一过程即完成于人在生活世界中的日用常行。[①]“极高明而道中庸”一语虽非出自孔子之口，但最能表述孔子“道”之本旨。可以说，这正是儒学之真精神所在。儒家传统一方面能“与时偕行”“日新又新”（变），另一方面又“万变不离其宗”，终不改其“极高明而道中庸”之底色（常），这或许正是其穷变通达、可大可久的依据。恰如颜炳罡先生所言：“‘极高明而道中庸’体现了儒家的精义、儒家的真精神，是儒家有别僧、道、耶、回处。”[②]如果我们把孔子“道”之“两面”——“礼”和“仁”做进一步分解，就会析出“外在的礼法约束与内在的道德自觉”“他律式的遵从恪守（克己复礼）与自律式的自觉主动（为仁由己）”“规范建设与情感建设”“社会存有与心性修养”“超越理想与世俗价值”“行为规范与社会正义”等多重分疏。在这样的分界中，我们可以觉察到孔子“极高明而道中庸”的高超智慧，不偏不倚，恰到好处，取法乎中，无过无不及，遂避免了游走两极的偏执，成就了“仁礼合一”的原始儒学这一阳刚劲健、元气淋漓、生生和谐、可大可久的思想系统。

回顾孔学精神，我们不难明白，儒家的道统之“道”应是此“仁礼合一”之“道”，应是此“极高明而道中庸”之“道”。在“后新儒学”的时代语境下，我们正需要接续、光大此“道”，确立合乎时代精神的“新道统”，并以此为纲领展开当代儒学的重构。诚如梁涛先生所指出的：“学习宋儒的做法，重新出入西学（黑格尔、康德、海德格尔、罗尔斯等）数十载，然后返之于‘六经’，以新道统说（仁礼合一——引者注）为统领，以‘新四书’（《论语》《礼记》《孟子》《荀子》——引者注）为基本经典，‘六经注我’，‘我注六经’，以完成当代儒学的开新与重建。”[③]总之，当我们回归孔子之“道”，以之为指引，重建当代儒学时，一定要守住儒家的“根”，切实把握儒家之为儒家的真精神，致力于建构一种“心性修养与道德实践”“社会正义与德行规范”“宗教超越与生活日用”“理想与现实”“神圣与凡俗”等平衡互动、通为一体的新儒学。

---

① 杨国荣：《思想的长河——文化与人生》，北京师范大学出版社 2010 年版，第94 页。

② 颜炳罡：《民间儒学何以可能？》，单纯主编：《国际儒学研究》第 14 辑，九州出版社 2006 年版，第 373 页。

③ 梁涛：《回到“子思”去——儒家道统论的检讨与重构》，《学术月刊》2009 年第 2 期。

《论语集注》的"集注"体例及其意义

周元侠

摘要:"集注"与"集解"一样都是经学注释的传统模式,在朱熹之前,卫瓘、孙绰、李充等都著有《论语集注》,朱熹注释《论语》历经《论语要义》《论语训蒙口义》《论孟精义》等尝试,最后选定"集注"体例。本文通过对《论语集注》中所引三十五家注的所属时代、学术派别、注释重点及其风格等方面的分析,揭示了朱熹对《论语集注》的"经注"定位,剖析了《论语集注》成为超越时代的经典之作的原因。

关键词:集注　经学　理学

从注释体例看,《论语集注》与义疏体《论语》注的不同之处在于,摆脱了经、注、疏三层结构,直接注释经文,避免了义疏体的烦琐。从朱熹一生注释《论语》的过程来看,他先著《论语集解》,再著《要义》《口义》《精义》《集义》,最后成《论语集注》。其中,《要义》《精义》《集义》都是大量采用宋儒,特别是理学家对《论语》的解说,基本上不掺杂个人意见,只有《论语训蒙口义》例外。《口义》不仅参考宋以前的训诂、音读,而且加入朱熹的个人见解,所谓"本之注疏,以通其训诂;参之《释文》,以正其音读。然后会之于诸老先生之说,以发其精微。一句之义,系之本句之下;一章之指,列之本章之左。又以

周元侠,福建省社会科学院哲学所副研究员,主要从事儒家哲学研究。

平生所闻于师友而得于心思者，间附见一二条焉”①。《论语集注》继承了《口义》的编写体例，既吸收了宋以前的训诂、音读，又博采宋人的义理解说，同时加入大量个人按语。经过朱熹长期注释《论语》的资料积累，《论语集注》所引用的注释较《口义》和《精义》的总和还要多。据统计，《论语集注》征引注释共有三十五家，比《论孟精义》多出数倍，且《精义》（或《集义》）所收十余家之说多未被编入《集注》，即便二程语也被删去不少。如果《论语要义》《精义》等主要表达了朱熹对《论语》的理学认识，那么《论语集注》作为朱熹在《论语》方面的最终著述，则反映出朱熹对其基本定位是“经注”，而不是独立于《论语》之外的理学著作。因此，朱熹广泛引用汉魏古注，大量删去《精义》中的理学家解说，且《论语集注》中的按语不同于一般理学家在《论语解》《论语说》中的理学议论，主要是对经文本身以及所引注释进行补充说明。

就“四书”篇幅而言，《孟子》的字数最多，但就《四书章句集注》的引用人数和总数来说，朱熹所集之注最多的不是《孟子集注》，而是《论语集注》。《大学章句》《中庸章句》作为“章句”，主要是朱熹自己的注释，引用前人注释较少。《论语》《孟子》作为“集注”，主要是集合诸家之注，引注超出朱熹自己的注释。尽管《孟子》的篇幅是《论语》的三倍，但是《孟子集注》所引的人数和总数没有超过《论语集注》。据陈铁凡统计，《孟子集注》共引三十四家三百一十九处，《论语集注》引用共计三十五家五百七十四处。② 具体地说，三十五家分别是何晏、二程子、谢良佐、尹焞、杨时、胡寅、洪兴祖、游酢、吴棫、张敬夫、范祖禹、马融、李侗、周孚先、吕大临、陆元朗、服虔、皇侃、李郁、赵伯循、黄祖舜、苏轼、孔安国、张载、侯仲良、刘聘君、刘安世、晁说之、刘敞、邢昺、王安石、曾几、扬雄、靳裁之。其中，服虔和皇侃注是指《八佾》中的两处“或曰”，经金履祥考证为服虔和皇侃注。三十五家注囊括了汉、魏、唐、宋等朝代各学派的注释，“论语集注”的称谓实至名归。

---

① 朱熹：《论语训蒙口义序》，宋杰人、严佐之、刘永翔主编：《朱子全书》第 24 册，上海古籍出版社、安徽教育出版社 2002 年版，第 3614～3615 页。

② 陈铁凡：《〈四书章句集注〉考源》，《论孟论文集》，（台北）黎明文化事业股份有限公司 1981 年版，第 39～67 页。陈铁凡的统计略有偏差：在第 39 页统计《论语集注》所引注家为 35 家，在第 61～63 页的表格里却在 35 家之外增加了郑玄 2 条，遍检《论语集注》并无郑注。笔者依中华书局 1983 年版《论语集注》重新统计结果为：陈铁凡统计杨氏为 49 条，实际为 50 条；胡氏为 38 条，实际为 42 条；陆氏引 3 条，实际为 4 条；晁氏为 5 条，应为 6 条；洪氏 7 处，实为 8 处；苏氏为 13 条，实为 12 条；马氏为 8 条，实为 7 条。所以引用注释的总条数应为 578 条。

《论语集注》对所引注家的称谓存在一定规律。对理学前辈称“子”，如程子指二程，张子指张载。对程门弟子多称“某氏”，如谢氏、尹氏、杨氏、吕氏、游氏、侯氏、周氏等。对宋代非理学人士也多称“某氏”，如范氏、苏氏、王氏、邢氏、吴氏、洪氏等。对同辈注家则称其姓名或字，如张敬夫。除“子”“氏”之称，又有称官职的，如“刘侍读”“刘聘君”等，又有称谥号的，如“刘忠定公”。引用宋以前的注家多称“某氏”，如马氏、何氏、陆氏等，但也有称其姓名或字的，如赵伯循、扬雄等。由于《四书章句集注》成书时间较长，流传版本各异，因而上述规律不能严格遵守。比如，一人可能存在数种称谓，如李侗在《论语集注》中称为“师”，在《孟子集注》中称“李氏”，这就导致“某氏”指代不明确。比如，“李氏”到底指李侗，还是指李郁；“胡氏”到底指胡寅，还是指胡安国；“张氏”是张载，还是张栻，抑或第三人，等等。这在一定程度上表明，朱熹虽在内容上对《四书章句集注》极尽完善，但他在生前可能未对注释体例，特别是所引注家的称谓予以统一，当然也可能《四书章句集注》在朱熹反复修改的过程中不断遭到印书者的盗印，进而以讹传讹。下面就分析三十五家注的主要内容和特点。

一、宋以前的八家古注

《论语集注》中的三十五家，根据所属朝代及其学派归属，可分为三大阵营：第一阵营是宋代之前的经学家，这些注释在当时具有普及性，所以朱熹在《论语集注》中常常不明确标注姓名，而是直接将古注略作修改或简化，放在经文之下。缘于此，《论语集注》明确引用的古注所占比例较少，共有二十一处，但这些注释遍布各个朝代，汉有孔安国、马融、服虔、扬雄，魏有何晏，南朝梁有皇侃，唐有陆德明和赵伯循。

从注释内容看，朱熹对古注的引用主要集中在字词训诂、名物制度以及句意说明等方面。比如，引马融注以说明词意、句意，马氏曰：“所因，谓三纲五常。所损益，谓文质三统。”[①]又，马氏曰：“文王既没，故孔子自谓后死者。言天若欲丧此文，则必不使我得与于此文。今我既得与于此文，则是天未欲丧此文也。天既未欲丧此文，则匡人其奈我何？言必不能违天害己也。”[②]引

① 《为政》，《朱子全书》第 6 册，第 81 页。
② 《子罕》，《朱子全书》第 6 册，第 140 页。

何晏注来解释字义、句意，何氏曰："滥，溢也。言君子固有穷时，不若小人穷则放溢为非。"[①]又，何氏曰："患得之，谓患不能得之。"[②]引陆德明注多用于说明《论语》异文，如在"十世可知也"下，朱熹引陆氏曰："也，一作乎。"[③]在"瓜祭"下，又引陆氏曰："《鲁论》瓜作必。"[④]在"禘自既灌而往者，吾不欲观之矣"下，引赵伯循曰："禘，王者之大祭也。王者既立始祖之庙，又推始祖所自出之帝，祀之于始祖之庙，而以始祖配之也。成王以周公有大勋劳，赐鲁重祭。故得禘于周公之庙，以文王为所出之帝，而周公配之，然非礼矣。"[⑤]这既是对"禘"字的训诂，也是对禘礼的考据。古注中亦有少数说理的注解被朱熹采纳，如扬雄曰："观乎圣人则见贤人。是以孟子语夷、惠，亦必以孔子断之。"[⑥]《集注》中还有一处引用杨时批评扬雄的说理，曰："扬雄谓孔子于阳货也，敬所不敬，为诎身以信道。非知孔子者。盖道外无身，身外无道。身诎矣而可以信道，吾未之信也。"[⑦]总起来说，朱熹明确引用的古注偏重于字词训诂、制度考证等方面，这与所引宋注有明显区别。

二、宋代九家非理学人士之注

第二阵营是宋代非理学人士。两宋时期学派林立，人才辈出，关于《论语》的解说不计其数，朱熹在《论语集注》中大量引用理学之外的《论语》注释。按照引用数量多少，依次是范祖禹五十四条，苏轼十二条，吴棫十二条，洪兴祖八条，晁说之六条，王安石、刘安世、刘敞、邢昺各一条，共计九人九十六条，较第一阵营多出数倍。从所属学派来看，范祖禹、刘安世均为司马光弟子；晁说之因仰慕司马光之为人，自号景迂，吴棫与晁说之的学术倾向相似，故《景迂学案》将之列为"景迂同调"。这四位均与司马光的朔学有直接或间接的学术渊源。苏轼是蜀学的领军。王安石是新学的领袖。刘敞是欧阳修的弟子，所著《七经小传》引领了宋初疑经思潮。邢昺是宋代经学家的

---

① 《卫灵公》，《朱子全书》第 6 册，第 202 页。
② 《阳货》，《朱子全书》第 6 册，第 223 页。
③ 《为政》，《朱子全书》第 6 册，第 81 页。
④ 《乡党》，《朱子全书》第 6 册，第 152 页。
⑤ 《八佾》，《朱子全书》第 6 册，第 86 页。
⑥ 《微子》，《朱子全书》第 6 册，第 230 页。
⑦ 《阳货》，《朱子全书》第 6 册，第 219 页。

代表，奉命撰写《论语正义》。在这一阵营中，范祖禹显得异常突出，《集注》引用范氏说超过谢良佐、杨时。由此可见，朱熹在选择注释上具有兼收并蓄、广搜博采、摒除门户之见的胸怀。

从注释内容上看，朱熹所引宋代非理学家的注兼具字词训诂和义理引申的特点。宋儒不仅普遍以说理见长，而且因其怀疑精神而在《论语》的字词、版本校勘等方面屡有创见。朱熹所引邢昺、王安石、刘敞、刘安世、吴棫、洪兴祖等人的注释多集中于《论语》文本的字形、字义、词意、句读、分章、句意等方面。比如，对"加我数年，五十以学易"句，朱熹引用刘安世语指出"五十"是字形错误，朱熹曰："刘聘君见元城刘忠定公，自言尝读他论加作假，五十作卒。盖加、假声相近而误读，卒与五十字相似而误分也。"①朱熹引用吴棫注主要用于注释或勘误《论语》文本，如吴氏曰："亡，古无字，通用。"②在"恭而无礼则劳"章，引吴氏曰："君子以下，当自为一章，乃曾子之言也。"③在"柴也愚"章，引吴氏曰："此章之首，脱'子曰'二字。"④类似的例子还有"闵子侍侧"章，朱熹引洪氏曰："《汉书》引此句，上有'曰'字。"⑤在《季氏十六》篇名之下，引洪氏曰："此篇或以为《齐论》。"⑥以上都着眼于《论语》文本的异文、分章、版本等方面，反映了宋儒解经不仅偏重于义理解说，而且兼有校勘文字、版本等传统经学工夫。

朱熹所引宋注不乏对经文字词、句意的解释性说明。比如，在"予有乱臣十人"下，朱熹引刘敞语解释"十人"，曰："刘侍读以为子无臣母之义，盖邑姜也。九人治外，邑姜治内。"⑦在"仍旧贯，如之何？何必改作"下，朱熹引王安石注曰："改作劳民伤财，在于得已，则不如仍旧贯之善。"⑧这都是对文本的解释性说明。在"山梁雌雉"章，朱熹将邢昺疏进一步简化，曰："梁，桥也。时哉，言雉之饮啄得其时。子路不达，以为时物而共具之。孔子不食，三嗅

---

① 《述而》，《朱子全书》第 6 册，第 125 页。
② 《八佾》，《朱子全书》第 6 册，第 85 页。
③ 《泰伯》，《朱子全书》第 6 册，第 131 页。
④ 《先进》，《朱子全书》第 6 册，第 161～162 页。
⑤ 《先进》，《朱子全书》第 6 册，第 160 页。
⑥ 《季氏》，《朱子全书》第 6 册，第 211 页。
⑦ 《泰伯》，《朱子全书》第 6 册，第 136 页。
⑧ 《先进》，《朱子全书》第 6 册，第 160 页。

其气而起。"[①]在解释"梁""时哉"以及句意之后，朱熹接着引用了晁说之和刘勉之的注释，对"嗅"字予以注释，晁氏曰："石经嗅作戛，谓雉鸣也。"刘聘君云："嗅，当作狊，古阒反。张两翅也。见《尔雅》。"最后又加"愚按"，表达对所引三家说的看法，曰："如后两说，则'共'字当为拱执之义。然此必有阙文，不可强为之说。姑记所闻，以俟知者。"[②]

宋代非理学人士在注释《论语》时，除注释字词、句子外，常常依据已知史料进行推理，以便深入解释经文或历史事件。比如，在"子钓而不纲"章，朱熹引洪兴祖语曰："孔子少贫贱，为养与祭，或不得已而钓弋，如猎较是也。然尽物取之，出其不意，亦不为也。此可见仁人之本心矣。待物如此，待人可知；小者如此，大者可知。"[③]洪氏并不局限于解释字面意思，而是对经文本意予以引申和发挥。在"季氏将伐颛臾"章，洪氏曰："二子仕于季氏，凡季氏所欲为，必以告于夫子。则因夫子之言而救止者，宜亦多矣。伐颛臾之事，不见于经传，其以夫子之言而止也与？"[④]在这里，洪氏根据常理进行大胆推测。在"孔文子何以谓之文也"章，朱熹引苏氏曰："孔文子使太叔疾出其妻而妻之。疾通于初妻之娣，文子怒，将攻之。访于仲尼，仲尼不对，命驾而行。疾奔宋，文子使疾弟遗室孔姞。其为人如此而谥曰'文'，此子贡之所以疑而问也。孔子不没其善，言能如此，亦足以为'文'矣，非经天纬地之'文'也。"[⑤]这里是依据已知史实解释子贡存在疑问的原因，而不限于解释文本的字面意思。

宋儒普遍关注人性、气质等话题，《集注》所引宋代非理学家的注释也体现了这一时代特点。比如，在"狂而不直"章，朱熹引苏氏曰："天之生物，气质不齐。其中材以下，有是德则有是病，有是病必有是德，故马之蹄啮者必善走，其不善者必驯。有是病而无是德，则天下之弃才也。"[⑥]苏轼运用气质解释《论语》，非常具有时代新意。即使朱熹对气质的看法与苏轼有别，但就注释"狂而不直"章来说，朱熹还是引用了苏轼的气质之说，这反映出《集注》在引用他注时更多考虑的是符合经文本意，而非学术倾向。宋儒普遍喜欢

---

① 《乡党》，《朱子全书》第 6 册，第 155 页。

② 《乡党》，《朱子全书》第 6 册，第 155 页。

③ 《述而》，《朱子全书》第 6 册，第 127 页。

④ 《季氏》，《朱子全书》第 6 册，第 213 页。

⑤ 《公冶长》，《朱子全书》第 6 册，第 104 页。

⑥ 《泰伯》，《朱子全书》第 6 册，第 135 页。

点评《论语》中的人物，其中不乏褒贬孔门弟子之处，如在“贤贤易色”章，朱熹引吴氏曰：“子夏之言，其意善矣。然词气之间，抑扬太过，其流之弊，将或至于废学。必若上章夫子之言，然后为无弊也。”①在“大德不逾闲”章，引吴氏曰：“此章之言，不能无弊。学者详之。”②此等评论在清儒眼里则是朱熹贬抑圣人的明证，然而《集注》所引吴说都是在圈外，属于引申义，主要为了启发读者深思。况且在《集注》之外，朱熹对吴氏《论语》解说特点一直有着清醒的认识，他说：“建安吴才老作《论语十说》……其功浅，其害亦浅。又为《论语考异》，其功渐深，而有深害矣。至为《语解》，即以己意测度圣人，谓圣人为多诈，轻薄人矣！”③

在第二阵营当中，最为瞩目的当属范祖禹，他的注释遍布《尧曰》以外的各篇。范说普遍侧重于义理阐发，表达个人意见。比如，范氏曰：“凡礼之体主于敬，而其用则以和为贵。敬者，礼之所以立也；和者，乐之所由生也。若有子可谓达礼乐之本矣。”④又如，范氏曰：“是曰是，非曰非，有谓有，无谓无，曰直。圣人观人于其一介之取予，而千驷万钟从可知焉。故以微事断之，所以教人不可不谨也。”⑤再如，范氏曰：“听讼者，治其末，塞其流也。正其本，清其源，则无讼矣。”⑥由此三例可知，范祖禹注经偏重于对经文的深入引申。这种深入说理的方式有利有弊，朱熹评价道：“范氏一个宽大气象，然说得走作，便不可晓。”⑦

三、宋代十八位理学家之注

《论语集注》所引注家的第三大阵营当属宋代理学家。其中，以二程说为最，共二百零五处；其次便是程门弟子，尹焞共六十六条，杨时共五十条，谢良佐共四十七条，共一百六十三条，二程及其弟子之和占到引注总数的百分之六十以上。游酢、周孚先作为程门弟子，引用较少。吕大临初从学张

① 《学而》，《朱子全书》第 6 册，第 70 页。
② 《子张》，《朱子全书》第 6 册，第 235 页。
③ 《朱子语类》卷十九，《朱子全书》第 14 册，第 662 页。
④ 《学而》，《朱子全书》第 6 册，第 72 页。
⑤ 《公冶长》，《朱子全书》第 6 册，第 107 页。
⑥ 《颜渊》，《朱子全书》第 6 册，第 173 页。
⑦ 《朱子语类》卷十九，《朱子全书》第 14 册，第 661 页。

载，张载去世后又从学二程，思想有融合关学和洛学的特点。张载是关学的创始者，也是二程的讲论好友，他的《西铭》与周敦颐的《太极图说》是朱熹理学体系的重要理论来源。侯仲良初从程颐学，再向周敦颐问学，后游荆门，深得胡安国重视，著有《论语说》《侯子雅言》等。朱熹隆兴二年（1164）与张栻会面时曾借到侯仲良的《论语说》，此成为撰写《论语精义》的材料之一。李郁既是杨时的弟子，又是杨时的女婿。李侗既是杨时的再传弟子，又是朱熹的老师，全祖望说："朱子师有四，而其所推以为得统者，称延平。"[①]刘聘君，即刘勉之，私淑程学，曾向谯定学习易学，又请业于刘安世、杨时。朱松去世后，朱熹受学于刘勉之、刘子翚、胡宪。刘勉之对青年朱熹影响很大，所谓"文公之得道，自先生始"[②]。《集注》共引胡寅注四十二条，位列第五。胡寅是胡安国之兄之子，既是湖湘学派的传人，也是杨时的弟子。胡寅著有《论语详说》，这也是朱熹注释《论语》的参考资料。曾几从刘安世谈经论事，又从胡安国游。靳裁之少闻伊洛程氏之学，胡安国以师事之。黄祖舜从叶廷珪游，著有《论语讲义》，叶珽珪在《武夷学案》中将其列入武夷讲友，也是湖湘学的同道中人。总起来看，这十八家与二程有直接或间接的关系，都属于理学阵营，所以这些引注的内容以义理解说为主，与朱熹自注共同构成《论语集注》中最具时代特色的注解。

十八位理学家虽同属理学阵营，但注释风格各异。由于朱熹与他们都有直接或间接的学术渊源，因而能对他们的注释风格做出客观评价。他评价二程解经曰："明道说道理，一看便好，愈看而愈好。伊川犹不无难明处，然愈看亦愈好。"[③]尽管如此，朱熹也不讳言二程解经的不足："程先生《经解》，理在解语内。某集注《论语》，只是发明其辞，使人玩味经文，理皆在经文内。"[④]朱熹说出了程朱解经存在的差异："'理在解语内'，是解者自说己理，乃解者之自有发明。此可谓之是理学。'理在经文内'，此非解者自持己理，特玩味经文而有得，为之发明其辞，理皆经文之理，非解者自持之理，此可谓之是经学。……故朱子之《论孟集注》，实乃朱子当时从程门理学转入

---

① 黄宗羲：《宋元学案》第 2 册，中华书局 1986 年版，第 1278 页。

② 黄宗羲：《宋元学案》第 2 册，第 1396 页。

③ 《朱子语类》卷十九，《朱子全书》第 14 册，第 661 页。

④ 《朱子语类》卷十九，《朱子全书》第 14 册，第 656 页。

《语》《孟》经学一大转手也。”[①]因此,《论语集注》虽然大量引用二程注,但在编排次序上往往放在引申文义的圈下位置。

试举一例说明程朱解《论语》的不同:在《雍也》篇“居敬而行简”章,《集注》曰:“言自处以敬,则中有主而自治严,如是而行简以临民,则事不烦而民不扰,所以为可。若先自处以简,则中无主而自治疏矣,而所行又简,岂不失之大简,而无法度之可守乎?”[②]最后,朱熹在圈外引程子曰:“子桑伯子之简,虽可取而未尽善,故夫子云可也。仲弓因言内主于敬而简,则为要直;内存乎简而简,则为疏略,可谓得其旨矣。”[③]又曰:“居敬则心中无物,故所行自简;居简则先有心于简,而多一简字矣,故曰大简。”[④]对于此注,有人提出疑问:

> 问:“《注》言‘自处以敬,则中有所主而自治严’。程子曰:‘居敬则心中无物,故所行自简。’二说不相碍否?”先生问:“如何?”曰:“看《集注》是就本文说,伊川就居简处发意。”曰:“伊川说有未尽。”[⑤]

面对程朱注“居敬而行简”章的差异,朱熹直言“伊川说有未尽处”。所谓“未尽”,有两方面含义:一是指其未尽《论语》本文原意,即《语类》载:

> 问:“伊川说:‘居敬则心中无物而自简。’意觉不同。”曰:“是有些子差,但此说自不相害。若果能居敬,则理明心定,自是简。这说如一个物相似,内外都贯通。行简是外面说。居敬自简,又就里面说。看这般所在,固要知得与本文少异,又要知得与本文全不相妨。”[⑥]
>
> 居敬行简,是有本领底简;居简行简,是无本领底简。程子曰:“居敬则所行自简。”此是程子之意,非仲弓本意也。[⑦]

朱熹认为,程子注不能完全符合《论语》文本本意,也没有说出仲弓的本意,而是表达了自己的看法,这便是所谓“程先生《经解》,理在解语内。某集注

---

① 钱穆:《朱子新学案》第四册,《钱宾四先生全集》(14),(台北)联经出版事业公司 1998 年版,第 218～219 页。

② 《雍也》,《朱子全书》第 6 册,第 109 页。

③ 《雍也》,《朱子全书》第 6 册,第 109 页。

④ 《雍也》,《朱子全书》第 6 册,第 109 页。

⑤ 《朱子语类》卷三〇,《朱子全书》第 15 册,第 1086 页。

⑥ 《朱子语类》卷三〇,《朱子全书》第 15 册,第 1087 页。

⑦ 《朱子语类》卷三〇,《朱子全书》第 15 册,第 1086 页。

《论语》……理皆在经文内”的显著例子。然而，朱熹认为，对待程子注的正确态度是“固要知得与本文少异，又要知得与本文全不相妨”，这代表了朱熹对所有圈外注的基本态度。在他看来，理学家对本文的引申和发明义自有其价值，所谓“虽非经意，然其说自好。便只行得他底说，有甚不可？大凡看人解经，虽一时有与经意稍远，然其说底自是一说，自有用处，不可废也”①。

“伊川说有未尽处”的另一层含义是指程子说本身存在片面性。据《语类》载，叔器问：“《集注》何不全用程说？”曰：“程子只说得一边，只是说得敬中有简底意思，也是如此。但亦有敬而不简者，某所以不敢全依它说。……圣人所以说‘居敬行简’，二者须是两尽。”②考《论语或问》云：“程子之说得之矣。”③又曰：“程子之言，盖已曲尽其旨，熟考而深思之可也。”④可知，《论语集注》最初全录程子说，后来认识到了程子注存在的问题，于是做了删节。朱熹在挑选他家注释时所持的严谨态度由此可见一斑，对待二程说尚且如此，更遑论乎他人。

在程门弟子当中，朱熹对尹焞的注释予以了高度评价，认为其与二程一样平实。他说：“《论语》中，程先生及和靖说，只于本文添一两字，甚平淡，然意味深长，须当子细看。要见得它意味方好。”⑤又说：“尹氏语言最实，亦多是处。”⑥与此相反，谢良佐注的语言则很华丽，虽有感染力，但有过高之嫌。朱熹说：“胡侍郎尝教人看谢氏《论语》，以其文字上多有发越处。”⑦又说：“上蔡过高，多说人行不得底说话”，“谢氏之说多华掞”⑧，“上蔡《论语解》，言语极多。看得透时，它只有一两字是紧要。”⑨

客观而言，朱熹对注家的评价都是从注释本身出发，杜绝掺杂学术偏见。因此，他批评张栻说：“南轩只说五峰说底是，致堂说底皆不是，安可如

---

① 《朱子语类》卷七六，《朱子全书》第 16 册，第 2580 页。

② 《朱子语类》卷三〇，《朱子全书》第 15 册，第 1086～1087 页。

③ 《论语或问》，《朱子全书》第 6 册，第 717 页。

④ 《论语或问》，《朱子全书》第 6 册，第 718 页。

⑤ 《朱子语类》卷十九，《朱子全书》第 14 册，第 661 页。

⑥ 《朱子语类》卷十九，《朱子全书》第 14 册，第 661 页。

⑦ 《朱子语类》卷十九，《朱子全书》第 14 册，第 661 页。

⑧ 《朱子语类》卷十九，《朱子全书》第 14 册，第 661 页。

⑨ 《朱子语类》卷十九，《朱子全书》第 14 册，第 661 页。

此！致堂多有说得好处，或有文定五峰说不到处。”[①]又说：“向见张钦夫殊不取其说（胡寅说——引者注），某以为不然。他虽有未至处，若是说得是者，岂可废？”[②]由于杜绝门户偏见，朱熹在《论语集注》中引用胡寅注高达四十二条。更为可贵的是，即便是《集注》只引用一处的注释，朱熹对其作者和著述也不限于简单了解，比如曾几注虽在《论语集注》中只出现一次，朱熹却对曾几及其《论语解》有着独到的见解。他说：“其中极有好处，亦有先儒道不到处。某不及识之，想是一精确人，故解书言多简。”[③]

仅从引用人数和数量来说，《论语集注》所引注释以理学家为主，这就决定了《论语集注》的内容必然带有理学的时代特色。必须注意的是，朱熹在引用宋注时，很多义理解说被放在圈外，作为本文的引申义对待，而不是本文本意。再者，与其他理学家的《论语说》《论语解》相比，朱熹的《论语集注》大量引用汉魏古注，体现出兼顾训诂、音读等传统经学的特点。要之，无论是古注还是宋注，由于所有的引注都经过了朱熹的反复揣摩、精心编排，因而这些注释本文脱离了原注释者的著述，转而为朱熹解释《论语》服务。这些引注与朱熹自注、按语一起解释《论语》本文，同时与《论语》本文一起构成一个有机整体。从“集注”这一注释体例看，朱熹把《论语集注》定位为“经注”，是服务于《论语》本文的注释之作；而从朱熹所引三十五家注释的学派、内容以及编排次序来看，《论语集注》自觉融合了传统经学和宋代理学的长处，丰富和加深了《论语》本意，因而能够超越所引三十五家注，成为后世注释《论语》的超越时代的经典。

① 《朱子语类》卷二〇，《朱子全书》第14册，第683页。

② 《朱子语类》卷十九，《朱子全书》第14册，第656页。

③ 《朱子语类》卷十九，《朱子全书》第14册，第662页。

陈祥道《论语全解》的诠释特色

唐明贵

摘要:陈祥道的《论语全解》是荆公新学派诠释《论语》的代表作,反映了该学派的《论语》学思想。在该书中,陈祥道一方面博采儒家学说,尤其是以礼学作佐证,又征引老庄学说特别是《庄子》之学以诠释《论语》,这充分反映了王安石所倡导的新学学派注释儒家经典的特点。陈氏这种援老学中合乎"义理"的部分以入儒的做法,使得儒家学说中的义理大为丰富和充实,从而把儒家的地位提高到佛、道两家之上,进而适应了北宋时期儒佛道三教融合、三教归一的大的历史发展潮流。另一方面,陈氏注重义理解经,注重阐发圣贤经典中所直含的性命之理和道德之意,成为《论语》学由"汉学"过渡到"宋学"的中间环节,在《论语》诠释史上具有重要的地位。

关键词:陈祥道　论语全解　诠释特色

陈祥道,字用之,一作祐之,北宋福建闽清宣政漈上(今福州市闽清县云龙乡际上村)人。少有壮志,专攻礼学,结庐本村凤凰山麓,写下论文百篇。英宗治平四年(1067)进京赶考,以此百篇礼学研究论文投拜王安石门下,得到王氏赏识。是年进士及第后,历官国子监直讲、太学博士,终秘书省正字。著有《仪礼注解》三十二卷、《礼记讲义》二十四卷、《周礼纂图》二十卷、《礼例详解》十卷、《(太常)礼书》一百五十卷、《论语全解》十卷等。其中,《论语全解》是荆公新学派诠释《论语》的代表作,反映了该学派的《论语》学思想。

唐明贵,聊城大学哲学系教授,主要从事《论语》学史、中国哲学研究。

一、博采儒家学说尤其是礼说以诠释《论语》

为了使经义通达、确凿可信，陈祥道在诠释《论语》时，对经文的解释往往征引诸经以作佐证。在《论语全解》中，引用、涉及的儒家经典主要有《诗经》《尚书》《周礼》《仪礼》《礼记》《易经》《春秋》《春秋传》《左传》《公羊传》《穀梁传》《孝经》《孟子》《中庸》《荀子》等。

对这些经典的引用有时会较为集中地出现在某一经文章句的诠释中。比如，《为政》篇"君子周而不比，小人比而不周"章，陈氏解释道："忠信者善周复故周，阿党者多缺露故比。君子忠信而已，故周而不比；小人阿党而已，故比而不周。大凡言君子道全、小人道缺者，此也。《书》言'自周有终'，《诗》云'行归于周，周爰咨诹'，皆君子之道也；《诗》曰'洽比其邻'，皆小人之道也。然周亦有小人之周，比亦有君子之比。《左传》曰'是为比周'，原思曰'比周而友'，小人之周也；《易》之'显比'，《周官》'比闾'，君子之比也。"[①]在这段文字中，陈氏先后引用了《书》《诗》《左传》《易》《周官》中的经文作佐证，一方面说明君子之道"周"、小人之道"比"，另一方面说明"周亦有小人之周，比亦有君子之比"。

又如，《泰伯》篇"曾子曰：'士不可以不弘毅，任重而道远。仁以为己任，不亦重乎？死而后已，不亦远乎？'"章，陈氏注曰："士不可以不尚志，不可以不弘毅。弘则张大而有容，毅则致果而有济。孟子曰：'其为气也，至大至刚。'盖人生莫不有刚大之气，患乎不能尚志以帅之，尚志以帅之则弘可以致至大，毅可以致至刚，故能任重而道远。《礼》曰：'仁之为器重，其为道远，举者莫能至。'此所以不可不弘毅也。《诗》曰：'惟仲山甫不侮矜寡，不畏强御。德輶如毛，惟仲山甫举之。'则不侮矜寡，弘也；不畏强御，毅也；惟仲山甫举之，任重也。《记》曰：'毙而已矣。'荀卿曰：'生乎由是道，死乎由是道。'远之谓也。《坤》言'厚德载物'，《乾》言'自强不息'，则任重者地道，远者天道。充弘毅至此，则大人之事备。孟子于士尚志，则兼仁义言之，此则言仁不及义者，仁者义之本故也。"[②]在这段文字中，陈氏先后引用了《孟子》《礼》《诗》

① 陈祥道：《论语全解》卷一，《景印文渊阁四库全书》第196册，（台北）商务印书馆1987年版，第74页。

② 陈祥道：《论语全解》卷四，《景印文渊阁四库全书》第196册，第127页。

《荀子》《易》中的经文，解释了“弘”“毅”和“任重”的含义，揭示了“任重而道远”“士不可不弘毅”的原因。

在这些经典中，最凸显的就是大量引用三《礼》之学解说《论语》。由于陈氏治经，以礼学见长，故其诠释《论语》亦于礼学青睐有加，这在《乡党》篇中表现得比较明显。如“孔子于乡党，恂恂如也，似不能言者。其在宗庙朝廷，便便言，唯谨尔”章，陈氏注曰：

> 道与之才，圣人达之以为艺；道与之貌，圣人达之以为仪。前言执射执御，圣人之艺也；此言乡党之礼，圣人之仪也。然圣人之行礼，不以居家者施之乡，不以居乡者施之朝，故于燕居则申申，于乡党则恂恂，于朝庙则便便。凡皆异之以称物，同之以平施而已。恂恂，德性之谓也。便便，辨治之谓也。乡党贵德信，则逊而无所辨，故似不能言。朝庙贵辨，而不可不敬，故曰便便唯谨。《周礼》司徒教民以“孝、友、睦、姻”，而继之以“任、恤”，此乡党贵德信者也。《礼记》言“朝极辨”，此朝廷贵辨治者也。子入太庙，每事问。《周礼》“禁慢朝、错立族谈者”，孟子谓“朝廷不历位而相与言”，《礼》曰“在朝言朝”，此“便便言，唯谨尔”也。礼言庶子在宗庙之中如在外朝之位，此言夫子在宗庙朝廷，皆“便便言，唯谨尔”者也，宗庙朝廷之礼一也。以孔子观之，色勃如，足躩如，入君之门则鞠躬如不容，执君之圭则鞠躬如不胜，与上大夫言则訚訚，与下大夫言则侃侃，动容周旋，无不中礼，则礼之为用可知矣。《诗》云：“摄以威仪，威仪孔时。”此之谓欤！①

在这里，陈氏指出，孔子根据不同的地点及对象，分别采用不同的礼仪形式，并阐明了原因。为了更加清晰地说明这个问题，他还引用《周礼》《礼记》《诗经》经文，对《论语》中所体现的孔子采用的礼仪形式进行详细注解，认为孔子“动容周旋无不中礼”，很好地诠释了礼的作用。

又如，“君召使摈，色勃如也，足躩如也。揖所与立，左右手，衣前后，襜如也。趋进，翼如也。宾退，必复命曰：‘宾不顾矣’”章，陈氏注曰：

> 朝聘之礼，主有摈，宾有介。公则摈五人，侯、伯四人，子、男三人。公则七介，侯、伯五介，子、男三介。摈有绍摈，有上摈，介有众介。如此，然后命有所传，情有所达，而不相渎也。“君召使摈，色勃如也”，其

① 陈祥道：《论语全解》卷五，《景印文渊阁四库全书》第196册，第140页。

> 容不特庄而已;“足躩如也”,其容不特重而已;“揖所与立,左右手,衣前后,襜如也”,其容不特恭而已。孟子称“齐王勃然变乎色”,《易》以“矍矍”为之不安,则勃如色之变也,躩如足之不定也。夫摈进则揖,逊退则不顾。揖逊者,难进也;不顾者,易退也。《聘礼》《公食大夫礼》,公既拜送,然后言宾不顾,皆摈者复命之辞。《周官》掌讶“诏其位,入复。及退如之”。退亦入复,所谓宾退必复命也。①

在这里,陈氏着重介绍了朝聘之礼仪式的诸多环节,以及在这个仪式中负责为国王接待宾客之人应当具有庄重的仪态,并引用《周礼》《仪礼》等经典予以佐证,使读者对这一古代的礼仪形式有了清楚的认识。

再如,“君赐食,必正席先尝之。君赐腥,必熟而荐之。君赐生,必畜之。侍食于君,君祭先饭”章,陈氏注曰:

> “君赐食,必正席先尝之”,敬君惠也。“君赐腥,必熟而荐之”,荣君惠也。“君赐生,必畜之”,仁君惠也。《礼》曰:“侍食于君子,先饭而后已。”又曰:“侍食于先生异爵者,后祭先饭。”夫于先生君子其敬尚如此,况侍于君侧乎?此《礼》所以言“君客之,则先饭,辨尝羞,饮而俟”也。《礼》曰:“君有疾,饮药,臣先尝之。亲有疾,饮药,子先尝之。”亦尝食之意也。古者于爨则祭先炊,于田则祭田祖,于乐则祭乐祖,于开龟则祭先卜,于养老则祭先老,于学则祭先圣先师,于马则祭马祖先牧,于射则祭侯,于驾则祭车,以至师田有祃,饮食有祭,皆所以不忘本也。君之祭,仁也,而礼存焉;臣之先饭,礼也,而仁存焉。②

在这段文字中,陈氏阐明了古代的饮食礼仪:国君赐给熟食,一定摆正座位,先尝一尝,这是对国君恩惠的尊敬;国君赐给生肉,必煮熟后先荐奉于祖先,让他们也以受到国君的恩惠而感到荣幸;国君赐给活物,一定养着它,以体现国君恩惠的仁爱之义;陪着国君吃饭,国君先祭祀,臣下先尝饭,这些都体现着礼。

又,解《卫灵公》篇“师冕见”章,则引《礼》“待瞽者如老者”之义以明之。他说:“老者在所养,丧者在所恤,贵者在所敬。古之人待瞽者如老者、丧者、贵者,所以尽礼也。《礼》曰:‘八十拜君命,一坐再至,瞽亦如之。’又曰:‘八

① 陈祥道:《论语全解》卷五,《景印文渊阁四库全书》第196册,第141～142页。

② 陈祥道:《论语全解》卷五,《景印文渊阁四库全书》第196册,第146～147页。

十者，一子不从政；九十者，其家不从政。瞽亦如之。’”[①]这实际上引用了《礼记·王制》《礼记·内则》的两段文字，以证明“待瞽者如老者”之义。同篇“躬自厚而薄责于人”章，则引“乡饮酒”之义给予阐明。他说：“君子为己不重而责己重以周，为人不轻而待人轻以约。重以周，故自厚；轻以约，故薄责。君子之交，尽己之欢而不尽人之欢，竭己之忠而不竭人之忠。乡饮酒之酬宾，主人卒觯而宾不举，亦是意也。”[②]

以上几处所释，虽“未必尽合经义，而旁引曲证，颇为有见”[③]。

二、引用老庄之说解说《论语》

王安石自小无书不读，涉猎广泛，知识渊博，故他除有对儒家经典的注释外，还有不少关于道家经典的注释，如《老子注》《庄子解》等。在他看来，只要合乎义理，有可取之处，就应兼收博采，摒弃门户之见。他曾对曾巩说：“善学者，读其书唯理之求，有合吾心者，则樵牧之言犹不废；言而无理，周、孔所不敢从。”[④]因此，引老庄之说以解经成为荆公学派的一大特点，陈祥道自不例外。在《论语全解》中，他直接或间接征引《老子》《庄子》合并达六十余条，其中《老子》有二十余条，《庄子》有三十余条。[⑤] 他对老庄之说的运用主要有两种情况：

第一，通过征引，比较儒、道两家理念或价值观之不同。儒、道两家分别由孔子和老子创立，两家的理念和价值观存在诸多差异。陈祥道在《论语全解》中对二者进行了比较。如《为政》篇“子曰：‘由，诲女知之乎！知之为知之，不知为不知，是知也”章，陈氏注曰：

> 由于德则鲜知，于正名则不知，于人未能事而欲事鬼，于生未能知而欲知死，则其以不知为知盖不少矣。孔子所以诲之也，知之为知之，不知为不知，外不自以诬，内不自以欺，则以不知为知者，非诬且欺乎？

① 陈祥道：《论语全解》卷八，《景印文渊阁四库全书》第196册，第199页。

② 陈祥道：《论语全解》卷八，《景印文渊阁四库全书》第196册，第193页。

③ 《论语全解提要》，陈祥道：《论语全解》，《景印文渊阁四库全书》第196册，第64页。

④ 释惠洪：《冷斋夜话》卷六，《景印文渊阁四库全书》第863册，第261页。

⑤ 参见[日]松川健二编：《论语思想史》，林庆彰等译，（台北）万卷楼图书股份有限公司2006年版，第271页。

老子之言至于知不知，孔子之言止于知之为知之，老子所言者道，孔子所言者教也。①

这里，陈氏通过征引，围绕“知”比较了老子和孔子的看法，并指出老子所言“知不知”是从“道”的立场而言的，而孔子所言“知之为知之”是从“教”的立场而言的。“可见老子把‘道’放在心头，孔子把‘教’作为前提。”②

又，《雍也》篇“子曰：‘中庸之为德也，其至矣乎！民鲜久矣”章，陈氏注曰：

莫非德也，有高明之至德，有中庸之至德。《庄子》“至德之世”，高明之至德也。《周礼》之“至德，为道本”，中庸之至德也。《礼》曰：“中者，天下之大本。”《庄子》曰：“庸者用也，用者通也。”则中者，至德之体；庸者，至德之用也。君子以高明者，人之所难勉；中庸者，人之所易行。故不以其所难勉者强之使行，而以其所易行者同之于民，将人人能之。夫所谓民鲜久矣，由上失其道，非一日也。③

这里，陈氏将“德”分成“高明之至德”“中庸之至德”。在他看来，《庄子·马蹄》篇所言“夫至德之世，同与禽兽居，族与万物并，恶乎知君子小人哉！同乎无知，其德不离；同乎无欲，是谓素朴，素朴而民性得矣”中的“至德”是“高明之至德”，为“人之所难勉”；而《周礼·地官·师氏》所言“以三德教国子。一曰至德，以为道本”中的“至德”为“中庸之至德”，是“人之所易行”，二者是有所区别的。这样一来，陈氏就在注释中将儒、道两家的“德”进行了比较，指出了二者在层次上的差别。

第二，通过援引《老子》《庄子》，融通儒道。陈氏援引老庄之说解读《论语》，并非以道家立场来审视儒家学说，而是试图寻求二者的结合点，尝试融通儒、道两家思想。如《学而》篇“主忠信，无友不如己者”句，陈祥道在解释中援引《庄子·天运》篇“中无主则不止，外无正则不行”经文加以诠释，指出“主忠信”是有主于内，而“无友不如己”则是正于外。此解释便把孔子倡言的“忠信”与道家所宣讲的“道”等同了起来。

《为政》篇“哀公问曰：‘何为则民服？’孔子对曰：‘举直错诸枉，则民服；

① 陈祥道：《论语全解》卷一，《景印文渊阁四库全书》第196册，第75页。

② [日]松川健二编：《论语思想史》，第272～273页。

③ 陈祥道：《论语全解》卷三，《景印文渊阁四库全书》第196册，第113页。

举枉错诸直，则民不服’”章，陈氏注曰：

> 自道言之，贤者非在所尚；自事言之，贤者不得不举。《老子》曰“不尚贤，使民不争”，《庄子》曰“举贤则民相轧”，自道言之也。《庄子》曰“行事尚贤，贵贱履位，仁贤不肖袭情”，自事言之也。孔子之答哀公，则事而已，故曰“举直错诸枉，则民服”。盖民情好直而丑枉，举枉错诸直，则拂民之欲，而民莫不怨；举直错诸枉，则适民之愿，而民莫不服。①

在这里，陈氏指出，自大道的角度而言，理应不尚贤；但从行为处事的角度而言，又不得不举贤。因此，老子所言“不尚贤，使民不争”和庄子所言“举贤则民相轧”是从大道的角度来说的；而庄子所说“行事尚贤，贵贱履位，仁贤不肖袭情”和孔子之答哀公是自行为处事而言的，两者立言的层次和角度不同，故并行而不悖。因为“民情好直而丑枉”，所以把邪恶的人提拔上来，使他们的地位在正直的人之上，就会违背人民的意愿，导致民怨沸腾；而把正直的人提拔上来，使他们的地位在邪恶的人之上，符合人民的意愿，民众就会臣服。这样的解释，化解了儒、道两家在尚贤与不尚贤问题上的矛盾。

又，《雍也》篇“中人以上，可以语上也；中人以下，不可以语上也”章，陈祥道注曰：

> 天下有均善之性，无均美之才，故中人以上可以语上，中人以下不可以语上。老子曰“上士闻道，勤而行之”，可以语上者也；“中士闻道，若有若亡”，可以语上下者也；“下士闻道，大笑之”，不可以语上者也。中人以上，譬则火也，其性趋上；中人以下，譬则水也，其性趋下。于其趋上也而语之以下，则不仁；于其趋下也而语之以上，则不智。故孔子之于门人，不以语回者告由，不以语由者告求，凡皆因其材而已，此所谓不陵节而施之者也。人之生，虽参差不齐，其大致不过此三品而已。②

这里，陈氏引用《老子》第四十一章“上士闻道，勤而行之；中士闻道，若存若亡；下士闻道，大笑之”作解，将“上士”“中士”“下士”与“可以语上者”“可以语上下者”“不可以语上者”搭挂起来，将道家对人的等级划分与儒家的“性三品”说会通了起来。

---

① 陈祥道：《论语全解》卷一，《景印文渊阁四库全书》第196册，第75～76页。

② 陈祥道：《论语全解》卷三，《景印文渊阁四库全书》第196册，第110页。

由上可见，陈祥道援引老庄之说解读《论语》，“并不是藉着这些试着要发扬、祖述老子和庄子的思想。那不过是他博杂引用的一部分而已，以引用这些来作为傍证，使陈祥道的对《论语》章句的主体的解释得以展开。换言之，非从老庄的立场来重新认识《论语》，亦即是以老子和庄子为过滤器，对于《论语》再加以检讨”①。

三、注重义理阐发

传统的汉学使人沉溺于细枝末节的烦琐章句考证中，学者拘泥于传注，忽视对经典精神实质的把握。王安石在《书〈洪范传〉后》中批评道：“孔子没，道日以衰熄，浸淫至于汉，而传注之家作。为师则有讲而无应，为弟子则有读而无问。”随后他感叹道：“呜呼！学者不知古之所以教，而蔽于传注之学也久矣。”②他提出的解决方法便是挣脱汉学章句的束缚，以简洁的笔法训释经义，注重阐发圣贤经典中所直含的性命之理和道德之意。今人侯外庐先生也这样评价王安石：“训释经义，主要在阐明义理，反对章句传注的烦琐学风，这一点，实开宋儒义理之学的先河。”③

陈祥道承袭乃师的衣钵，在注释《论语》时，不关注名物训诂，而重在微言大义，掘发其中的性命之理。如《八佾》篇“禘自既灌”章、“或问禘之说”章、“祭神如神在”章，陈氏合注曰：

> 禘之为祭，其文烦而难行，其义多而难知。难行也，故自灌而往者多失于不敬；难知也，故知其说者之于天下如指掌。此孔子所以于禘既灌不欲观之，于禘之说则曰不知也。夫郊社之礼、禘尝之义，其粗虽寓于形名度数，其精则在于性命道德。明其义者，君也；能其事者，臣也。不明其义，君人不全；不能其事，为臣不全。然则鲁之君臣，其不能全也可知矣。所谓“祭如在，祭神如神在”“吾不与祭，如不祭”，“祭如在”，事死如事生也；“祭神如神在”，事亡如事存也。“吾不与祭，如不祭”，此所以禘自既灌不欲观之也。孔子于祭则受福，“祭如在，祭神如神在”故也。④

---

① [日]松川健二编：《论语思想史》，第 271 页。

② 王安石：《王文公文集》，上海人民出版社 1974 年版，第 400 页。

③ 侯外庐：《中国思想通史》第 4 卷，人民出版社 1954 年版，第 440 页。

④ 陈祥道：《论语全解》卷二，《景印文渊阁四库全书》第 196 册，第 81 页。

在这里，陈祥道并没有纠缠于对经文文字及名物制度的诠释，而是指出其中蕴含的微言大义，认为“郊社之礼、禘尝之义”，“其粗虽寓于形名度数，其精则在于性命道德”。如此一来，陈氏就将“郊社之礼”“禘尝之义”与“性命道德”联系起来，生成了新的意义。他进而指出，作为国君，必须要“明其义”，否则就不合格；作为大臣，必须要“能其事”，否则就不合格。

围绕“性命道德”这一主题，陈氏展开了论述：

首先，他探讨了人性问题。人性问题是宋代理学家讨论的一个中心问题，陈祥道对此也予以了探讨。他在诠释《阳货》篇“性相近也，习相远也”章时指出：

> 天命之谓性，人为之谓习。性则善恶混，故相近；习则善恶判，故相远。今夫水之为性，不杂则清，莫动则平，通之为川渎，则有以利物，升之为霜雪，则有以害物。木之为性，其直则乔以折，其曲则樛以屈，构之以为栋宇，则为庇人之器，刻之以为矛戟，则为杀人之器。人之性习，岂异是哉？《书》曰：“习与性成。”又曰：“若生子，罔不在厥初生，自贻哲命。”荀卿曰：“于越夷貉之子，生而同声，长而异俗，教使之然也。”①

陈祥道吸收了西汉扬雄“性善恶混”的观点，认为人性具有善、恶两种因素，它们都是与生俱来的，经过后天的熏染和学习，发展善的因素则成为善人，发展恶的因素则成为恶人。这样的人性论观点在当时也是独树一帜的。

其次，他探讨了性欲问题。陈祥道从性情论入手，赋予情欲以道德理性的要求。他在诠释《子罕》篇“法语之言，能无从乎”章时指出：“人之性莫不秉彝而好德，人之情莫不好顺而恶逆。”②在诠释《卫灵公》篇“已矣乎！吾未见好德如好色者也”章时指出：“好德出于性，好色本乎情。以性胜情为君子，以情易性为小人。”③在陈氏看来，情与性是有区别的，前者反映了人之善的一面，后者反映了人之恶的一面。由此出发，可以判定一个人是君子还是小人。在此基础上，陈氏进一步指出，情对于性而言是有害的。他说：“胜人之谓克，自贤之谓伐，怨生于所求，欲生于所好，四者出于情而害于性，众人纵之而不能止之，学者止之而不能去之。去之可以为仁，止之则可以为义而

---

① 陈祥道：《论语全解》卷九，《景印文渊阁四库全书》第196册，第206～207页。
② 陈祥道：《论语全解》卷五，《景印文渊阁四库全书》第196册，第138页。
③ 陈祥道：《论语全解》卷八，《景印文渊阁四库全书》第196册，第193页。

已。”[①]既然欲来源于情而有害于性，那么就需要节欲、寡欲。他说：“利者，外物也，求在我，所以寡欲也。”[②]“俭戚出于天之性，奢易出于性之欲。天之性质而不文，性之欲薄而不厚。二者皆非中道，故圣人为礼以节之，使之归缩于中，然后无过不及矣。”[③]通过外在的礼的节制，使人的性欲达到中，无过无不及。他还说：“刚本乎性，欲出乎情。欲不能无求，不能无求则不能无挠也，故曰‘枨也欲，焉得刚’。君子之于欲也，寡之使不胜，窒之使不行，其固不为物倾，其完不为物亏，此老子所谓自胜者强，扬子所谓胜私之克者也，又奚适不刚哉？”[④]一个道德高尚的人，应当寡欲、窒欲，不为外物所累，不因外物的诱惑而使自己的道德受损。这样一来，陈氏就给情欲套上了道德的枷锁。同时，在陈氏看来，一个人如果过度放纵自己的私欲，就会导致人之天性的泯灭，有违养生之道。他说：“血为荣而行于脉中，气为卫而行于脉外。行于脉中，阴也；行于脉外，阳也。寇莫大于阴阳，为阴阳所寇而无以胜之，则穷人欲而天理灭，岂善养生哉？此君子所以有三戒也。然汤之不迩声色则无事于戒色，颜渊不迁怒、犯而不校则无事于戒斗，孔子七十而从心所欲不逾距则无事于戒得，三戒盖以中心为制而已。”[⑤]陈氏在这里变通了《礼记·乐记》“人化物也者，灭天理而穷人欲者也”中的文字，提出了“穷人欲而天理灭”的理欲观，认为通过自身的道德修养可以“无事于”三戒。但他并没有进一步展开论述，没有如后来理学家那样把天理上升为判别情欲善恶的终极标准。

再次，他探讨了性理之学。在诠释过程中，陈祥道引入“性”“理”“命”的概念。如《为政》篇“吾十有五而志于学”章，陈氏解之曰：“志学至立，为学日益而穷理者也；不惑至耳顺，为道日损而尽性者也，然心不逾矩，损之又损而至于命者也。”[⑥]《雍也》篇“知之者不如好之者，好之者不如乐之者”章，陈氏注曰：“知之者，为学日益而穷理者也。兴于诗者，能之好之者，为道日损而尽性者也。立于礼者，能之乐之者，损之又损而将以至于命者也。”[⑦]在这两

---

① 陈祥道：《论语全解》卷七，《景印文渊阁四库全书》第 196 册，第 175 页。

② 陈祥道：《论语全解》卷二，《景印文渊阁四库全书》第 196 册，第 91 页。

③ 陈祥道：《论语全解》卷二，《景印文渊阁四库全书》第 196 册，第 79 页。

④ 陈祥道：《论语全解》卷三，《景印文渊阁四库全书》第 196 册，第 98 页。

⑤ 陈祥道：《论语全解》卷八，《景印文渊阁四库全书》第 196 册，第 202～203 页。

⑥ 陈祥道：《论语全解》卷一，《景印文渊阁四库全书》第 196 册，第 72 页。

⑦ 陈祥道：《论语全解》卷三，《景印文渊阁四库全书》第 196 册，第 109 页。

段文字中，陈氏将《老子》第四十八章“为学日益，为道日损。损之又损，以至于无为”和《易传·说卦》“穷理尽性，以至于命”结合起来，将孔子的人生历程和求学的三个境界“知之”“好之”“乐之”诠释为“穷理尽性以至于命”的过程，生成了新的意义。进而，陈氏将“尽性”与伦理道德挂上了钩，指出：“《诗》可以兴，可以观，穷理也；可以群，可以怨，尽性也。学至于尽性，则迩可以事父，远可以事君。若多识鸟兽草木之名，则学《诗》之所成终始也。盖学《诗》则知言，故可以兴；知言则有节于内，故可以观；有节于内则知所避就，故可以群；知所避就则出怒不怒，可以怨则人道尽矣。故以之事父则孝，以之事君则敬，此所以成孝敬厚人伦者也。”①陈氏的诠释将学《诗》的作用与穷理尽性搭挂起来，指出“尽性”则可以孝敬父母，敬事君长。

最后，阐发道德之意。有鉴于唐末以来道德沦丧的社会现实，北宋儒者希望通过道德之重建，扭转社会风气，重振儒学雄风。陈祥道在《论语全解》中对此也予以了探讨。在他看来，道德是为人之本，是成为君子的必要条件。他说：“道德者，本也；艺能者，末也。有其本而辅之以末，则不害为君子；若事其末而忘其本，则不免为众人。周公之多才多艺与孔子之多能，则多能亦圣人之所不废而非其所先也。”②进而，陈氏对道与德进行了剖析，他说：“道无乎不在，物无乎非道，故默而成之于性命之理道也，挥而散之于容貌辞气亦道也。盖恭敬达之于容貌则无暴慢之容貌矣，诚信达之于颜色则无诈谄之颜色矣，忠顺达之于辞气则无鄙倍之辞气矣。于颜色言近信，则容貌近礼、辞气近和可知。于容貌言远暴慢，于辞气言远鄙倍，则颜色远诞谩可知。”③道是本体，无处不在，既可“默而成之于性命之理”，也可“挥而散之于容貌辞气”。他还说：“道无喜怒，而喜怒者，道之过；德无好恶，而好恶者，德之失。失德而后仁，则仁者不离好恶而能好恶者也。盖仁者诚足以尽性，明足以尽理，不牵于憎爱之私，不惑于是非之似，故所好非作好，而天下之所同是，所恶非作恶，而天下之所同非，此所谓无欲而好仁，无畏而恶不仁也。黄帝之伐蚩尤任力牧，舜之命九官去四凶，不过如此。彼爱之欲其生，恶之欲其死，以至好人所恶、恶人所好，不仁可知也。”④通过诠释，陈氏把仁与德、

① 陈祥道：《论语全解》卷九，《景印文渊阁四库全书》第196册，第209页。
② 陈祥道：《论语全解》卷五，《景印文渊阁四库全书》第196册，第135页。
③ 陈祥道：《论语全解》卷四，《景印文渊阁四库全书》第196册，第125页。
④ 陈祥道：《论语全解》卷二，《景印文渊阁四库全书》第196册，第88页。

性、理联系了起来，指出仁者“不离好恶而能好恶”，“诚足以尽性，明足以尽理，不牵于憎爱之私，不惑于是非之似”，达到了道德的极致境界。

在道德修养上，陈氏提出了三点：一是存心。他说：“君子以仁存心，故见齐衰者则不忍；以礼存心，故见衣裳者则不慢；以诚存心，故见瞽者则不欺。见之虽少，必作于长者，敬之可知矣。过之必趋，于与处者敬之可知矣。”[①]如果君子内心所怀的是仁、礼、诚，那么其所作所为就必然合礼中节，符合道德的要求，由此便可断定此人是君子还是小人。在陈氏看来，“所存者在心，所行者在迹。心过于迹，则于君子为有余；迹过于心，则于善人为不足。盖善人之道未能有诸己者也，未能有诸己，则必以心践迹，然后能入于室”[②]。只有将动机和行为统一起来，才能达到较高的境界。

二是以性化性。陈祥道在解释《学而》篇“慎终追远，民德归厚矣”章时指出：“《孝经》曰‘擗踊哭泣哀以送之，卜其宅兆而安厝之’，慎终者也；‘为之宗庙以鬼享之，春秋祭祀以时思之’，追远者也。于终慎之则生可知，于远追之则近可知，此民德所以归厚矣。《诗序》有云‘民德归厚一’者。一者，民之行；厚者，民之性。则民性即民德。归厚一者，以行齐行也；民德归厚者，以性化性也。慎终追远，民德归厚，岂非以性化性哉？”[③]在陈氏看来，“于终慎之则生可知，于远追之则近可知”，这是民德归厚的原因。而民性就是民德，所以谨慎地对待父母的去世，追念久远的祖先，自然可以使老百姓的道德风俗归于淳朴厚道，这样做就可以达到以性化性的目的，使整个社会风气都归于淳朴厚道。

三是自修。陈祥道在诠释《学而》篇“贫而无谄，富而无骄”章时指出：“谄失之卑，骄失之亢，二者非本于自然，而常出于或使，故贫而谄不若无谄，富而骄不若无骄。然无谄则能守而已，未若乐；无骄则能恭而已，未若好礼。此所以有其质者，不可不成之以学也。治骨与角谓之切磋，治玉与石谓之琢磨。切磋则以彼利器修此而成器，故譬之道学；琢磨则以谓见不善改此而成善，故譬之自修。道学所谓见贤思齐者也，自修所谓见不贤而内自省也。自切磋至于琢磨，然后器可用；自道学至于自修，然后道可成。故先切磋后琢

① 陈祥道：《论语全解》卷五，《景印文渊阁四库全书》第196册，第135～136页。

② 陈祥道：《论语全解》卷六，《景印文渊阁四库全书》第196册，第153页。

③ 陈祥道：《论语全解》卷一，《景印文渊阁四库全书》第196册，第68页。

磨，先道学后自修也。”①“道学”也好，“自修”也罢，都是个人追求道德修养的方法，一个是从正面来说——见贤思齐，一个是从反面来讲——见不贤内自省，由见贤思齐到见不贤内自省，人的道德会上升到一个高的境界。

自修要做到两点：其一是修性，就是做到“不迁怒，不贰过”。他说：“不迁怒则犯而不校者也，不贰过则知不善未尝复行者也。盖能惩忿然后能不迁怒，能窒欲然后能不贰过，不迁怒、不贰过则能修性矣。”②其二是修德，就是要做到多思。他说：“思于五行主土，百物非土不生，百事非思不成。君子于视能思则有视远之明，于听能思则有听德之聪，此其内达者也。于色能思则即之也温，于貌能思则恭而有礼，此其外见者也。如此，则在我者修矣。然后忠以接物而不欺，敬以临事而不慢，有疑则又问以辨之，则可为成德矣。然忿而不思难，见得而不思义则害于德，故终之戒焉。……此言修德之序也。”③

综上所述，在注释中，一方面，陈祥道每每夹杂老庄思想，特别是《庄子》之文，往往用其作为证佐，这反映了王安石所倡导的新学学派注释儒家经典的特点。陈氏这种援老学中合乎义理的部分以入儒的做法，使得儒家学说中的义理大为丰富和充实，从而把儒家的地位提高到佛、道两家之上，适应了北宋时期儒佛道三教融合、三教归一的大的历史发展潮流。另一方面，陈氏注重以义理解经，注重阐发圣贤经典中所直含的性命之理和道德之意，成为《论语》学由“汉学”过渡到“宋学”的中间环节，在《论语》学史上具有重要的地位。

---

① 陈祥道：《论语全解》卷一，《景印文渊阁四库全书》第196册，第70页。

② 陈祥道：《论语全解》卷三，《景印文渊阁四库全书》第196册，第105页。

③ 陈祥道：《论语全解》卷八，《景印文渊阁四库全书》第196册，第203～204页。

论朱熹对孔子“性相近”的诠释

——兼论新儒家对“性相近”的诠解

李　涛

摘要：孔子“性相近”一语在中国思想史上素来争论颇多，难下定语。朱子在他的思想体系中，将之诠释为“气质之性”，谓天地之性杂在气里所形成，一方面肯定人之自然之性，另一方面从目的论视角强调自然之性流行发用时，亦有道德的性理在发生作用，使人能知善恶，此为人之为人之真性。对此，新儒家代表人物牟宗三，无法在他的思想体系中消融此种诠解，因之视其为歧出。为了保证作为道实践动力之源的天地之性的超越性和纯洁性，他强调性的层级和各自的独立性，指出气质之性只是就气质之殊异而说的一种性，对朱子视气质之性为义理之性在气质滤过的性的观点提出驳斥，认为本然纯然至善的义理之性杂在气质里面，杂染了特殊的颜色，将当然之性化为所以然之理来担当，使原初言“性”义减杀。牟宗三强调以气质之性的独立性来保证性的超越性，对人的现实性有所遗落。而朱子则统现实与超越于一体，欲将人从平庸中超拔出来，以气质之性的普遍性来突显性的超越性。

关键词：朱熹　牟宗三　道德　气质之性　性

孔子直接论性的文字不多，直接属于孔子所说的原话只有一处，即《论语·阳货》所载：“性相近也，习相远也。”“惟上智与下愚不移。”而对于“性相近”的理解，战国时期争论颇为激烈。康有为在《论语注》中总结说：“后人言性甚多，世硕以为性有善有恶，人之善性养而致之，则善长，性恶养而致之，

李涛，河北大学宋史研究中心副教授，主要从事宋代思想史研究。

则恶长。宓子贱、漆雕开、公孙尼子之徒皆言性有善有恶，孟子则言性善，荀子则言性恶，告子则言性无善无不善，杨子则言善恶混，皆泥于善恶而言之。孔子则不言善恶，但言远近。”[①]此后，这一命题可谓千年诉讼不已，其所引发的思考、论说、争辩延续两千多年，至今未绝，其所彰显的思想生命力仍将持续下去。也就是说，孔子提出的是人类的一个永恒话题。借用英国哲学家怀特海一部西方哲学史不过是为柏拉图作注脚的话，我们可以说，中国两千多年来人性论思想的发展亦不过只是“性相近”的注脚而已。

一

以朱子为代表的以恢复儒学为己任的宋明理学自然对此句尤为重视。朱子在其经典著作《四书章句集注》中释此句曰：“此所谓性，兼气质而言者也。气质之性，固有美恶之不同矣。然以其初而言，则皆不甚相远也。但习于善则善，习于恶则恶，于是始相远耳。程子曰：‘此言气质之性。非言性之本也。若言其本，则性即是理，理无不善，孟子之言性善是也。何相近之有哉？’”[②]

对于“性相近”的具体内涵，孔子并未明确指出，究竟实然之生性层面上的“相近”，还是超越之理性层面的“相近”，给文本的诠释带来了极大的困难。因文本本身存在的巨大诠释空间，“性之问题在孔子犹是敞开者”[③]，加上学者对孔子思想体系理解的不同，故形成了形色各异的孔子人性论。朱子这种解释，使以弘扬中国传统道德为己任的现代新儒家将朱熹对“性相近”的解释放在荀子“生之谓性”、二程才性等层面上。新儒家代表人物徐复观先生不赞成朱子的这种解释，他认为中国正统人性论的基础是由孔子奠定的[④]，并认为，孔子是主张性善论的，以人先天即有的仁为人性，他说：

> 孔子实际上是以仁为人生而即有，先天所有的人性，而仁的特质又是不断地突破生理的限制，作无限地超越，超越自己生理欲望的限制。从先天所有而又无限超越的地方来讲，则以仁为内容的人性，实同于传

① 康有为：《论语注》，中华书局1984年版，第259页。

② 朱熹：《四书章句集注》，中华书局1983年版，第175～176页。

③ 牟宗三：《心体与性体》（上），上海古籍出版社1999年版，第22页。

④ 参见徐复观：《中国人性论史》，上海三联书店2001年版，第56页。

> 统所说的天道、天命。孔子的“五十而知天命”，实际是他到了五十岁，而仁体始完全显露；使他证验到了仁的先天性、无限地超越性。他是在传统观念影响之下，便说这是天命。……天是伟大而崇高的客体，性是内在于人的生命之中的主体。若按照传统的宗教意识，天可以从上面，从外面，给人的生活行为以规定。此时作为生命主体的人性，是处于被动的消极的状态。但在孔子，则天是从自己的性中转出来；天的要求，成为主体之性的要求；所以孔子才能说“我欲仁，斯仁至矣”这类的话。对仁作决定的是我而不是“天”。对于孔子而言，仁以外无所谓天道。他的“天生德于予”的信心，实乃建立于“我欲仁，斯仁至矣”之上。性与天道贯通合一，实际是仁在自我实现中所达到的一种境界；而“我欲仁，斯欲仁矣”的仁，必须是出于人性的性，而非出于天，否则“我”便没有这样大的决定力量。①

新儒家的另一代表人物——牟宗三亦有相同的见解②，在此不再赘述。但也有学者对此论提出反驳意见。例如，陈来先生就认为孔子没有鲜明的人性论主张，他基于郭店楚简中《性自命出》和《语丛》的大量资料分析，认为先秦早期儒学对人性的主流看法并不是性善论，或者说还没有形成性善论的观念。孔子受西周观念的影响，其“性相近”应是就自然之性而言，即生下来人性是接近的，只是习惯使人拉开了差别。照这种理解，严格地说，孔子的“性相近也，习相远也”并未涉及人性的讨论。③

对于一般认为孔子的人性论是性善论的观点，赵法生也提出了反驳意见。他认为孔子弟子或再传弟子所作郭店楚简的现世，对传统上所坚持的孔子的性善论提出了挑战。因为郭店楚简中没有性善论的思想，如果孔子的人性论是性善论，那么离他最近的七十子或弟子的著作中为什么没有性善论的思想？因此，对孔子的人性论要重新诠释。他主张从三个向度来理解孔子的人性论：一是人的自然性（以生论性），此人性的哲学基础是以气论性，从质文关系中亦可窥见孔子对人之自然性的强调，这是孔子人性论的第一层次；二是虽然孔子强调人的自然性，但自然性只是其人性论的第一层

---

① 徐复观：《中国人性论史》，第 88～89 页。

② 参见牟宗三：《心体与性体》（上），第 190 页。

③ 参见陈来：《郭店楚简与儒学人性论》，第二届中国南北哲学论坛暨“哲学的当代意义”学术研讨会论文，2005 年，第 1～11 页。

次，并不是全部，更非核心，其核心是他对仁的道德性的发现与首肯；三是孔子不仅强调人是自然和道德的存在，而且是一种超越的存在，即将人看作能够超越自身的有限性并向无限的天命不断提升的存在形式。“在儒家思想史上，孔子是唯一从自然性、道德性和超越性三个不同向度探索人性之奥秘的思想家，这使他的人性论具有其他儒家所不具备的视野与广度。”[①]赵法生突破了传统的看法，见地非凡。

二

对于孔子的“性相近也，习相远也”，伊川解读为气质之性。朱子与伊川同。徐复观不同意朱子以气质之性言“性相近”之性的解读，他认为此是指超越的义理之性，“性相近”与孟子的“其好恶与人相近几希”意义相同。[②] 牟宗三亦有相同看法。义理当然之性人人皆同，只是一，为何孔子说是“相近”呢？对此，王弼释曰：“孔子曰：性相近也。若全同也，相近之辞不生；若全异也，相近之辞亦不得立。今云近者，有同有异，取其共是。无善无恶则同也，有浓有薄则异也，虽异而未相远，故曰近也。”[③]显然，王弼虽意识到此一问题，但回答却是在绕弯子，似在说性介于同与异之间，这是矛盾的说辞。牟宗三认为，相近是指发于良心之好恶与人相同，至于用相近来说同，那是古人言辞表达不甚严格而造成的。徐复观认为，朱子引程伊川之说从气质之性相同的角度解释性，是把性看得“太轻”了。[④] 之所以言朱子说得太轻，那是因为朱子仅仅从低层次的人的自然之性来解读，而没有从超越的道德理性角度来解释，这自然是说得轻了。从义理当然之性的角度看，性应是超越的、绝对的、普遍的，它不落时空，是生而即有的东西，无所谓“初”与“不初”。因此，朱子的“以其初”是错误的。何况先秦时期并未有气质之性的概念，即使从气质之性而言，气质之性在其初也含有美恶之不同，只不过是潜而未发而已。此为其一。再者，朱子解释“夫子之文章，可得而闻也；夫子之言性与天道，不可而闻也”曰：“文章，德之见乎外者，威严文辞皆是也。性者，人所

① 赵法生：《孔子人性论的三个向度》，《哲学研究》2010 年第 8 期。

② 参见徐复观：《中国人性论史》，第 68～71 页。

③ 楼宇烈：《王弼集校释》，中华书局 1980 年版，第 632 页。

④ 参见徐复观：《中国人性论史》，第 68～71 页。

受之天理;天道者,天理自然之本体,其实一理也。”[①]显然,朱子将此处的“性”解释为“义理之性”,而徐复观认为性的含义在同一文本中应该基本相同;前文朱子又将孔子的“性相近”之“性”解释为“气质之性”,前后有矛盾。

新儒家之所以对朱子的解释不满意,是因为将朱子所理解的气质之性理解为告子的“生之谓性”层面。这样虽从字面上比较贴近地解释了“性相近”,但是遗落了超越的道德本性,回到人性之老传统上去了,人之为人的真性——道德本性难以挺立。那么,朱子所谓的气质之性到底指什么?这成了我们解决朱子是否只在“生之谓性”的自然之性层面来理解孔子的“性相近”之性的一个十分关键的问题。朱子之所以将“性相近”之性认定为“气质之性”,是因为气质之性“固有美恶之不同”和“清浊偏止,刚柔缓急”之不同。从这一角度看,气质之性不是一个绝对的、恒常的、不可变的常量人性,而是一个可变的变量人性。既然是变量,那么其自身虽有厚薄、昏明、偏正、刚柔等不同,可以“通善恶智愚”,但可变的范围不大。孟子所谓“人之所以异于禽兽者几希”正是在这个意义上讲的,即是说从自然之性方面看,人与物(主要是指动物)区别不大,只有一点点(“几希”),如口之欲食、目之欲色、耳之欲声、鼻之欲臭等。其所以有一点点区别,在于人得形气之正,而天理落实于形气中就是全的(“全其性”);而动物所得之形气就不那么正了,而是偏的,但偏也只是偏一点,用朱子的话讲就是“少异”,而这种少异的形气却直接导致天理落实于形气时不能全,即遮蔽了天理的完全显现,表现为只得仁义礼智的一部分,而不能得其全。对于朱子来讲,人的本性是天命之性,它是绝对的善,不落时空,不落有无,超越形而下的经验世界,是绝对的一,是绝对的同。因为不能用近表示,近是表示现实经验事物之间区别或比较的一个概念,所以朱子说:“‘性相近’,唤作‘近’,便是两个物事,这便是说气质之性。若是降重底,便是没那相近了,个个都只一般。”[②]其中,影响可变的一个重要因素就在于习,学习能改变气质对天理的遮蔽程度,使“少异”的气质之性在最终的结果表现出善恶、智愚的巨大差别。其变化的结果有四种,朱子曰:“自其常者而言之,则性之善者,习于善而日进乎高明;性之恶者,习于恶而日流乎污下。自其变者而言之,则性之善者,或习于恶而失其善;性之

① 朱熹:《四书章句集注》,第79页。

② 《朱子语类》卷四七《论语二十九》,朱杰人、严佐之、刘永翔主编:《朱子全书》第15册,上海古籍出版社、安徽教育出版社2002年版,第1624页。

恶者，或习于善而失其恶也。”[1]这是从善恶自身的正和反两方面来说的，性指气质之性。“自其常者而言之”，就是指学习对善与恶同方向的影响，我们可称之为“正相关影响”，即禀得气质善的人，只要自己愿意且肯下功夫学习，不断加强道德修养，就会在成善的道路上走得越来越高。“自其变者而言之”，就是指学习对善与恶反方向的影响，我们可称之为“负相关影响”，即禀得气质善的人，如果沾染上不良习气，放弃自我的学习和改造，就会失去原初禀得的善质而走向恶；相反，禀得气质恶的人，如果能以“人一己百，人十己千”的功夫去刻苦学习，就会去掉原初禀的恶质，从而变成一个好人。总之，学习既可以使善人变得越来越好，也可使恶人变得越来越坏；既可以使善者失去善质而变成一个坏人，也可以使坏人去掉恶质而变成一个好人。学习或习惯之所以能改变人的品性，其内在根据就在于气质之性本身具有“少异”(相近)的可变性。学习的重要作用就在于能放大这种“少异”的可变性，从而形成善而愈善、恶而愈恶、善而成恶、恶而变善的巨大差距。

既然气质之性因为形气之少异而具有可变性，且能产生“习相远”的最终结果，那么孔子为何又说“上智与下愚不移”呢？这似乎是一个很大的矛盾。朱子的弟子对此很不解，问：“《集注》谓‘气质相近之中，又有一定而不可易者’。复举程子‘无不可移’之说，似不合。”[2]对此，朱子认为之所以大家认为是一个很大的矛盾，就在于没有正确区分气质之性的客观性和主观性。就其客观性而言，人与人之间以及人与物之间所禀得的形气有少异之别(厚薄、昏明、偏正、刚柔等皆有不同)，具有必然的客观性，它使人皆不能主观上进行自我选择，只能无条件、被动地接受，圣人所言之“不移”就是在此一角度下讲的，即人不能在主观上自由地选择厚或薄、刚或柔的气质，“气质之性，固有美恶之不同”[3]，此是既定的客观事实。圣人虽然讲“不移”，但未讲“不可移”或“不肯移”。“不移”强调了气质之性的客观性，而“不可移”或“不肯移”则强调了气质之性的主观性，即有些人因觉得先天禀赋有差别，就从主观上自我放弃了学习和改造，不愿意学习，不肯学习，也就是小程子所说的“自暴自弃”，最终导致善而成恶、恶而愈恶的结果；反之，只要肯下功夫学习，按照小程子所言，“亦有可移之理”。朱子认为，圣人“上智与下愚不可

---

① 《论语或问》卷一七《阳货第十七》，《朱子全书》第6册，第875～876页。

② 《朱子语类》卷四七《论语二十九》，《朱子全书》第15册，第1625页。

③ 朱熹：《四书章句集注》，第239页。

移”虽是从气质之性而言的，但其品第划分的不足之处就在于“未及乎不肯不可之辨”①。

气质之性是张载作为天地之性的相对者而首先提出来的，他说：“善反之则天地之性存焉。故气质之性，君子有弗性者焉。”②同时，他提出“性者刚柔善恶中而已”的观点。此可谓宋代二重人性论的发端，特别是气质之性的提出，对于儒家性善论是一个极大的弥补，使传统儒家的人性论变得更为完备，“极有功于圣门”③，二程、朱熹对此都极为推崇。但朱子所言之气质之性与张、程的气质之性有着重要区别。张、程所言的气质之性是相对于天地之性或曰天命之性而提出来的一个概念。牟宗三洞悉了这种区别，他将人性分为三层④：第一层是直接发于气之凝聚而成的形躯的性，即动物性，是生理躯壳的普遍性，不是精神生命的普遍性，生物本能、生理欲望、心理情绪等属于此层，也是基层。第二层气质之性，是就气质之殊而说的一种性，它属于生命层，是人之自然生命中所表现的种种特殊性，自两汉以来所言的气性、有善有恶、善恶混存、三品人性等都属于此层，不具有普遍性。第三层是义理之性，也是最高层的性，即就义理（或本源之一）而说的一种性。这样，人之生命便可分为动物性、气质之性和天命之性三层，历代儒者皆是在各个层面上而言说某一种性。先秦之告子、荀子是就人之动物性而言的，汉儒则就气性、才性（气质之性）而言的，他们见到的是不同层面的性，虽然也谓之性，但不是人之为人的真性——道德的心性，到了孟子言义理之性，才算是见到人之为人的真性。

先儒从不同层面而言某一种性，此为儒家人性论的一个重要特点。朱子另辟新说，将气质之性视为只是本然的义理之性在气质里面滤过，“本然之性与气质之性，亦非判然两物也”⑤，“气质之性，便只是天地之性。只是这个天地之性却从那里过”⑥。这即是肯定气质之性与本然之性、天地之性为一，也就是将气质之性赋予了仁义礼智的内容，这是朱子哲学中的气质之性与张载、二程所说的气质之性的根本区别之所在。然而，这种对气质之性的

---

① 《论语或问》卷十七《阳货第十七》，《朱子全书》第 6 册，第 876 页。

② 张载：《张载集》，中华书局 1978 年版，第 23 页。

③ 《朱子语类》卷四《性理一》，《朱子全书》第 14 册，第 199 页。

④ 参见牟宗三：《心体与性体》（上），第 389～340 页。

⑤ 《晦庵先生朱文公文集》卷四四《答方伯谟三》，《朱子全书》第 22 册，第 2012 页。

⑥ 《朱子语类》卷四《性理一》，《朱子全书》第 14 册，第 197 页。

新解，牟宗三是有所批评的，认为这将性看作只是一，并不是就气质之殊说一种性，这就蕴含着一种滑转的危险，即以气质之偏殊滑转而为以性理为主，而更重要的滑转还在后面，就是将气质之性与动物性混漫在一起，将本属于“口之欲味”的动物性的自然生命之性也视为气质之性。朱子曰：“夫口之欲食，目之欲色，耳之欲声，鼻之欲臭，四肢之欲安逸，如何自会恁地？这固是天理之自然。然理附于气，这许多却从血气躯壳上发出来。故君子不当以此为主，而以天命之理为主，都不把那个当事，但看这理合如何。”①将动物性也视为气质之性，视为本然之性理杂在气质里面。因为动物性是自然生命的本能，并无特殊之颜色，是中性的，是所有自然生命皆具有的普遍性。更重要的是，将最高层的天命之性杂入次一层级的气质之性里面，而不就气质之殊说一种性。“口之欲食”本是生命的自然，朱子将之视为“天理之自然”，亦有理。理杂在气中运行，这样，精神上的普遍的天命之性（义理之性）便杂在气质里面，变成气质里面的性，即气质之性。气质之性就是气与阴阳动静之理所构成的物之自然之性，而不是就气质之殊异说一种性。此种说理的方式，是由“口之欲食”之然推证其“所以然”，认为必有所以然之理。牟宗三曰：

> 气质之性，依横渠说此词之意，是就人的气质之偏或杂，即气质之特殊性，而说一种性。在中国思想传统中，自“生之谓性”一路下来而说的气性、才性之类，都是说的这种性，宋儒即综括之于气质之性。……在此，是建立不起真正的道德行为的，是开不出道德创造之源的。正宗儒家，如孟子所说之性，《中庸》“天命之谓性”，是想由“生之谓性”、“性者生也”，推进一步，就真正的道德行为之建立，而开出道德创造之源之性。此种性是道德创造之源，同时亦是宇宙创造之源，是绝对地普遍的，是超越的，亦是形而上的。故性真通天命、天道而为一。宋儒承之，以此为正性。……此种性既是万物之一源，绝对之普遍，则自与气性、才性、性脾、性好、性向、人性之特殊构造、人之特殊的自然征象之性不同。而此后者又不能随便忽视与抹杀，故不得就之而说一种性，此即“气质之性”一名之所以立也。②

---

① 《朱子语类》卷六一《孟子十一》，《朱子全书》第 15 册，第 1980 页。

② 牟宗三：《心体与性体》（上），第 435 页。

显然，牟宗三是肯定气质之性的，强调其独立的意义，认为气质之性的本义只是就气质之殊异而说的一种性，并从气化实然的角度强调“气质之性是道德实践的一种‘实现原则’”①。从道德实践而言，天命之性和气质之性的差别虽不能抹杀，但由于气质之性对天命之性确有限制，本身斑杂不纯，使性体不能畅通起用，因而不能作为道德实践的动力源和标准，道德实践的动力源只能由绝对的、普遍的、纯善的天命之性来承担。从本体论角度看，两种性的区分没有问题，但就道德实践的功夫论来讲，两种性欲达到合一须在道德主体的实践绝对圆满时才能实现。而现实中这是不可能的，道德主体只能无限地接近这一状态，永远不可能真正实现合一。此一点未被牟先生强调，即只为了保证天命之性的纯然至善，并未充分考虑到现实的两种性的合一问题。牟先生曰：

> 然依后来朱子之解析，则似只承认有气质之偏杂，而却不甚能自觉地就气质之偏杂说一种性，自然之性，却是十分自觉地将“气质之性”解说为气质里边的性。性只是一义理之性，气质之性即是此义理之性之在气质里边滤过，故杂染了特殊的颜色，而不是那原来之性之纯然、本然与全体。……但如朱子之解“气质之性”一词，既不合通常之语意，亦轻忽了“生之谓性”一路下来的气性、才性等之独立意义。……“气质之性”即是就气质之殊质而说一种自然之性。“义理之性”即是就道德理性而说一种道德创造之性。“天地之性”即是就天地之化而说一种宇宙生化或道德创造之性。义理之性并无所谓在义理里边滤过之性，天地之性更不能说在天地里边滤过之性。是以性体受气质或气质之性之局限是一义，而不必即以此义解说“气质之性”一词也。横渠设此词之意是就气质之殊而说一种性，此是通常之理解，本书从之。②

在牟宗三看来，朱子将生命之自然所表现出的一般的普遍的动物性，与表现为殊异的气质之性不分，混而视为气质之性，将道德的天命之所当然之理降为由存在之然推证出来的所以然之理，此种性理只不过是一种中性无色的“存在之理”而已。有道德性的存在之理，有无所谓道德不道德的“非道德性”的存在之理，朱子亦统统视之为一性。此是将超越的精神上的普遍的天

① 牟宗三：《心体与性体》（上），第436页。

② 牟宗三：《心体与性体》（上），第436页。

命之性落实在存在的经验的实然的气质之性的普遍性上，道德的天命之理由一种中性无色的气质之性来担当，使原初只具有道德性之性的“性”意义有所减杀，道德的心性便难以挺立。在这样的由存在之然推证其所以然的说理方式下，最后走向格物穷理的泛认知主义功夫路径乃是一种必然结果。

牟宗三对朱子气质之性的批评主要聚焦在：气质之性是天理杂在气中，由气与阴阳动静之理所构成的物之自然之性，是一种由存在之然推证出来的存在之所以然（存在之理），它是中性的、无色的。以内在道德而言的心性（天命之性或义理之性）是有色的（具有道德色彩）。天命之性和气质之性、动物性本是不同层面的性，传统儒家均就某一层面而说某一种性；而朱子混而不分，只视为一种性。这样，原来只是就气质之殊异而说的气质之性，便滑转为由气质殊异（然）而推证出的所以然之理（存在之理），并且将有色的道德性命的当然之理混杂在中性无色的所以然之理中，道德性命之本有的颜色必然会稀释，进而难以突显出来。以此作为道德实践的内在根据，必然会使道德行动的力量有所减杀，人之为人的真性亦必然得不到挺立。质言之，道德性命的天理不能由存在的所以然之理（存在之理或自然之理）来担当。

之所以反复强调天命之性和气质之性的明确界分，反对朱子将气质之性视为天地之性杂在气质里，是因为这种界分更益于强调天地之性的至善性，从而保证道德行动之源的纯洁性，这或许是牟先生只从生之谓性之气化实然或气质之殊异来论气质之性的真实用意所在。

三

在朱子的性论思想中，气质之性具有物之自然之性的含义，气是人生命构成的质料，气化成形，而人之食欲、色欲种种不同的、殊异的生理欲望发自形躯之自然，必有之所以如此的根据，即自然之理。也就是说，气质之性是由气与阴阳动静的自然之理构成的物之自然之性，物由气（质料）构成，理使物表现出某种特殊的性能和属性，这种自然之性就是朱子所言的一种气质之性。因此，朱子认为知觉不专是气，气与知觉之理合而有知觉。“问：知觉是心之灵固如此，抑气为之邪？曰：不专是气，是先有知觉之理。理未知觉，气聚成形,理与气合,便能知觉。”[①]依此,人之种种生理器官由气构成,而各种不同的生理器官所表现出的种种特殊的生理欲望皆由理使之然。比如,欲食是口与食之理合,视觉是气与视之理合,欲声是气与声之理合,欲臭是气与臭之理合。这样,人之气质之性就表现为一种自然之性。朱子之所以没有区分一般的动物性(人物皆有的生理属性)与张、程只就气质之殊异而说的气质之性,是因为其是以理与气杂而说气质之性的。人之自然生命由气化而成,皆会表现一定的生理欲望,此谓一般。而不同的人,或人之身躯中不同的生理器官所表现的种种不同的生理欲望是气质之殊异,是由理所致。朱子的气质之性涵盖了人的自然生理属性及所表现的种种特殊性,且是天理在气质中滤过的一种性,所以在朱子系统中没有区分动物性与气质之殊异之气质之性以及天命之性的必要。仅就朱子的气质之性作为人之自然之性来讲,无色的自然之性的确稀释了有色的道德之性。从这一角度来讲,牟宗三的批评是一针见血的,指出了问题的根本之所在。

可问题出在,朱子并不只是就气与阴阳动静及其自然之理的角度来论气质之性。因为这种中性无色的气质之性不能知善恶,它是性,不是人之为人之性,并非性之本体。“犬、牛、人之形气既具,而有知觉、能运动者生也。有生虽同,然形气既异,则其生而有得乎天理亦异。”[②]人、物皆具有相同的自然生理之欲望,寒而思衣、饥而思食都是人和动物共同的,并非人之所独有。但是,因人物之气禀有异,从而使先天的天地之性,也就是道德性命之理在落实于气时,会受到不同程度的遮蔽,仁、义、礼、智便难在动物身上全部彰显出来,这才是人与物之本质区别所在。针对时盛的佛老人性论,朱子严厉批评说:“今引其言以论性,而特遗之,且独以出作入息、饥食渴饮者为言,则是其所谓性者,无复仪则,而专用佛、老作用是性之言为主矣。是虽欲极其高妙而言,而不知其所指以为性者,反滞于精神魂魄之间也。此近世言性之大弊,学者不可以不辨。”[③]“佛氏则只认得那能视、能听、能言、能思、能动底便是性。视明也得,不明也得;听聪也得,不聪也得……它最怕人说这‘理’字,都要除掉了”,“……圣人则视有视之理,聪有聪之理,言有言之理,动有

① 《朱子语类》卷五《性理二》,《朱子全书》第14册,第218页。

② 《晦庵先生朱文公文集》卷五〇《答程正思》,《朱子全书》第22册,第2328页。

③ 《朱子语类》卷十七《阳货第十七》,《朱子全书》第6册,第877页。

动之理,思有思之理。"①显然,"圣人则视有视之理",并不只是圣人则有视所以视的所以然之理,而主要是视所当视的当然之理,此种知觉之理才具有知善恶的能力。对这种当然之理,"释氏不知。他但知知觉,没这理,故孝也得,不孝也得。所以动而阳、静而阴者,盖是合动不得不动,合静不得不静"②。释氏只知道以作用为性或告子的生之谓性的自然之性,是中性无色的,这种自然之性并不能知善恶,所以朱子"但知知觉,没这理,故孝也得,不孝也得"。以作用为性是错误地将人之自然之性当成人之为人的真性。朱子要批判和超越的,恰恰被牟宗三当作朱子的一种确解来加以批评,毫无疑问,这并没有击中朱子气质之性的靶心,反而增加了对朱子气质之性理解的混乱。

朱子之所以将天命之性与气质之性视为一,是因为在现实世界中,天命之性与气质之性实无法分离,"才说性,便是落于气,而非性之本体矣"③。现实中的人物之性只能是气质之性,所以才曰:"气质之性,便只是天地之性。只是这个天地之性却从那里过。"④当人之自然之性流行发用时,使"口之欲食,目之欲色,耳之欲声,鼻之欲臭,四肢之欲安佚"。同时,天道性命之理即随其发用流行而起作用,使人能知善恶,好善恶恶,这是人之真本性所在。食色之性是人的自然之性,动物也有此性,人不能只满足于此;否则,人就会堕落而不能自拔。所以,在道德价值的抉择上,君子应自觉发扬生命所本有的天地之性,不能以食色之性的满足为主,尽力挺起生命的高度。因此,朱子曰:"故君子不当以此(笔者按:食色之性)为主,而以天命之理为主,都不把那个当事,但看这理合如何。"⑤对此,牟宗三十分不解。⑥ "口之欲食"发自形躯,是"自然发出如此。若本无此理,口自不知味"。自然之性是中性无色的,无所谓道德的意义。从此角度来看,"而天命之理为主"之"天命之理"应是指成就"口之欲食"的自然之理;而从"都不把那个当事,但看这理合如何"这句话来看,似乎又是以道德的性理之"天命之理"说的。"不把那个当事"是人之道德价值抉择活动,应由包含仁义理智之道德的性理来做主;"口

① 《朱子语类》卷一二六《释氏》,《朱子全书》第 18 册,第 3939 页。

② 《朱子语类》卷一二六《释氏》,《朱子全书》第 18 册,第 3941 页。

③ 《朱子语类》卷四《性理一》,《朱子全书》第 14 册,第 202 页。

④ 《朱子语类》卷四《性理一》,《朱子全书》第 14 册,第 197 页。

⑤ 《朱子语类》卷六一《孟子十一》,《朱子全书》第 15 册,第 1980 页。

⑥ 参见牟宗三:《心体与性体》(下),第 391 页。

之欲食”只是人之自然欲望，只能由中性无色的顺欲味之所以如此的欲味之理（自然之理）来做主。既自知“口之欲食”不能由欲食之自然之理来决定，而转出以道德的性理来做主，只能表明，欲食之理是中性无色的，人的生理活动不能既由自然之理做主，又由道德的性理做主。

显然，牟宗三是以存有论的方式来理解朱子气质之性的。朱子以气质之性来诠解孔子“性相近”，乃是从目的论的视角对现实世界中的人性进行深刻洞察的结果。牟宗三站在本体宇宙论的立场来解析“成德之教”的传统儒学，即是以道德为首出，视宇宙为一道德的宇宙。其实质是一种目的论的视野，但他将朱子排出此视野之外，独以实在论的心态解析之。此究竟是朱子自己的实在论心态，还是牟先生对朱子的实在论心态？人之性、形皆得之于天，是天之生物功能之一个重要体现。“天地之间，有理有气。理也者，形而上之道也，生物之本也；气也者，形而下之器也，生物之具也。是以人物之生，必禀此理然后有性，必禀此气然后有形。”[①]生物作为天的功能和作用，在道家看来，是一种自然而然的现象；而在儒家看来，却并非如此。《易传》曰：“天地之大德曰生”，这是儒、道的一个本质区别。朱子坚持这一传统儒学的基本观点，并做了新的阐释与发挥。[②]“天地别无勾当，只是以生物为心”[③]，“天地之心，别无可做，‘大德曰生’，只是生物而已”[④]。以天地之心来诠解天地之德，更加形象而生动地表现天地之生物类似于人的知觉活动，一方面是一种自然而然的过程，另一方面像人心主宰人身一样，有一东西主宰着这个过程的发生。但此心又不是真一个心“在那里批判罪恶”，即天地之心是无心之心。“无心”是就理气生物的实现过程而言的，“有心”是就理气生物实现过程中所表现出的一定的秩序而言的。究其实，宇宙秩序就是道德秩序，道德秩序就是宇宙秩序。“天道流行，发育万物，其所以为造化者，阴阳五行而已。而所谓阴阳五行者，又必有是理而后有是气，及其生物，则又必因是气之聚而后有是形。故人物之生必得是理，然后有以为健顺仁义礼智之性；必得是气，然后有以为魂魄五脏百骸之身。”[⑤]“乾健坤顺，此天地之志，为气

---

① 《晦庵先生朱文公文集》卷五八《答黄道夫》，《朱子全书》第 23 册，第 2755 页。

② 参见李涛：《朱熹的理学自然观研究》，《陕西师范大学学报》2013 年第 5 期。

③ 《朱子语类》卷一《理气上》，《朱子全书》第 14 册，第 117 页。

④ 《朱子语类》卷六九《易五》，《朱子全书》第 16 册，第 2313 页。

⑤ 《大学或问上》，《朱子全书》第 6 册，第 507 页。

之帅，而人物之所得以为性者也。”[①]一方面，天之生物表现为没有主宰的自然而然的“无心”过程，产生人之形躯；另一方面，天之生物又表现为乾父坤母的“有心”的过程，此为人之道德心性的根源。前者属于存在的范畴，后者属于价值的范畴，以存有论的哲学观念来看，两者是难以统一的，也是不可能统一的。而在中国传统哲学的主流认识里，并未出现这样的对立和矛盾。宇宙既是存在的，也是道德的，这是一种典型的目的论思想。朱熹正是以此看待天地的，“盖天是个至刚至阳之物，自然如此，运转不息。所以如此，必有为之主宰者，这样处要人自见得，非语言所能尽也”[②]。“天下万物，则必各有所以然之故，与其所当然之则，所谓理也。”[③]这些都表明，理既是天地万物存在的根据，又是人之道德价值的本源，摄涵存在与价值于一体。这样，天理落实于人时，一是表现为气与阴阳动静的自然之理，二是表现为生物为心的天道性命之理，朱熹将其统称为“气质之性”。但是，前者可称为“自然的气质之性”，即牟宗三所谓的“中性的无色的自然之性”；后者可称为“道德的气质之性”，它不纯是天理，而是理与气杂，是“天地之性从那滤过”。也就是说，一说到性，就已不是本然的天地之性自身，而是为品不一的气质之性。固然如此，但气质之性中还存在着一个至善的天地之性，正是此性的存在，才使现实世界中的人既表现出“口之欲食”的知觉欲望，又使人知善知恶，能做出“不把那当个事，但看这理如何”的价值抉择活动，这是人立于天地之间的真正意义，亦是人之为人的真性，人所有的道德实践活动都依据此天命之性而做出。从本体上讲，它是超越的、形上的，但绝不是独立于现实人性之外的性，而存在于人的知觉活动之中，在现实上只能表现为人的气质之性。正是在这个意义上，朱子才说：“气质之性，便只是天地之性。只是这个天地之性却从那里过。好底性如水，气质之性如杀些酱与盐，便是一般滋味。”[④]

我们在论及朱子气质之性时，往往对朱子的自然的气质之性和道德的气质之性不加区分。牟宗三将朱子以气质之性释“性相近”的诠解看作脱离儒家孔孟传统的非正统和歧解，那是对朱子极大的误读。之所以有如此析解，乃是将朱子学视为超越存有论的横摄系统的结果。在此系统里，道德实

① 《西铭解》，《朱子全书》第 13 册，第 141 页。

② 《朱子语类》卷六八《易四》，《朱子全书》第 16 册，第 2258 页。

③ 《大学或问上》，《朱子全书》第 6 册，第 512 页。

④ 《朱子语类》卷一《性理一》，《朱子全书》第 14 册，第 197 页。

践的内在根据是存在之理，存在之理是万物存在之然推出的所以然之理，只是死的形式之理，并不具有道德创生的力量，并不具备性体、道体、诚体、神体的功能。一句话，只存有不活动。此理落实于人形成人之自然之性，如“欲味之理”“欲视之理”等知觉之所以然，不可能具有善恶的道德属性，而此并不能将人物区分开来。如果将此看作人之为人之理，那将堕入告子“生之谓性”的层面，而这正是朱子所要批判和超越的。如果我们从道德的气质之性角度而言，或从目的论的视角来看，人在禀赋上有品性的不同、贤愚的差别，但是在本然的道德理性上，并不具有善恶之别。气禀固然对天命之性有不同程度的遮蔽和限制，表现为多少、厚薄、偏正等差别，而理(道德性理)却是相同的。

阳明心学视域下的《论语》诠释

——以朱熹《论语集注》为参照

王玉彬

摘要:王阳明虽无诠释《论语》之专门著作,但其著述中关涉《论语》者甚多。本文辑录了《传习录》中阳明对《论语》的诸多阐释,在与朱熹《论语集注》的对照下,寻绎两者之同,辨析两者之异,以从这一"具体而微"的角度呈现阳明心学与朱子理学的"理一"与"分殊"之所在。阳明经典诠释的特色及其学问之大要,亦借此而得到了清晰而系统的说明。

关键词:《论语》诠释　王阳明　朱熹　心学　理学

阳明之人生,波澜壮阔,因"百死千难"而愈发神采飞扬,不唯有淳厚之内圣修养,更做下许多外王事业;阳明之思想,高扬"心即理",推崇"致良知",力倡"知行合一";阳明之讲学,强调"体悟"与"点拨",不固守古人成见,不拘泥于时代习见,而以卓然之新解独树一帜,从而对所处时代与后世历史产生了深刻之影响。纵观阳明一生著述,最重要者《传习录》为门生徐爱、陆澄、薛侃等所记、所编之语录,其余尽皆为"书""疏""序""记""表"等文体,几尽为与活生生之人进行当下交流之用,其洞见与个性均具有浓郁的"动态性

王玉彬,山西大学哲学社会学学院副教授,主要从事道家哲学、中国哲学史研究。

质"[①],因而绝少考证注疏类专门著作[②],堪可谓"述而不作"或"以述为作"之大哲。与之相较,"朱子生平著述,用力于解经者为多"[③],其中最典型者为《四书章句集注》。此书流传甚广,影响甚大。在此书之中,朱子泛观前贤之说,采撷众说之长,征引古注十五家,宋人四十一家[④],其博学审问,熔铸新知,可见一斑。

实际上,阳明年轻时曾为朱学崇信者,并"遍读考亭之书,循序格物"(《明儒学案》卷十《姚江学案》)。朱子之理学可谓阳明学之关键性的理论基础与致思背景;同时,朱学在明代风行于世,故而阳明与弟子关于《论语》之答问,亦多与朱子之《集注》密切相关。阳明之《论语》阐释,无疑是以朱子为显在或潜在的对话者。本文之内容及宗旨,欲以《传习录》为本,辑录其中关于《论语》文句之论说[⑤],而在与朱子《集注》的对照之中,呈露阳明之经典阐释方法与特点,并试图由点及面,勾勒出阳明思想之大要。

一

朱子与阳明,虽学问路数不同,然"祖述尧舜,宪章文武,宗师仲尼"(《汉书·艺文志》)则未尝异,可谓百虑而一致、殊途而同归。在对《论语》的阐述之中,他们都能将自己学问的头脑或根本——"良知"与"天理"——贯注到对《论语》字句的疏解、阐发之中,从而不唯形成对汉唐古注的义理超越,更在某种"创造性诠释"之中深浚、广拓了孔门儒学的思想意蕴与哲学维度。

与朱子一样,阳明特别强调天理或良知的价值绝对性和优先性。《传习

① 杜维明:《青年王阳明》,上海三联书店 2013 年版,前言。

② 王阳明的《大学古本旁释》是唯一的注疏类著作,陈来先生甚至认为此书与《大学问》一道,"使心学的思想也获得了某种经典诠释的形态,这与陆九渊'六经注我,我何注六经'的立场有着明显的差别"。(陈来:《有无之境——王阳明哲学的精神》,人民出版社 1991 年版,第 119 页)

③ 钱穆:《朱子新学案》第四册,《钱宾四先生全集》(14),(台北)联经出版事业公司 1998 年版,第 257 页。

④ 参见钱穆:《朱子新学案》,《钱宾四先生全集》(14),第 287 页。

⑤ 因《传习录》为问答体,阳明能否提及《论语》,一在弟子是否涉及,二在阳明申说己意时能否征引或化用,故《传习录》中所涉《论语》之条目多具随机性;但因《论语》及孔子本身之重要性,弟子提问、阳明论说时之所涉自然亦复不少,且均为比较重要之内容,这为我们的分析提供了丰富的资料。

录》卷下载：

黄勉之问："'无适也，无莫也，义之与比'，事事要如此否？"

先生曰："固是事事要如此，须是识得个头脑乃可，义即是良知，晓得良知是个头脑，方无执着。且如受人馈送，也有今日当受的，他日不当受的；也有今日不当受的，他日当受的。你若执着了今日当受的，便一切受去；执着了今日不当受的，便一切不受去，便是'适、莫'，便不是良知的本体。如何唤得做义？"①

问"志士仁人"章：

先生曰："只为世上人都把生身命子看得来太重，不问当死不当死，定要宛转委曲保全，以此把天理却丢去了，忍心害理，何者不为？若违了天理，便与禽兽无异，便偷生在世上百千年，也不过做了千百年的禽兽。学者要于此等处看得明白；比干、龙逢，只为他看得分明，所以能成就得他的仁。"②

"无适也，无莫也，义之于比"出自《论语·里仁》，"志士仁人"章即《卫灵公》之"志士仁人，无求生以害人，有杀身以成仁"。在这里，阳明分别用"良知"和"天理"阐释"义"与"仁"，他认为只有在此绝对之道德律令的指引之下，人才可以根据境遇之不同采取灵活变通的手段，从而通过"通权达变"的方式做到当下即是而避免委曲执着；如果在天理之成全与生命之保存之间出现了矛盾，人必须舍弃后者而成全前者。在朱熹看来，所谓"圣人之学不然，于无可无不可之间，有义存焉"③、"心安而德全"④，无疑是可以接受甚至不容置疑的理论前提。

但是，良知或天理并不是自然即呈现于生命之中的，而需要时时操存。《传习录》载：

问："'逝者如斯'，是说自家心性活泼泼地否？"

先生曰："然。须要时时用致良知的功夫，方才活泼泼地，方才与他川水

① 王阳明撰，邓艾民注：《传习录注疏》，上海古籍出版社2015年版，第213页。

② 王阳明撰，邓艾民注：《传习录注疏》，第216～217页。

③ 朱熹：《四书章句集注》，中华书局1983年版，第71页。

④ 朱熹：《四书章句集注》，第163页。

一般；若须臾间断，便与天地不相似。此是学问极至处，圣人也只如此。”[1]

朱子则云：

> 天地之化，往者过，来者续，无一息之停，乃道体之本然也。然其可指而易见者，莫如川流。故于此发以示人，欲学者时时省察，而无毫发之间断也。[2]

《论语·子罕》载：“子在川上曰：‘逝者如斯夫，不舍昼夜。’”对于“逝”，思想史上主要有两种理解方式：或释为“往”，或释为“进”。东晋僧肇《物不迁论》云：“然则庄生之所以藏山，仲尼之所以临川，斯皆感往者之难留。”南朝梁皇侃《论语义疏》云：“孔子在川水之上，见川流迅迈，未尝停止，故叹人年往去，亦复如此。”[3]此均属前一种理路，仅认为孔子是在抒发流光易逝的感叹之情。然在周秦以迄汉代，以“逝”训“进”似乎是更为普遍的理解。扬雄《法言·学行》便有“或问进。曰：水。或曰：为其不舍昼夜与？曰有是哉，满而后渐者，其水乎”之记载。刘宝楠解释道：“《法言》所谓进，与夫子言逝义同。”[4]如此而言，孟子所谓之“源泉混混，不舍昼夜，盈科而后进”（《孟子·离娄下》），实际上正可以视为他对“逝者如斯”一句的回应与阐释。这种理解进路已经将“德”的因素注入了原文之中。阳明和朱子的诠释实则融合了这两种理解方式，所谓“若须臾断，便与天地不相似”“天地之化，往者过，来者续”，即认为“逝者”便是天地之迁变、大化之流行。不过，二人并不认为“天地之化”是外在于人的自然现象，从而进一步予之以“德性”之内涵与意味，进而由水流之活泼无间断而引申出了心性或道体之连续无息，并因此强调“时时致良知”或“时时省察”的修习工夫。可见，阳明与朱熹对这句话的阐释方向主要是通过不懈的进德修业之工夫以体认德性之本体，这迥异于魏晋士人仅以之为慨叹时间易逝的进路。

那么，人们应该如何在生命中“时时用致良知的工夫”？宋明儒学非常强调天理与人欲的区分，消极意义上的“去人欲”正是“存天理”的关键工夫之一。《传习录》载：

---

① 王阳明撰，邓艾民注：《传习录注疏》，第 216 页。

② 朱熹：《四书章句集注》，第 113 页。

③ 参见程树德：《论语集释》（第二册），中华书局 1990 年版，第 611 页。

④ 刘宝楠：《论语正义》，中华书局 1990 年版，第 349 页。

又问："孔子言'知及之，仁不能守之'，知行却是两个了。"

先生曰："说'及之'，已是行了，但不能常常行，已为私欲间断，便是'仁不能守'。"①

"知及之，仁不能守之"出自《论语·卫灵公》。阳明认为，"仁不能守之"的缘由是"私欲"之间杂，而使天理不能纯然呈现。同样，朱熹在《论语集注》中说："知，去声。知足以知此理，而私欲间之，则无以有之于身矣。"②在阳明和朱子看来，人之本性之所以被损害，天理、良知之所以被遮蔽，最关键的原因是"私欲"之兴风作浪。由此而言，"人欲"便可谓"天理"的最大"威胁"。故而无论是阳明还是朱熹，都会在工夫论层面强调"去私欲"的必要性与迫切性。

除了去除私欲，欲求"上达"于天理良知，"下学"也是必不可少的工夫之一。对于《论语·宪问》篇所谓"下学而上达"，阳明与朱子一样，均主张经由"下学"方能"上达"。阳明说：

后儒教人，才涉精微，便谓上达未当学，且说下学；是分下学、上达为二也。夫目可得见，耳可得闻，口可得言，心可得思者，皆下学也；目不可得见，耳不可得闻，口不可得言，心不可得思者，上达也。如木之栽培灌溉，是下学也；至于日夜之所息，条达畅茂，乃是上达，人安能预其力哉！故凡可用功、可告语者皆下学，上达只在下学里。凡圣人所说，虽极精微，俱是下学。学者只从下学里用功，自然上达去，不必别寻个上达的工夫。③

朱子云：

不得于天而不怨天，不合于人而不尤人，但知下学而自然上达。此但自言其反己自修，循序渐进耳，无以甚异于人而致其知也。④

阳明所谓"只从下学里用功，自然上达去"无疑直接承继了朱子"但知下学自然上达"的说法；阳明反对将"下学"与"上达"离析为二，认为"上达只在下学

---

① 王阳明撰，邓艾民注：《传习录注疏》，第 267 页。

② 朱熹：《四书章句集注》，第 167 页。

③ 王阳明撰，邓艾民注：《传习录注疏》，第 28～29 页。

④ 朱熹：《四书章句集注》，第 157 页。

里”，朱子亦有“下学、上达，虽是二事，只是一理。若下学得透，上达便在这里”[①]之主张。在这里，阳明表达的是与朱子相同的“即工夫而本体”的观点。他们认为，只有通过对“致良知”“下学”之工夫的不懈努力，才能最终自然而然地“上达”于“良知”或“天理”的道德之境，这里面所透露的则是体用一如、知行合一的理论韵味。而在宋代之前的皇侃、孔颖达那里，“上达”仅仅意为“知天命”或“达天命”[②]，与阳明和朱子的诠释相比较，这种解释显然无法将儒家的道德品质与实践理性全然彰显开来。

《论语·雍也》篇载孔子之言曰：“中人以上，可以语上也；中人以下，不可以语上也。”孔子在此对人的资质和材能进行了一定的划分，并认为师者在传道授业之时要根据人的材性之高下而“因材施教”。对此，阳明弟子有“愚的人与之语上尚且不进，况不与之语可乎”的疑问，阳明回应说：

> 不是圣人终不与语，圣人的心忧不得人人都做圣人，只是人的资质不同，施教不可躐等，中人以下的人，便与他说性、说命，他也不省得，也须谩谩琢磨他起来。[③]

阳明认为，虽然圣人有恻怛之怀，但资质的差异是天然而客观的存在，故圣人之施教虽然是有教无类，但须随材而就，方无“躐等”之弊。朱子在注此句时亦云：“言教人者，当随其高下而告语之，则其言易入而无躐等之弊也。”[④]两人共享的是一致的差等观念。

进而，圣人之施教不必也不能仅仅凭靠“语”而为之，孔子即有“予欲无言”（《论语·阳货》）之感叹。阳明于此诠释说：

> 圣人述《六经》，只是要正人心，只是要存天理、去人欲，于存天理、去人欲之事则尝言之。或因人请问，各随分量而说。亦不肯多道，恐人专求之言语，故曰“予欲无言”。[⑤]

朱熹说：

> 学者多以言语观圣人，而不察其天理流行之实，有不待言而著者。

---

① 黎靖德编：《朱子语类》卷四四，中华书局1994年版，第1139页。

② 程树德：《论语集释》（第三册），第1020页。

③ 王阳明撰，邓艾民注：《传习录注疏》，第215页。

④ 朱熹：《四书章句集注》，第89页。

⑤ 王阳明撰，邓艾民注：《传习录注疏》，第19页。

是以徒得其言，而不得其所以言，故夫子发此以警之。[1]

阳明与朱子均认为，“天理”在终极处是超越言诠的，若只在言语上钻求，便不能体察“不待言而著”的天理之流行与朗现。因此，圣人施教一定对言语有所戒备，以防止学生仅从言语上或思维中求索道德理性。在这里，阳明和朱子体现出的是儒家思想对言语之有限性的一贯定位，呈露出儒学对“体认”天理以及笃实之“行”的内在要求。

除了“言语”，阳明与朱子对“器数之末”在儒学中的地位和价值也有所保留。《论语·泰伯》载：

> 君子所贵乎道者三：动容貌，斯远暴慢矣；正颜色，斯近信矣；出辞气，斯远鄙倍矣。笾豆之事，则有司存。

阳明承继了朱子以“笾豆之事”为“器数之末”的说法，认为君子所重应为德性之涵养，而将“器数之学”排斥在君子的进德之业之外。[2] 在他们看来，“器数”当然不仅意指“笾豆之事”等具体而琐屑的礼仪制度。《论语·先进》有“四子言志”章，阳明认为，与曾点的“不器”相比，致力于实现政治理想的冉有、公西华、子路正是“所谓‘汝器也’”[3]；朱子也认为，后三子无法超脱“事为之末”而体现“随处流行”的天理大本。[4] 当然，虽然均对“器数之末”有所保留，但阳明的态度要比朱熹更为彻底，我们在后文中将对此进行论述。

通过以上例证可见，通过对《论语》的诠解与阐释，阳明与朱子一样，均标高“天理”“良知”之本体价值地位，强调通过“去人欲”“下学”之工夫追求道德理想之境界，而视生命、言语、器数、事为等为具体之“琐事”。

---

① 朱熹：《四书章句集注》，第 180 页。

② 阳明曰：“若夫器数之末，乐工之事，祝史之守，故曾子曰：‘君子所贵乎道者三，笾豆之事，则有司存也。’”（王阳明撰，邓艾民注：《传习录注疏》，第 112 页）朱子曰：“言道虽无所不在，然君子所重者，在此三事而已。是皆修身之要、为政之本，学者所当操存省察，而不可有造次颠沛之违者也。若夫笾豆之事，器数之末，道之全体固无不晐，然其分则有司之守，而非君子之所重矣。”（朱熹：《四书章句集注》，第 104 页）值得注意的是，《论语·乡党》叙述了很多关乎日常生活的琐碎之礼仪规制，而在《传习录》中，阳明无一语涉及该篇之内容，与其学思态度显然不无关联。

③ 王阳明撰，邓艾民注：《传习录注疏》，第 31 页。

④ 朱熹：《四书章句集注》，第 130 页。

二

虽然阳明在大本大源处与朱子未尝异，其《论语》阐释亦或多或少有后者之深刻影响，但在一些具体的修养工夫、为学次第方面，两者还是体现出了某种程度的区别甚或理路的歧异。在经历了"格物"之挫折与"龙场悟道"之顿悟后，阳明方才确立了一生的学问宗旨，认为"圣人之道，吾性自足，不假外求"(《明儒学案》卷十《姚江学案》)，并以此对朱子《集注》进行了批评。对此理路之间的差异，阳明在"理一"之心的支配下有《朱子晚年定论》之作，视《集注》《或问》为朱子中年未定之说，以《朱子语类》为驳杂谬戾之作，而采录其所谓之"朱子晚年定论"，以示朱子与自己均有意于光扬圣学、正学，其用心之良苦，昭然若揭。然而，无论阳明如何弥缝与朱子之不同，所谓"心学"与"理学"之间的基本差异，在他们对《论语》的诠释之中仍是一目了然。

在对体用关系的看法上，阳明与朱子均追求"体用一如"之境界，此盖无疑议。然而，阳明更注重"体用一源"之本然状态，朱子则固持"一本万殊"之现实原则。在解释《里仁》"参乎，吾道一以贯之"时，朱子认为"曾子于其用处，盖已随事精察而力行之，但未知其体之一尔"[①]，有将体用判为两截之意。阳明直斥朱熹"此恐未尽"，而主张"体未立，则用安从生"[②]，认为没有无体之用，反对割裂体用，而试图在生活现实中将"体用一如"的理想进行无罅隙的落实。

如上节所言，阳明虽然肯定圣人需要随材施教，承认"教"之重要性，但更重视"材"所依附的个人之"德"，更强调人之"自修自悟"，并主张人之"学""习"均是"自家事"。与之相比，朱子则无比重视圣人之教以及士君子之学。在对《学而》"学而时习之，不亦说乎"以及《子罕》"博我以文，约我以礼"的阐释中，朱熹在《集注》中说：

---

① 朱熹：《四书章句集注》，第72页。

② 《传习录》："国英问：'曾子三省虽切，恐是未闻一贯时工夫？'先生曰：'一贯是夫子见曾子未得用功之要，故告之。学者果能忠、恕上用功，岂不是一贯？'一'如树之根本，'贯'如树之枝叶。未种根，何枝叶之可得？体、用一源，体未立，用安从生？谓曾子于其用处盖已随事精察而力行之。但未知其体之一。此恐未尽。'"(王阳明撰，邓艾民注：《传习录注疏》，第73页)

说、悦同。学之为言效也。人性皆善，而觉有先后，后觉者必效先觉之所为，乃可以明善而复其初也。习，鸟数飞也。学之不已，如鸟数飞也。说，喜意也。既学而又时时习之，则所学者熟，而中心喜说，其进自不能已矣。①

循循，有次序貌。诱，引进也。博文约礼，教之序也。言夫子道虽高妙，而教人有序也。②

《传习录》载：

子仁问："'学而时习之，不亦说乎！'先儒以学为效先觉之所为，如何"？

先生曰："学是学去人欲、存天理。从事于去人欲、存天理，则自正诸先觉，考诸古训，自下许多问辨思索、存省克治工夫，然不过欲去此心之人欲，存吾心之天理耳。若曰'效先觉之所为'，则只说得学中一件事，亦似专求诸外了。'时习'者，'坐如尸'，非专习坐也，坐时习此心也；'立如斋'，非专习立也，立时习此心也。'说'是'理义之说我心'之'说'；人心本自说理义，如目本说色，耳本说声，惟为人欲所蔽所累，始有不说；今人欲日去，则理义日洽浃。安得不说？"③

问："颜子没而圣学亡，此语不能无疑。"

先生曰："见圣道之全者惟颜子，观'喟然一叹'可见。其谓'夫子循循然善诱人，博我以文，约我以礼'，是见破后如此说。博文、约礼如何是善诱人？学者须思之。道之全体，圣人亦难以语人，须是学者自修自悟。颜子'虽欲从之，末由也已'，即文王'望道未见'意。望道未见，乃是真见。颜子没而圣学之正派遂不尽传矣。"④

阳明在弟子的发问下直接对朱子注进行了批判。阳明认为，"学"字含义甚丰，是"存天理，灭人欲"等工夫的总称，而非狭义的"效先觉之所为"；至于"习"，也不是对知识之简单的反复记诵，而是时时"习此心"。对于第二条材料，阳明将颜回之语升华为"自修自悟"的主体识见，而弱化朱子一贯秉持的

① 朱熹：《四书章句集注》，第 47 页。

② 朱熹：《四书章句集注》，第 111 页。

③ 王阳明撰，邓艾民注：《传习录注疏》，第 72～73 页。引文标点略有改动。

④ 王阳明撰，邓艾民注：《传习录注疏》，第 55 页。

“教之有序”、循序渐进的进学之方。朱子更重视知识性之学习的价值，阳明则重在主体德性之领悟与发扬，而视知识性之教与学为第二义。在对《雍也》“有颜回者好学，不迁怒，不贰过，不幸短命死矣，今也则亡，未闻好学者也”①的阐释中，阳明与朱熹同样出现了这种差异。通过颜回之好学，阳明回溯其本，凸显“未发之中”之本体，而朱子则更强调颜回“克己之功”之工夫。在阳明那里，“学”必然是“学道”，学“致良知”，而朱熹的知识性取向则更浓厚一些。

除了对“学”的理解之异，在“知”之问题上，阳明与朱子也存在重大差别。诠释《子罕》“吾有知乎哉？无知也”一句时，阳明说：

> 良知不由见闻而有，而见闻莫非良知之用，故良知不滞于见闻，而亦不离于见闻。孔子云：“吾有知乎哉？无知也。”良知之外，别无知矣。故“致良知”是学问大头脑，是圣人教人第一义。②

以第一个“知”为“良知”，第二个“知”为“见闻”之具体知识，意为“除了良知，别的知识算不得知”，再次强调“良知”作为“第一义”的价值优先性。朱子则释第二个“知”为“知识”③，视此语为孔子面对他人时的真诚态度和宽容精神，从人伦交往的角度而非阳明所说的本体之良知的角度进行解释。

同样，在解说《八佾》“子入大庙，每事问。或曰：‘孰谓鄹人之子知礼乎？入大庙，每事问。’子闻之曰：‘是礼也’”④一段时，朱子承袭尹焞之观点，认为孔子于礼知之甚详，入太庙之问仅为礼节性之敬谨。阳明则曰：

> 圣人无所不知，只是知个天理；无所不能，只是能个天理。圣人本体明白，故事事知个天理所在，便去尽个天理；不是本体明后，却于天下

---

① 《传习录》：“颜子不迁怒，不贰过，亦是有‘未发之中’始能。”（王阳明撰，邓艾民注：《传习录注疏》，第 74 页）《论语集注》：“颜子克己之功至于如此，可谓真好学矣。短命者，颜子三十二而卒也。既云今也则亡，又言未闻好学者，盖深惜之，又以见真好学者之难得也。”（朱熹：《四书章句集注》，第 84 页）

② 王阳明撰，邓艾民注：《传习录注疏》，第 144 页。

③ 《论语集注》：“孔子谦言己无知识，但其告人，虽于至愚，不敢不尽耳。叩，发动也。两端，犹言两头。言终始、本末、上下、精粗，无所不尽。”（朱熹：《四书章句集注》，第 111 页）

④ 《论语集注》：“此盖孔子始仕之时，人而助祭也。鄹，鲁邑名。孔子父叔梁纥，尝为其邑大夫。孔子自少以知礼闻，故或人因此而讥之。孔子言是礼者，敬谨之至，乃所以为礼也。尹氏曰：‘礼者，敬而已矣。虽知亦问，谨之至也，其为敬莫大于此。谓之不知礼者，岂足以知孔子哉？’”（朱熹：《四书章句集注》，第 65 页）

> 事物都便知得，便做得来也。天下事物，如名物度数、草木鸟兽之类，不胜其烦，圣人须是本体明了，亦何缘能尽知得？但不必知的，圣人自不消求知，其所当知的，圣人自能问人，如"子入太庙，每事问"之类。先儒谓"虽知亦问，敬谨之至"；此说不可通。圣人于礼乐名物，不必尽知。然他知得一个天理，便自有许多节文度数出来，不知能问，亦即是天理节文所在。①

圣人只是于天理无所不知，而对于不胜其烦之礼仪度数，则诚然知有不尽，再一次表现出对知识性之节文度数的轻视。朱子从具体的"礼"来阐释孔子这一行为，阳明则以"良知"不必然容纳所有知识性的事物作为解释。可见，阳明在突破汉唐古注的道路上比朱熹走得更遥远、更彻底。

对"礼乐度数"之观点的歧义，阳明与朱熹的差别在对《卫灵公》"颜渊问为邦"一段的解说中体现得至为显明。对于颜回如何"为邦"的探问，孔子回应说："行夏之时，乘殷之辂，服周之冕，乐则韶舞。放郑声，远佞人；郑声淫，佞人殆。"我们看到，朱子在《集注》中详尽解说了夏时、殷辂、周冕、韶舞之具体内容，并引用程颐、张载、尹焞之观点，视"夏时"等礼乐制度为"万世常行之道""百王不易之大法"，表现出对礼乐制度之重视。② 阳明则认为，孔子之所以对颜回如此说，是因为颜回虽在"大本大原"处已尽，然于制度为文上却有不足，故此为"帮补"之小事，而不可视为"天大事"③。

阳明之不重视外在之"效验"，还表现在对《颜渊》"颜渊问仁"一段的解释上。朱子说"天下归仁"正是"一日克己复礼"之"效"④，《传习录》则载：

> 问："'一日克己复礼，天下归仁'，朱子作效验说，如何？"

---

① 王阳明撰，邓艾民注：《传习录注疏》，第198～199页。

② 朱熹：《四书章句集注》，第165～166页。

③ 《传习录》："黄诚甫问：'先儒以孔子告颜渊为邦之问，是立万世常行之道。如何？'先生曰：'颜子具体圣人，其于为邦的大本大原都已完备，夫子平日知之已深，到此都不必言，只就制度文为上说。此等处亦不可忽略，须要是如此方尽善，又不可因自己本领是当了，便于防范上疏阔，须是要放郑声、远佞人，盖颜子是个克己向里德上用心的人，孔子恐其外面末节或有疏略，故就他不足处帮补说。若在他人，须告以"为政在人，取人以身，修身以道，修道以仁"，"达道"、"九经"及"诚身"许多功夫，方始做得，这个方是万世常行之道。不然，只去行了夏时，乘了殷辂，服了周冕，作了韶舞，天下便治得？后人但见颜子是孔门第一人，又问个为邦，便把做天大事看了。'"（王阳明撰，邓艾民注：《传习录注疏》，第87页）

④ 朱熹：《四书章句集注》，第132页。

先生曰："圣贤只是为己之学，重功夫不重效验。仁者以万物为体，不能一体，只是己私未忘。全得仁体，则天下皆归于吾仁，就是'八荒皆在我闼'意；天下皆与其仁，亦在其中，如'在邦无怨，在家无怨'，亦只是自家不怨，如'不怨天，不尤人'之意；然家邦无怨于我，亦在其中，但所重不在此。"①

所谓"圣贤只是为己之学，重功夫不重效验"，阳明主张不刻意追求外在之成就，而将立意完全置于自我德性的涵养上。如若"全得仁体"，则功效自然而产生，不必像朱子那样予以特别的强调和重视。

既然不重视"效验"，那阳明对世俗之声闻的态度也是消极的。他在诠释《卫灵公》"君子疾没世而不称"、《子罕》"四十五十而无闻"二语之时，径将"称""闻"的含义做了根本性的扭转：

又曰："'疾没世而名不称'，称字去声读，亦'声闻过情，君子耻之'之意。实不称名，生犹可补，没则无及矣。'四十、五十而无闻'，是不闻道，非无声闻也。孔子云：'是闻也，非达也。'安肯以此望人。"②

朱子明确释"称""闻"为"名声"，而阳明将"称"读为去声，而强调名实相符，又将"闻"阐释为"闻道"，表现出对自我德性的追求以及对外在之名声的轻视。

朱熹注解《述而》篇"其为人也，发愤忘食，乐以忘忧，不知老之将至云尔"说：

未得，则发愤而忘食；已得，则乐之而忘忧。以是二者俛焉日有孳孳，而不知年数之不足，但自言其好学之笃耳。然深味之，则见其全体至极，纯亦不已之妙，有非圣人不能及者。盖凡夫子之自言类如此，学者宜致思焉。③

阳明云：

"发愤忘食"是圣人之志如此，真无有已时。"乐以忘忧"是圣人之

① 王阳明撰，邓艾民注：《传习录注疏》，第237页。

② 王阳明撰，邓艾民注：《传习录注疏》，第69～70页。

③ 朱熹：《四书章句集注》，第98页。

道如此，真无有戚时。恐不必云得不得也。[①]

阳明批评了朱子所谓“得”与“未得”的观点。朱子所谓“得”，自然并非功利或名声之“得”，而是“得道”之“得”；但阳明否认外在功利之彻底性就体现于此——根本不必说“得”与“不得”，从而杜绝一切可能会带有“功利性”意味的说辞。

钱穆先生曾说：“悬举知识之追寻一项，奉为心学主要工夫，此在宋元明三代理学诸家中，实惟朱子一人为然。”[②]与阳明强调“克己向里，德上用心”相比，这种差别至为明显。阳明特重个体德性之涵养，而不重知性之追求，故对《论语》之“学”“习”“知”均往人心内里收摄，将之与良知嵌合，并表现出对礼乐度数、外在效验以及名声的有意贬低。当然，阳明之本意不在摒弃礼乐与功业。在“体用一源”“本体工夫一贯”之理路下，阳明认为，此等外在之效验会在内圣之学完备的前提下自然而产生，不必过度强调，也不必刻意追求。陈来先生则认为：“朱子更加注重经典研习、礼制讨论的意义，更强调考求物理在整个儒学知识体系中的地位，更表现出文化的意识和爱智的品格。”[③]此种“文化的意识”和“爱智的品格”在阳明那里亦非无有，只不过相比之下，阳明更具备一种“道德的意识”和“伦理的品格”而已。

三

阳明亦曾自主总结了所谓“孔门家法”“圣人之意”“圣学真血脉路”，他说：

孔子云：“放郑声，郑声淫。”又曰：“恶郑声之乱雅乐也。”“郑、卫之音，亡国之音也。”此是孔门家法。[④]

漆雕开曰：“吾斯之未能信。”夫子说之。子路使子羔为费宰。子曰：“贼夫人之子！”曾点言志，夫子许之。圣人之意可见矣。[⑤]

---

① 王阳明撰，邓艾民注：《传习录注疏》，第197页。

② 钱穆：《朱子学提纲》，三联书店2002年版，第122页。

③ 陈来：《有无之境——王阳明哲学的精神》，第148页。

④ 王阳明撰，邓艾民注：《传习录注疏》，第23页。

⑤ 王阳明撰，邓艾民注：《传习录注疏》，第30页。

孔子无不知而作，颜子有不善未尝不知，此是圣学真血脉路。[1]

“孔门家法”一段，阳明强调孔子对待经典古籍之态度，必是有助于“涵泳德性、移风易俗”者方可存留；否则，如郑卫之音，则须删之以正视听。“圣人之意”一段，阳明通过漆雕开、子羔、曾点诸事，传示“为己之学”之价值，而轻视外向之追求。“圣学真血脉路”一段，阳明盛赞孔子与颜回对待“知”之态度，且揭示出“本心”之“皎如白日，无有有过而不自知者”，“一念改过，当时即得本心”[2]，从本体与工夫两方面说明了为学之本与为学之道。

值得注意的是，阳明在伸说所谓“孔门家法”“圣人之意”“圣学真血脉路”之时，仅列举了《论语》中的几条原文，这体现出阳明之阐释方法的一大特色——倾向于直接融合经典中的原话来伸说己意，且往往“语焉不详”，需要细细体味方能领会。在阐释“曾点言志”一段时，阳明亦是征引经典话语来论说曾点之境界，然后稍作发挥而已。与之相比，朱子则倾向于融经典于自己的话语体系与思想系统之中，很少直接引用原典，却也自然若合符节，并时时有新意创发。在解经态度上，朱子有视经典为主人、以解经者为奴仆之说[3]，主张以敬畏之态度领承经典大义。对于阳明而言，他断然不会同意朱子的“主仆之说”，更难认同泛观博览之苦功。故而阳明终未“放下身段”，而为经典作注作疏。还值得说明的是，阳明所论及《论语》之人物，孔子自不必说，余者则多为颜回、曾子、曾点等“德行”科之弟子，且以颜回为主要论说对象。此种取舍，明显体现了阳明学问之倾向。

综上所述，阳明对《论语》之阐释，重本体工夫之一贯，内在德性之涵养，主张通过“存天理，去人欲”之工夫而追求体用一如、无入不自得之境界；同时，阳明对《论语》中的一些字词进行了全新的诠释，从而把那些具有知识性的内容回转为德性之内容；再者，阳明将礼乐制度、名物事为、功业效验、声闻得失等外在事务落为第二义甚至第三义的层面，以此突出良知之学的内在性、主体性、自足性，从而以对“尊德性”的无尚推崇体现出与朱子之学的巨大差别。

平心而论，阳明对《论语》的阐释，不如朱子平实可信；但阳明并非有意

---

① 王阳明撰，邓艾民注：《传习录注疏》，第 221 页。

② 王守仁：《王阳明全集》卷四《文录》，上海古籍出版社 1992 年版，第 172 页。

③ 朱熹说：“圣经字若个主人，解者犹若奴仆。今人不识主人，且因奴仆通名，方识得主人，毕竟不如经字也。”（黎靖德编：《朱子语类》卷一一，第 193 页）

标新立异，而有其苦心孤诣之关怀与意向，所以亦让人感觉亲切可解。阳明之价值就在于，通过对《论语》等经典的向“内”阐释，提醒士人不能屈从于经典之权威，不能沉溺于辞章之泥潭，而要有主体性之挺立，如此才能够资凭经典而涵养德性，达致良知。阳明学对朱子学权威性的冲击是非常巨大的，通过阳明的批判与新诠，由朱子确立的“四书学”才避免陷于僵化、单调的境地，从而产生了更开放、更宽松的学术环境，学者们也有了更开阔、更自由的诠释风格，进而产生了一大批心学传统下的《论语》诠释著作。

越儒范阮攸《论语愚按》中的政治思想

曾美珠

摘要：范阮攸的《论语愚按》是其诠释《论语》的著作，其书将《论语》二十篇的内容全部打散，重新依照自己的理解进行分篇别类，把《论语》的内容分为四篇二十三类，总共四百九十三章。“圣”篇八类，曰学问，曰威仪，曰居处服食，曰应事范物，曰处变，曰取人，曰说圣，曰仪圣，凡一百零五章。“学”篇四类，曰致知，曰力行，曰孝悌，曰交际，凡二百零二章。“仕”篇三类，曰上仕，曰中仕，曰下仕，凡四十五章。“政”篇四类，曰正己，曰观人，曰礼乐，曰临民，凡一百四十一章。从其书的分类及其排列顺序，大抵可以一窥范阮攸对《论语》义理内涵的重视程度。其首篇为“圣篇”，是想借《论语愚按》来表明其对孔子思想及其人格的向往和崇敬之情。其次是“学篇”，主要内容是论述孔子教导弟子的“为学之道”，这是自古以来就被公认的《论语》之重要内容。而排在圣、学两篇之后的则是“仕篇”和“政篇”，主要内容是分别论说从政者应该具有的“为仕之道”和统治者应该具备的“治国之道”；此两篇加起来，总共是一百八十六章（至少占了全书的三分之一强）。从以上篇章及内容的分配可以看出，范阮攸对《论语》中的政治思想极为重视。

关键词：治国之道　为仕之道　上仕　中仕　下仕

张立文先生说：“范阮攸的《论语愚按》，宗朱熹《论语集注》，以发《论语》本义与孔子本意。”① 关于这种说法，笔者基本上是同意的。但在此，笔者想

曾美珠，云南红河学院政治学与国际关系学院副教授，主要从事儒学研究。

① 张立文：《结构与诠释——范阮攸〈论语愚按〉的理学特质》，《学术月刊》2008 年第8 期。

补充的是，根据范阮攸《论语愚按》内容的分类和分章方式可以看出，其思想除了宗朱熹、发孔子之本意外，仍有自己的独创处。因为朱熹的《论语集注》没有像他那样将《论语》二十篇的内容全部打散，再依照不同的主题来进行分篇、分类和分章。同时，从其分篇的比重可以看出，他除了重视《论语》思想中的希圣、希贤与为学之道外，还特别突出其中的政治思想，这在历史上诠释《论语》的各大家中是非常特别的。基于上述理由，笔者认为，从《论语愚按》的"仕篇"和"政篇"中，不但可以发掘范阮攸本身的独特政治观，还可以由此一窥越南儒者对政治的看法。

一、治国之道

在《论语愚按》之"政篇"中，范阮攸分别从正己、观人、礼乐、临民四个方面说明为政者应该具备的"治国之道"。就如其在《政篇总说》中所言："政篇以圣人大训及门人所言、所记，凡关于政者，共一百四十一章。各因章意，分正己、观人、礼乐、临民四类。推'政者，正也'之意；则政之大无出此四本，而其本在乎正己。是以古先圣王，惟精惟一，允执厥中，皆是正己底道理。"①由此可见，范阮攸的政治观是非常传统的儒家观点，即他严格遵循与非常推崇孔子在政治上所主张的"正己"思想，认为为政者的"治国之道"不外乎从正己、观人、礼乐、临民四方面着手进行，而其中最根本的又是"正己"。

（一）正己

在《论语愚按》之"政篇"中，"正己"类被排在首位。这说明，范阮攸相当肯定"正己"乃是为政者"治国之道"的首要之务，而这也基本上是《论语》最主要的政治思想主张之一。但孔子除了"正己"思想之外，似乎更强调"正名"的优先性。这当然与孔子所处的时代氛围有关，面对礼崩乐坏、纲常伦理败坏的时代，先提出"正名"才是解决政治问题的根本之道，即统治者名正了才能进一步要求其"正己"。而范阮攸所处的越南后黎朝，正是国势太平、儒学鼎盛的时期，所以不像孔子必须先提出"正名"才能说明"正己"思想。因此，在其《论语愚按》的"政篇"中，虽然提到了"正名"思想，但都是轻描淡写地带过，反而比较突出"正己"思想。

① 范阮攸：《论语愚按》，（台北）台湾大学出版社 2011 年版，第 374 页。

因此，在其“政篇”的“正己”类中，首条就引了《论语·子路》篇：“子曰：苟正其身矣，于从政乎何有？不能正其身，如正人何？”[1]直接揭示了为人君的“治国之道”首先应当是“正其身”。就如他自己在《政篇总论》中所言：

事业着于一辰，法式垂于万世，宇宙赖以主宰扶持，以不入于禽兽，发挥于经传，而长存于日用常行间，无非一己之推。一己正则万目举，一己不正，则万目败。执此以求古后盛衰治乱之迹，了然在掌。为政者，小用之一邑一郡，大用之国天下，都不外渊乎是哉！”[2]

他非常强调，为政者当着力的乃在“帅以正”（《论语·颜渊》）三字，认为“正”之外别无所谓“政”也；所有的事功伟业、万世之法，无非都是从一己之正而推扩出去的。

另外，范阮攸强调“正己”不仅是为政者之根本，而且是治国最有效和最快速的方法。比如，在批注《论语·颜渊》篇“君子之德风，小人之德草，草上之风，必偃”中所说的“正己以正人，其机最甚速”[3]时，他认为，为政者要治国有道，必须要知道方法，而最简明扼要且最快速的方法就是，为政者要“以身作则”“慎厥身修”“为政以德”，如此才能如《论语·子路》篇中所说的“其身正，不令而行；其身不正，虽令不从”，起到上行下效的效果。也就是说，只要为政者能做好榜样，治国就能像尧、舜一样“无为而治”，只需“恭己而正南面而已矣”（《论语·卫灵公》）。

但为人君者要如何“正其身”呢？范阮攸强调其首要之务即在“居敬穷理”。他认为，为人君者之心，首先必须“持敬”而“明理”，内在要有所把持和主张，如此才能明，明之后才能察，能察者才可以“忠信明决”，于治国之政策上，做出最恰当之抉择。而在“居敬穷理”中，他尤重“居敬”二字，尤其是为政者本身的持“敬”之心，认为为政者只要能主“敬”在我，就可以推而达于人及物，使人与物之理皆能得其所，所以“居敬”是穷理、达人与物之基础所在。从此一主张可以看出，这明显是受朱熹思想影响而有的。

那什么是“敬”呢？范阮攸如是说：

所谓敬也，竞竞业业，无怠无荒，皆钦敬之存。典熟礼庸，服章刑

---

① 范阮攸：《论语愚按》，第 374～375 页。

② 范阮攸：《论语愚按》，第 280 页。

③ 范阮攸：《论语愚按》，第 289 页。

用，皆钦敬之推，一由乎天理之当然，如照物之近水，如入物之春风，斯辰也。……不待做为。[1]

他认为，“敬”就是为政者在面对任何事物时，态度都要“竞竞业业”，不怠惰，不荒淫，凡事慎厥身修，以身作则，先之劳之。如此，才能安人，安百姓，让百姓犹如沐浴春风般感受到为政者的德性，并因而受感化，不期然而然地安分守己，不令而行。所以，范阮攸强调，只要为政者能“修己以敬”，国家的典章制度、礼仪风俗、刑赏惩罚等，不需要有任何特别之作为，都能得其所。此即所谓的“正本清源，其机在我也”[2]，凡事都必须从“正己”开始。

（二）观人

之前说过，范阮攸为何认为“正己”的首要之务在于“居敬穷理”，因为只要为政者本身的“心”能“持敬”而“明理”，即能“明”，“明”之后才能“察”，而能“察”即能“观”，而“观”主要就是要能“观人”。而为何“观人”是为政者“治国之道”中很重要的内容呢？因为治理国家，人才是最重要的，就如孔子在《论语·泰伯》篇所发之感叹“才难”，而“观人”又是“取人”和“用人”的根本。就如《四书章句集注》中杨氏所说：“为政以人才为先。”[3]有贤才之人以为佐，那治理国家即能得心应手。

但“观人”“取人”和“用人”的标准是什么呢？范阮攸认为，要想能“观人”，为政者自身的“心”除了能“明”之外，还必须“存公”“无私”并“循理”。因为“存之公则施之正”[4]，“衡鉴无私，而后物之情不能遁”[5]。如果为政者，心不公，则在观人、处物、用人、办事上，必会为其私意所蔽而不能循理；而一旦治理国家不能循理而为，则人民不服，国家必乱。

范阮攸认为“观人”“取人”，除了心能明且“存公”“无私”之外，最重要的就是能“明君子小人之辨”。如此，其在“用人”时，才能真正任用那些务内而不务外且才德兼备之君子。因为，所谓的“小人”就是专务外而不务内之人，喜欢巧言令色、阿谀谄媚，有其外而无其中，心中只有利而无义之人。所以，范阮攸强调，为政者要存心公且大，不可自任一己；且要有能容之量，无绝善

① 范阮攸：《论语愚按》，第370～371页。

② 范阮攸：《论语愚按》，第364页。

③ 朱熹：《四书章句集注》，中华书局1983年版，第88页。

④ 范阮攸：《论语愚按》，第301页。

⑤ 范阮攸：《论语愚按》，第301～302页。

之嫌。凡事“不以言举人，不以人废言”，能观其所由及其所安，这样才能明君子与小人之分，进而知人善用。

除了“观人”“取人”之外，范阮攸也强调“用人”之道，认为用人必须要“适其才”。如他自己所说：“用人不当违其才矣。枉其才而用之，则为弃人矣。”[①]“人才有所短，必有所长，必须真见此人足以了此事，而后用之，则在人无不了之事，在我无不用之人。”[②]他认为，人不可能十全十美，每个人的才能必有不同，有其长者，必有其短。因此，“用人”者必须“知人善用”，如此才不会浪费人才。“每个人都有其可用之处”，如果为政者能以此心态来“用人”，那天下就没有不可用之人了。只要为政者能“知人”，处处都是人才。

“用人”除了要“适才”之外，范阮攸还强调要能“见其大而不计其小”。他说：

> 用人当见其大，不当见其小，君子多于小处有所短，而其临大节处，则不可夺，足以任天下之重。小人多于小处有所长，而其临大节处，则无可恃，反以贻国家之忧。[③]

如前所说，每个人的才能都有其长者和短者，而“用人”者必须“用其长”而不计其短才行；不然，会适得其反。一旦用到小人，则容易贻害国家而不自知。

另外，范阮攸说到，“用人”时也要讲究“诱抑”和“奖劝”的方法。这主要是由朱熹在《集注》中所说的“成者，诱掖奖劝以成其事”[④]所衍生出来的。他说：“非诱掖之，则进不备锐，非奖劝之，则守不坚。”[⑤]人都有惰性和劣根性，因此为政者要善用“诱抑”和“奖劝”的办法，加强人才在处理事情时的积极性与敏锐度，以及做事时的坚守度与持续力等，这样才能真正做到“知进贤退不省”。

由上可知，在范阮攸的政治思想中，“观人”“取人”“用人”三者，是一门非常大的学问。在“观人”“取人”方面，除了要求为政者本身要“循理”之外，也必须“存心公且大”，更要明辨“君子与小人之分”，这样才能在“取人”时，真正做到只取务内而不务外且才德兼备的君子。而在“用人”方面，则强调

---

① 范阮攸：《论语愚按》，第 328 页。
② 范阮攸：《论语愚按》，第 328～329 页。
③ 范阮攸：《论语愚按》，第 332～333 页。
④ 朱熹：《四书章句集注》，第 137 页。
⑤ 范阮攸：《论语愚按》，第 304 页。

"适其才",且必须"见其大不计其小",并且要有"诱抑"和"奖劝"的办法来加强人才的运用。如果为政者能掌握这些要领,就可以在政治上做到"知人善用",这样治国就能易如反掌了。

(三)礼乐

在范阮攸的"治国之道"中,"正己"与"观人"主要是针对为政者个人而说的;至于"礼乐"与"临民"类,则是强调为政者在客观上要如何治理国家以及对待人民的制度与方法。"礼乐"类,顾名思义,就是在讲治理国家应该具备的礼乐之道。在此类中,范阮攸将重点放在如何从礼的制定和执行上,去防范政治上的"逾礼犯分"和"僭越"现象。他说:"为政者,杜绝陵僭,谨其始。"①"有国家,不可不知防微杜渐之义。"②他认为一个国家之所以乱,必是始于臣子们肆无忌惮的"僭越"行为;而一旦陵僭行为产生,则表示一国之礼教已经被凌迟而名存实亡了。他说:"礼始乎夫妇,而莫重于君臣,一有所失则名分紊,纲常乱矣。"③礼乐本来就是一个国家用以维持使上下之分截然的制度,而国家之礼制一旦崩毁,则名分不保,纲常紊乱,而名分、纲常不在,国家就乱了。

由此可见,礼乐者,乃是"治国之道"的根本;但礼有本有末,为政者必须非常了解此中之分际,这样在治理国家时才能得当。如范阮攸说:"礼有本有文,得其本则文在其中,失其本则文徒繁而不足见,为国以礼者,不可不知。"④此即强调为政者在以礼乐治理国家时,必须知道礼乐之本末与先后之分。如果能掌握到根本,则其他末尾细节的部分,自然可以涵盖在其中;而如果凡事只从礼的小节、烦琐处着眼,就会永远疲于奔命而一点效果都没有。有关礼之本末的问题,范阮攸是如此强调的:

> 难为者,国也;惟礼能为之。莫难为者礼也,惟让能为之。苟无恭敬辞让之实,以为之本,则凡其动作施为,一向于伪。⑤

也就是说,他认为礼之本即在"恭敬辞让"四字,而一旦失去此一基本要求,那一切行为都只能是虚伪而不实的。这与孔子所说的礼以仁义为本之意乃

① 范阮攸:《论语愚按》,第342页。
② 范阮攸:《论语愚按》,第343页。
③ 范阮攸:《论语愚按》,第352~353页。
④ 范阮攸:《论语愚按》,第343~344页。
⑤ 范阮攸:《论语愚按》,第340页。

是相通的，即有恭敬之心的人，必是能依仁义而行之人，其行为必然都是谦恭而合理的。

对于礼乐制度实行的先后问题，范阮攸是如此说的：

> 时辂冕韶，为国之大也，而其要则在于放淫声，远佞人。盖淫声乱听，佞人在旁，则天理亡而人欲肆矣。[①]

也就是说，他认为一个国家在礼乐制度上，首先必须严格遵守古代留存下来的良好制度。例如夏辰、商辂、周冕、韶乐等，都是国家最重要的礼乐制度，可以起到感化人心之作用。其次就是要禁绝淫乱之声。范阮攸认为，音乐是彝伦风化最重要的载体，他自言："洋洋乎盈耳，皆彝伦风化之所系。"[②]音乐可以很轻易地影响整个社会风气与氛围。再次就是要远离卑谄辩给之人。如果一个为政者身边充斥着卑恭谄媚、巧言令色的"小人"，久而久之，就会不知道什么才是对国家真正好的事物和制度了。

总的来说，范阮攸认为，为政者在面对礼乐制度时，首先最重要的就是先存"恭敬辞让"之心，不可逾礼犯分，如此才能起到"上行下效"的作用，国家人民自然能唯礼是从。其次，在制度上则要严格遵守古代留存下来的好的礼乐制度，防止淫乱之声的泛滥与流布，如此才能保持良好的社会风俗与习惯，感化人民。最后就是要远离卑恭谄媚、巧言令色的"小人"，不让自己受蒙蔽。这三点就是范阮攸在治国之道的"礼乐"类中所强调的内容。

（四）临民

所谓的"临民"，即为政者对待人民的方式与方法。对于"临民"的理解，范阮攸认为必须从两方面入手。一是从主观上来说，为政者必须"为政以德"。就如之前所说的，为政者治国的首要之务即在"正己""修身以德"。一个统治者如果能以德为本，凡事顺理而为，虽无所作为，而人民自然感化，去不正而归于正。如范阮攸说：

> 为政者，以德为本，本领既立，凡事顺理去做，无所事于作为，而人自感化，去不正而归于正，禁令刑罚，虚设而不用。[③]

---

① 范阮攸：《论语愚按》，第 348～349 页。

② 范阮攸：《论语愚按》，第 338～339 页。

③ 范阮攸：《论语愚按》，第 355 页。

就是要“以理使民”[①]，凡事存公而不存乎私，所谓“在我敬，民安有不敬”[②]？自然能“上感下应”[③]，民之化即能不待而使了。这就是之前所说的“正己以正人，其机甚速”之意。

另外，从客观的方法来说，范阮攸则强调“节用”和“以理使民”。让国家富庶，人民过得舒适，应该是治国者最大之目标。而要使国家富庶，为政者首先要懂得如何“节用”，就如他自己所说的：

> 为政者，不知节用，则取民尽锱铢亦不足矣。故王者务富民，不务富国，务生财，不务理财。[④]

要凡事“因民之利而利之”。也就是，为政者治国，必须站在人民的立场去设想。首先必须让人民信服你，而要让人民信任你，自己就必须“凡事顺理去做”，而之后才能“使民以辰”，即所谓“信而后劳其民”。如果为政者，凡事就一己而自任，违理而行，人民自然不服；人民不服，那为政者就很难“使民”，于是变相制定很多刑罚来规范人民。如此，只能让人民因惧怕而表面服从，而不能真正做到以德礼服人，让人民自然而然地因感化而心悦诚服。范阮攸说：

> 治民当范其心，不当束其身。政刑束其身也，德礼范其心也。束其身者，但能使民之惧而不敢犯。范其心者，乃能使民之耻于不善而化于善。[⑤]

可见，唯有以“德”和“礼”才能使民信服，而不是强行用刑罚来使人民不敢犯错。如此，国家才能在自然而然当中井然有序而不乱。

总的来说，“临民”之道在于，为政者必须先以“正己”为主，“为政以德”“敬立于我”，如此才能使人民信服。同时，凡事要顺理去做，“以理使民”，并且要懂得“节用”之道，使人民富庶。如此，人民才能够“易使而不怨”，国家自然安稳而太平。

综上所述，我们可以理解范阮攸所主张的“为政者”应具备的“治国之

① 范阮攸：《论语愚按》，第 361 页。
② 范阮攸：《论语愚按》，第 357 页。
③ 范阮攸：《论语愚按》，第 358 页。
④ 范阮攸：《论语愚按》，第 373 页。
⑤ 范阮攸：《论语愚按》，第 356 页。

道”，大体包含以下几个基本准则：第一，也是最根本的，就是为政者必须先“正己”，凡事以身作则，修己以敬；面对任何事物时，态度都要“竞竞业业”，慎厥身修，为政以德。如此，才能安人，安百姓。第二，就是为政者，必须能“观人”，自身存心能公且大。如此，才能明辨君子与小人，在“取人”以及“用人”时，真正做到“知人善用”。第三，在客观制度上，为政者首先必须以“礼乐”治国。而其首务就是在面对礼乐制度时，要存“恭敬”之心，凡事能循理而不逾礼犯分。如此，才能起到“上行下效”的作用，臣子不僭礼、悖分，人民才能唯礼是从。另外，要将好的古礼继续留存，并禁绝淫乱之声，如此才能保持良好的社会风俗与习惯。第四，就是为政者在对待人民的态度与方法上，必须“正己”“为政以德”且凡事“以理使民”，如此才会得到人民的尊崇以及信服。此外，也要懂得“节用”之道，凡事以民之利为利，如此人民才能“易使而不怨”，国家自然富裕安康。

二、为仕之道

范阮攸在《论语愚按》之“仕篇”中，开出了“为仕之道”的不同标准及范例。他将“为仕之人”分成三种层次：最高的是“上仕”，他认为，只有孔子及颜渊属是；至于其他如子贡、子路、子产、管仲等，虽然都算得上是贤德之人，且有功于国，但他们只能是“中人勉进”之“中仕”；而其余都只能是具臣之类的“下仕”。他说：

> 圣人以用行舍藏独与颜渊。当辰高第，如仲由乘浮之喜，子贡隐玉之疑，皆未足以语此。仕之准的，舍兹其何适欤！至若子产，有君子之道，管仲有仁者之功，史鱼之直，武子之愚，公叔子之升家臣，雕开之见大意，凡此皆中人之勉进者，圣人亦各有取焉。其余谓之具臣，谓之窃位，谓之鄙夫。人臣闻此，亦可以悚惕矣！①

可见，他对“为仕之道”的要求相当严苛。

范阮攸之所以要开出此三类“为仕”标准，其目的是给后世想要“为仕之人”作为借鉴与警惕之用。如他说：“分上中下类为三卷，以为仕者鉴戒。”②

① 范阮攸：《论语愚按》，第 278 页。

② 范阮攸：《论语愚按》，第 278 页。

即他认为要当官并不是一件容易的事，必须具备相当的贤德和才识。以下根据范阮攸所区分的“为仕之人”的三种类型，加以详述。

(一)上仕

范阮攸在“上仕”类中，非常强调“为仕之人”在用舍行藏方面的态度。他认为，真正能称得上“上仕”之人者，其用舍行藏必是“裁度之以理”，且能以“义之安不安”为准，而不是以一般常情的“得不得”为主。即“上仕”之人凡事都能“所恃者理，所守者义，不为势夺，不为物摇”[①]。因此，其出处去就皆能权度由己而气象从容，不会因外在形势的变化而有患得患失之心理。所以，范阮攸才会感叹：

> 古之仕以理决之，则可否之裁度常在己，今之仕为欲驱之，则得失之迟早每由人。[②]

可见，他非常强调为仕之人的“理欲”之分。这一主张明显受到了朱熹思想的影响。

另外，他认为“为仕之人”，就算有急于济世之心，也不可以甘为不义之行而急任以自贼。如他自己所说：“圣人固欲行道以救世，而终不枉道以从人。”[③]他坚决认为，为仕者之用舍行藏必须要“以理裁之”“审之以义”，不可因为有急于行道济世之心而乱了准则。因此，他说：“所谓大臣者，以道事君，不可则止。”[④]不可“枉道以从人”[⑤]。如此，才能做到用舍行藏，气象自在，无可无不可，而凡事皆能以理恃之，以义守之，不为势夺，不为物摇，随分之所遇而从容自在。

当然，范阮攸所谓的凡事必须“以理决之”“以义守之”，并不是一成不变、不知变通的。另外，他非常强调“为仕者”的“知几”功夫。所谓的“几”，范阮攸是从《易经》中的义涵来说的，就是“各种形势的细微变化”。即他认为，“为仕之人”对于各种形势的细微变化之观察必须敏锐，能“知几”以变通。例如，有些时候形势或局面确实不适合“为仕”，那就要毅然拒绝。因此，有所谓“辰之当不当”的问题，即为仕之人在出处去就上要考虑“几之合

---

① 范阮攸：《论语愚按》，第 303 页。

② 范阮攸：《论语愚按》，第 355 页。

③ 范阮攸：《论语愚按》，第 250 页。

④ 范阮攸：《论语愚按》，第 273 页。

⑤ 范阮攸：《论语愚按》，第 250 页。

不合”才行。所以，后人才会称赞孔子乃是“圣之时者也”，可见“时”是很重要的。也就是说，凡事都要做到在最恰当的时候，做出最合理之事；或者说能在最好的时机，做出最正确的选择。无怪乎！范阮攸认为“上仕”之人唯有孔子与颜渊才是。

（二）中仕

范阮攸对于“中仕”之人的要求，虽然没有“上仕”那么高，但也列了许多标准。例如，必须“量其才而为”“笃信好学，守死善道”“知所择”“忠于所事”“敬而信”“见几而作”等。但总的来说，不外乎“行己”“事上”“养民”三者，他说：

> 君子之道，莫大于行己、事上、养民，使民能以恭敬惠义为主，虽其人未必纯乎道，其事则合乎道矣。①

他认为，“为仕之人”如果能以恭敬惠义之心做到这三点，就算本身之德性不够纯粹，但至少做出来的事情可能是合理的。例如，管仲虽为人有瑕疵，但范阮攸仍称赞他是有“仁者之功”的仕者。

因此，从“行己”的角度来说，范阮攸认为“中仕之人”至少要做到“学而优则仕，仕而优则学”（《论语·子张》），学与仕能相辅相成、相互为用。他说：

> 既仕，则仕之时为重，而学特以助其仕之善。方学则学之事为重，而仕特以观其学之成。②

未仕之前，要笃信好学，做好为仕的准备；既仕之后，则要以学来助其为仕之道。可见，他非常重视学与仕的相互作用及相互印证。如他所说：“仕不学则为未信之仕，学不仕则为未用之学。”③仕是学的实践效验，而学是仕的基本功夫。因此，他才会强调为仕者要“量其材”，即必须先衡量自己的所学以及才能是否适合做官。要准备好了才去当官，可仕则仕，不可仕则退而学以备其仕，要表现出有为有守的精神和态度。

从“事上”方面来说，范阮攸则要求为仕之人，在存心上要有“敬”，且要竭尽所能地“忠于所事者”。如他在批注《论语·卫灵公》“事君敬其事而后

① 范阮攸：《论语愚按》，第258页。
② 范阮攸：《论语愚按》，第267页。
③ 范阮攸：《论语愚按》，第267页。

其食”时说：

> 此章大旨全在敬。敬则其心唯恐吾之未修，而不敢少怠，事看得先，即使看得后，不期然而自然。[①]

可见，他认为为仕者的事君之道，必须以“敬”为首；而其次要“忠于所事”，不可懈怠，且要安守本分，不做“越位之谋”，充分做到“不在其位，不谋其政”[②]。

另外，在应对上位者方面，范阮攸则认为要做到“见几而作”，如他所说：“见几而作，事君不先见其不合之几，数，则辱至而祸生矣。”[③]即能“因其时以权其事之缓急”[④]，不然可能不仅会自取其辱，还有可能招来杀身之祸。因此，为仕之人在事君和所事上不得不慎。

最后在“养民”上，范阮攸则认为要做到“信而后劳其民”。为仕者必须以身作则，凡事都能以“敬”存其心，得到人民的信任，受得人民的信服；一旦“民服”之后，要“使民”就容易了。也就是说，要做到因民之利而利之，择可劳而劳之；如此，人民才能劳而不怨。这就是为仕者最好的“养民”之道。

由上可知，范阮攸对于“中仕”之人的要求亦相当严苛。在态度上，要做到“敬而信”并能忠于所事之人；而在处事、应对进退上，则要做到量其才而为以及见机而作；而对人民，则要做到“信而后劳其民”，因民之利而利之，择可劳而劳之。但其中最重要的是，要遵循君子“学而优则仕，仕而优则学”的精神，在仕之前，要笃信好学，做好为仕的准备；既仕之后，则要以学来助其为仕之道。如此，才算得上中人勉进的“中仕”之人。

（三）下仕

在范阮攸“为仕”的标准中，“下仕”者之特质就是僭礼、悖理而“专权僭窃”，“下仕”者是专务谄媚，挟才、挟势、挟宠无所不挟之人，即范阮攸所谓的“具臣”。他认为“下仕”者，凡事不能以正道自持，不以理自居；容易被物欲蒙蔽，被个人的私欲驱使，而寡廉鲜耻、无所不为。因此，范阮攸强调要“学而优则仕”，警告那些“未学而仕”的人要自我警惕，不要因急于为仕而陷自己于不义之地。

---

① 范阮攸：《论语愚按》，第 266 页。

② 范阮攸：《论语愚按》，第 261 页。

③ 范阮攸：《论语愚按》，第 268 页。

④ 范阮攸：《论语愚按》，第 267 页。

可见，“为仕”并不是一件容易的事，必须平时就要自我存养，素修有道，时时都能战战兢兢地“守道不枉”；不然，一旦遇到大事件或大变故，就容易不知所措或被动摇而失其所守。范阮攸说：

> 一时蔽锢于物欲之私，固不能以正道自持，平日习熟于纲常之教，犹不至为大恶所夺。……仕者必存养讲贯，果能耻为具臣，乃能不为贼臣，否则卒然大事变，大利害之临，鲜有不易其所守矣。[①]

人非圣贤，很可能被一时的个人私欲蒙蔽而有失正道；但如果平日就有自我存养、学习纲常之教的涵养，就算临时遇到大事变、大利害，也不至于做出大奸大恶之事。

所以，对于范阮攸而言，“学而优则仕，仕而优则学”是很重要的，他非常重视“为仕者”出处进退时所把握的原则。首先，必须能知所择，而择必以理裁之，而不是为欲所驱；不然就容易陷入患得患失的心态，接着出现无所不至的行为。其次，要“以道事君，不可则止”，不要像孔子批评冉有与季路时所说的：“陈力就列，不能者止，危而不持，颠而不扶，则将焉用彼相矣。”（《论语·季氏》）做到“知其不可而不能止之”有所不为的操守。他说：

> 夫挟才而不穷理，徒以聚敛而导其君，本借谋国以谋其身，不过适以误国而误身。[②]

也就是说，为人臣者，一旦不能“以道事君”，“知其不可而不能止之”，就是助纣为虐，不但不能为国，还有可能危害国家和自身。因此，为仕之人要知所警惕，所谓“能耻为具臣，乃能不为贼臣”[③]，不要到最后误国又误身而不自知。

以上就是范阮攸所谓的“下仕”。其特点就是，为仕时，往往都是为欲所驱，而非以理裁之。因此，其心态就容易患得患失，并且往往会为了保住自己的权位而不择手段，专务谄媚，挟才、挟势、挟宠，无所不为。不要说有可能成为误身的具臣，反而更有可能成为误国之贼臣，而这正是范阮攸一直强调“学而优则仕，仕而优则学”之重要性的原因。凡事要有为有守，可止则止，不要被个人之私欲蒙蔽或驱使，从而悖理忘义，忘了为仕者应该有的

---

① 范阮攸：《论语愚按》，第 273 页。

② 范阮攸：《论语愚按》，第 272 页。

③ 范阮攸：《论语愚按》，第 273 页。

操守。

综上所述，范阮攸开出的为仕之标准大体如下：第一，“上仕”，其特点是，凡事均能以理决之，以义守之，不为势夺，不为物摇。因此，其出处去就皆能以理裁之，而用舍行藏即可从容自在。能仕则仕，能止则止，凡事都能在最恰当的时候做出最合理的行为；在最恰当的时机，做出最正确的选择。第二，“中仕”之人，范阮攸要求，至少要有“学而优则仕，仕而优则学”的精神。要笃信好学，守死善道；凡事皆能量其才而为，且能知所择。对于所事之人，则要忠而敬，且见几而作。要以恭敬惠义之心对待人民，择可劳而劳之。如此，做出来的事情才是合理而不失责的。第三，所谓的“下仕”之人，就是范阮攸所谓的“具臣”，其特点就是，为仕时，往往都为欲所驱，而非以理裁之。因此，往往会为了保住自己的权位，不择手段，专务谄媚，挟才、挟势、挟宠，无所不为。如此，不仅误身还误国。

结　论

何成轩在《儒学南传史》中有言：“儒学在后黎朝达到了它鼎盛阶段，取得了独尊地位，成为支配全社会的正统思想。”且“这一时期的越南儒学，主要是宋明理学”①。范阮攸（1739～1786）就生在此一时朝，其名声在当时虽然不大，但从其所著的《论语愚按》中可以明显看出，他对孔子推崇备至，整本书都以不违背“孔子本意”为尊，甚至有将其神化的迹象。其中，很多部分明显深受朱熹思想的影响，到处可见朱熹思想的影子。总的来说，他是越南学者当中非常典型的儒家学者，而其政治思想也属于典型的儒家式：重视正己、以身作则、德政、礼乐以及强调为仕者必须有“学而优则仕，仕而优则学”的精神。但从其内容的分类上，我们又可以看出范阮攸自身独特的政治观。例如，他除了提出孔子政治观中最著名的“正己”思想外，还提出了所谓的“观人”。而从其对“观人”的看法中，又可以看出他非常重视统治者“观人”“取人”以及“用人”的能力，并以此强调政治上“人才”的重要性，这凸显了他个人在政治思想上的独特处。

另外，范阮攸对“为仕者”应该具有的“为仕之道”之分类，则更是明晰，

① 何成轩：《儒学南传史》，北京大学出版社 2000 年版，第 347 页。

不仅从类来分，而且主观地区分了“为仕者”的标准和层级。从这种区分中我们也可以看出，范阮攸对“为仕者”的要求是相当严苛的。例如，他认为“上仕”之人只有孔子与颜渊才是，像子贡、子产、管仲等大贤人只能算是中人勉进的“中仕”之人而已，其余则是所谓“下仕”之具臣而已。由此可以看出，他在政治上相当重视“为仕之人”的品格。

可见，范阮攸在对《论语》进行诠释时，有其自身的想法。虽然他的论说是依循朱熹《四书章句集注》而作，但从其将《论语》的内容进行分类的方式可以明显看出，他对《论语》的诠释方式还有很多不同于朱子之处。尤其是其政治思想，明显是在不违背孔子的本意之下，犹能将孔子的思想明晰化、层级化，使后人能更清楚地掌握《论语》中的义理及其含义。而笔者认为，此即范阮攸《论语愚按》的贡献之一。

康有为《论语注》探微

刘 星

摘要：康有为一生处在传统与现代、保皇与革命、君主与共和之间，于动荡时代深刻思考儒学与西学、据乱与太平、大同与小康以及保国、保种与保教等问题，提出一整套解决方案，试图助推中国社会完成现代转型。康有为认为，要复兴中华，必须拿来先进的西学为我所用，以补益传统儒学之不足。康有为一改《论语》注疏的传统，以经世致用为旨归，从儒学与西学的双重视野诠释《论语》，开启了儒学的现代转向。在康有为看来，《论语》是内圣与外王的统一，是守约笃敬与经邦济世的统一，是修身齐家与治国平天下的统一。

关键词：古经新解 《论语注》 康有为 儒学转向

康有为是中国近代重要的思想家，生活在古今中西之争异常激烈而又胜负未定的时代，是那个时代最能深刻体会这种冲突，而又企图站在儒家立场上“以儒化西”“以夷变夏”，并为当时之中国给出一整套解决方案的先进中国人。康有为改造儒学的价值在于，他把对儒家经典的诠释纳入传统与现代的社会变迁大背景下，并做出创造性阐释。“康有为融通古今，兼摄中外，陶铸涵泳，以今文经学为枝干，以西学为花果，以期收到‘化古昔为今

本文系教育部人文社科青年基金项目“康有为《四书》新解与儒学的现代转向”（17YJC720016）、中国博士后科学基金第62批面上资助项目（2017M622227）阶段性成果。

刘星，聊城大学政治与公共管理学院教师，主要从事中国儒学史研究。

务’的政治功效，带有明显的时代特色。”[①]因此，《论语注》一书集中体现了康有为试图将儒家思想与西方进化论、西学知识以及西方自由、平等、民主、博爱等政治观念有机结合的尝试。这种立足儒家本位对中西、古今文化的融合，对儒学的现代转型做出了积极贡献，体现了儒家思想旺盛的生命力。

一、《论语注》的成书背景

维新变法失败之后，康有为不得不逃亡海外，在印度大吉岭期间系统地阐释儒家经典。其中，对《论语》重新解读之力作《论语注》一书就完成于这一时期。[②] 康有为认为，进行变法改制就要剔除刘歆伪纂的古文《论语》，还原今文《论语》以本来面目，阐发春秋“公羊三世”说以及孔子改制等微言大义。“当时处于强势地位的西方文化无疑成为他的重要参照”[③]，他还站在中西方文化的交汇点上将西方进化论、自然科学知识以及以民主、平等、自由等思想观念为代表的政治体制纳入儒家经典体系，以应对中国的社会现实，从而使《论语》一书发挥其现实救世的功能，彰显其经世致用的价值。

第一次鸦片战争之后，内忧外患的现实使传统儒家价值体系陷入困境，西方政治、经济、文化、科学等先进知识的传入对中国传统知识分子心理造成了巨大影响，动摇了他们固有的以儒家为本位的思想体系。作为儒者的康有为，面对日益僵化的清廷旧体制和当权派顽固的旧思想，希图扭转清政府渐趋式微的颓势，以寻求救国救民之道，因而把目光聚焦于西方。从史实角度来看，康有为注经的目的是经世致用，但他并不是一位纯粹的学者，而是有着强烈现实关怀和政治参与意识的政治活动家。他以西学、西政为工具，对传统儒学进行改造与重构，这具有积极的现实意义。为避免流血牺牲，康有为以传统儒家经典为载体，推行渐进式变法理论。“康氏逝世之时，革命不仅在继续，而且方兴未艾，一直发展到‘文革’的革命高潮。当然，革命并非一无所成，但代价是何等之高。……今日不再以革命为国策，坚持以

① 唐明贵：《康有为〈论语注〉探微》，《中国哲学史》2009 年第 2 期。

② 1898 年戊戌变法失败之后，这一时期康有为的主要著作有《中庸注》(1901)、《孟子微》(1901)、《礼运注》(1901)、《春秋笔削大义微言考》(1901)、《大学注序》(1902)、《论语注》(1902)等。

③ 柳宏：《康有为〈论语注〉诠释特点论析》，《广东社会科学》2008 年第 6 期。

改革为国策，乃是经过检验后的必然实践。康有为的渐进改革思想也应该重新评估肯定。”①

康有为今文经学的实质就是借用经书上的文字与社会现实相结合，通过引申发挥并提出自己创新性的观点。在古今问题上，康有为虽然与清代今文经学大师刘逢禄一样，注重孔子作《春秋》的价值和意义，但更强调孔子托古改制的内容。在中西问题上，他的具体做法是“援西入儒”，重视对西方自然科学和社会科学的引进，试图利用西方“新法”“新学”以改变中国落后挨打的现状。因此，康有为继承了晚清以降“今文经学”传统，旨在阐发不同阶段需要实行不同的管理模式，以推行其变革改制思想。康有为用“援西入儒”的方式开启了儒学复兴的新模式，“致力于寻觅即便是在非西洋社会也通用的人类普遍价值，致力于保存民族文化中超越时空的价值要素，并通过近代精神对之进行重构或再解释”②。康有为的意图是，利用西方的“新法”“新学”对儒家的价值取向做出诠释，并整合出一套具有中国近代文化形态的新儒学体系。

二、《论语注》援“西学”对儒学的重构

西方国家强大的根本原因是吸收了工业革命的文明成果，而工业革命的原动力又是其自然科学的发展，进化论思想作为一种全新的世界观和方法论对西方国家的发展起到了至关重要的作用。有鉴于此，康有为利用西方自然科学知识和进化论思想对《论语》进行创造性诠释，以达到改造儒学、重铸儒学之目的。康有为利用“西学”知识对儒学进行创造，这种耳目一新的理论为死水一潭、无力自保的清政府指出了又一可行的道路：以“西学”改铸儒学，张孔学大道，以大同构想、君主立宪制度代替旧制以绘改蓝图。从某种程度来说，这种做法既具有时代精神，又有民族精神的意义。

康有为企图从“公羊三世”理论中发掘进化论思想，这不能不说是他的一大创获。“公羊三世”，是从《春秋》经文中附会而来，历经公羊高、董仲舒与何休几代人的发展而臻于成熟。及至康有为，他糅合西方进化论思想，对其进行创造性改造，最终发展成为独具特色的康氏“公羊三世”说，使之成为

① 汪荣祖：《康章合论》，中华书局 2008 年版，第 127 页。

② 朱忆天：《康有为的改革思想与明治日本》，上海人民出版社 2011 年版，第 239 页。

指导其变法、改制匠心独运的历史进化论体系。

（一）西方进化论与“公羊三世”说的融合

康有为对《论语》的解读不求圆融，但求经世致用。他认为，宋之后《论语》作为“四书”之一被列为“六经”之上，是一种退而求其次的历史结果。因为宋儒忽视了“微言大义”的阐发，其价值一直隐而未发，并没有将其本身的义理放在突出重要的位置。“其为一家之学说，而非孔门之全，亦可识矣。”[①]康有为撰《论语注》的目的是“正伪古之谬，发大同之渐”[②]。因此，康有为写作《论语注》之时，已经深谙“公羊三世”说的精髓，加之他对西学的系统研究以及受到赫胥黎《天演论》的影响，探索“微言大义”成为他阐发其治世思想的前沿阵地。

在《论语·为政》篇关于“十世可知也”的子张之问中，康有为对其进行了出色的发挥：“三十年为一世。损，减也；益，饶也。《春秋》之义，有据乱世、升平世、太平世。”[③]康有为首先为《春秋》“三世”说张目，紧接着说：“夏、殷、周者，三统递嬗，各有因革损益。观三代之变，则百世之变可知也。”[④]在这里，康有为对《论语》的解读与《孔子改制考》所坚持的孔子改制思想是一致的。他通过贬抑“曾子之学，专主守约”[⑤]，试图在《论语》中为孔子倡导变法改制寻求历史依据，进而为其制度变革与社会改良提供理论支撑。康有为认为《论语》一书，“其经文以鲁《论》为正，其引证以今学为主”[⑥]，这里的“今学”实指公羊学。而康有为的实际用意则是试图借助“公羊三世”说，与《礼运》之“小康”“大同”相糅合，从而实现中西文化的对接。

《论语·八佾》中“林放问礼之本。子曰：‘大哉问！礼，与其奢也，宁简；丧，与其易也，宁戚’”一段，康有为对孔子的回答予以创造性的释读。随着人类文明的不断发展，乱世之奢将不断滋生，文明就会遭遇困境。“文明既进，则乱世之奢，文明以为极俭。”[⑦]康有为得出结论：孔子乃“文明”“进化”之

---

① 康有为著，姜义华、张荣华编校：《康有为全集》第六集，中国人民大学出版社 2007 年版，第 377 页。

② 康有为：《康有为全集》第六集，第 379 页。

③ 康有为：《康有为全集》第六集，第 393 页。

④ 康有为：《康有为全集》第六集，第 393 页。

⑤ 康有为：《康有为全集》第六集，第 377 页。

⑥ 康有为：《康有为全集》第六集，第 378～379 页。

⑦ 康有为：《康有为全集》第六集，第 395 页。

王。此处又是康有为以西洋之“进化”之说来释读《论语》的典范。《论语·述而》“子钓而不纲，弋不射宿”[①]之本意是：孔子对于垂钓、捉鸟等狩猎活动一直主张不能竭泽而渔。这里本来凸显的是孔子“仁”的主张，“盖进化有渐进，仁民有渐进，爱物亦有渐进”[②]，但康有为依然借用西方进化论、平等之说予以释读。

对于《论语·八佾》“君子无所争，必也射乎！揖让而升，下而饮。其争也君子”，孔子的本意为，君子没有什么东西是一定要相争的。譬如比箭，两强相争，参加比赛的双方先相互作揖之后进行公平竞争，赛完之后还是朋友，可以一起喝酒。《论语注》的解释是：“修睦为人利，争夺为人患。盖争之极，则杀戮从之，若听其争，大地人类可绝也。然进化之道，全赖人心之竞，乃臻文明；御侮之道，尤赖人心之竞，乃能图自存。”[③]康有为认为，社会进化的症结源自人的争竞之心，而这种争竞之心正是人类文明发展所必需的；要抵御外辱以求民族的复兴亦是如此，争竞之心才是一个国家自强图存的驱动力。此为康有为用西方文明之“争竞之心”，西方“进化”之适者生存、不适者被淘汰的自然进化规律来释读《论语》之典范。当然，康有为的解读一任主观，有牵强附会之嫌。比如，《论语·阳货》“性相近也，习相远也”一段，《论语注》对其进行解读时，也用进化论予以说明，“圣人之教，务在进化，因人之性，日习之于善道，而变其旧染之恶习”，康有为所谓的“进化”最后必可通达“人人皆成上智，而无下愚矣”[④]。可以说，西方的进化论思想是贯穿康有为《论语》新解的一条主线。

(二)西方自然科学与儒学的融合

康有为认为，西方之所以强大的根本原因是其拥有先进的科学技术，这是其先于我们开始的工业革命使然。在《论语注》中，康有为利用西方的自然科学知识释读《论语》，以西洋之“公理”“电学”与“机械学”之说对儒学加以改造，以达到“援西入儒”的目的。对于《论语·颜渊》“樊迟问仁”一段，康有为予以了出色的发挥：“仁本为公理，人能尽公理者，无在而不可行焉

---

① 《论语注》为“子钓而不网，弋不射宿”。在这里应该是笔误，《论语·述而》篇原典是“子钓而不纲，弋不射宿”。

② 康有为：《康有为全集》第六集，第 431 页。

③ 康有为，《康有为全集》第六集，第 396 页。

④ 康有为：《康有为全集》第六集，第 516 页。

矣。"[①]康有为在这里以西洋之"公理"之说释读儒学，强调"公理既备"的重要性，不管是"文明之邦"还是"野蛮之国"，"公理"皆"不可费""不可弃"。最后，他复归于孔子之"仁"，这就是康有为所谓的"仁本为公理"。

《论语·子张》有云："子夏曰：虽小道，必有可观者焉；致远恐泥，是以君子不为也。"对此，杨伯峻先生解释道："子夏说道，'就是小技艺，一定有可取的地方；恐怕它妨碍远大事业，所以君子不从事于它'。"[②]康有为释解为："百家众技，凡有立于世者，其中各有精妙，有可观览，凡人自可学之以致用。但若欲经世立教，致之远大……不如孔子之大道。"[③]康有为强调"学以致用""经世之学"的重要性，只有如此，才能"致之远大"。"而天下之人甚多，安得尽为传教者？但各执一技，求精致用。近世若哥白尼之天文学，斯密亚丹之资生学，奈端之重学，富兰克令之电学，华忒之机器，皆转移世宙，利物前民，致远甚矣。"[④]康有为极力推崇西方先进科学中"重学""电学"及"机器"之学的重要性，主张用西方先进的自然科学知识释读儒学。但是，康有为"以儒为本"的立场一直没有改变，西方的"科学"知识只是"用"，是"小道"，而"孔子之大道"才是其"体"，西方科学再发达也是为此"大道"服务的，这亦凸显了康有为一以贯之的"尊孔"立场。

三、《论语注》援"西政"对儒学的改造

康有为"经世致用"的解经方式实际上是其实现《论语》自中而西进行文化勾连的理论桥梁。以"龚魏"为代表的今文经学家之"公羊学"说深刻地影响着晚清的思想界，并形成了一股强劲的学术潮流，而康有为与他们的不同之处在于，其释读经典的宗旨是以实现政治改制为出发点，试图借助"大同"说与"公羊三世"理论释读《论语》。由此可以看出，康有为并非以求得学理上的突破为旨归，对政治改良的掘发才是其古经新解的落脚点。对此，梁启超有深切的体会："有为所谓改制者，则一种政治革命、社会改造的意味

① 康有为：《康有为全集》第六集，第 484 页。

② 杨伯峻：《论语译注》，中华书局 1980 年版，第 200 页。

③ 康有为：《康有为全集》第六集，第 531 页。

④ 康有为：《康有为全集》第六集，第 531 页。

也。"[①]因此，康有为将孔学与西方"自由""平等""民主""人权"以及"博爱"之说进行融合，以达到其"改制""政治革命"与"社会改造"的目的。

(一)援西方"自由""平等"学说入儒

《论语·为政》有云："子曰：为政以德，譬如北辰，居其所而众星共之。"这里，孔子所要表明的基本观点是：一个国家要以道德为纲进行治理的话，就会像北极星一般，其他星辰都以此为中心，环绕在其周围。[②]《论语注》释读为："所谓乾元用九，见群龙无首，而天下治。行太平大同之政，人人在宥，万物熙熙，自立自由，各自正其性命。"[③]康有为所要表达的是：人人若以大同理想为中心，则中至太平之人人向往之境，终至"自立自由"之境。康有为以西洋"自由"之说释读儒学，把儒家圣贤之学再次进行强化。

《论语·公冶长》有云："子贡曰：我不欲人之加诸我也，吾亦欲无加诸人。"《论语注》释读为："子赣不欲人之加诸我，自立自由也；无加诸人，不侵犯人之自立自由也。"[④]"天演听之，人理则不可也。人各有界，若侵犯人之界，是压人之自立自由，悖天定之公理，尤不可也。子赣尝闻天道自立自由之学，以完人道之公理，急欲推行于天下。"[⑤]这里，康有为以"天演"等进化论之概念来释读人之"自由"与天之"公理"，为了阐释"自由"，康有为用西方进化论和西方科学之"公理"予以解读。

西洋的"平等"之说在《论语注》中亦多有提及。《论语·阳货》的"子钓而不纲，弋不射宿"部分，康有为同样用西方之"平等"之说予以释读："愚谓天地者，生之本，众生原出于天，皆为同气，故万物一体，本无贵贱……"[⑥]康有为认为，天地是生命存在的本原，众生皆为同气，原出于天。因此，万物都是一个整体，无贵贱之分。康有为指出："今已数千年，尚未戒杀，非徒不能不杀物，人道尚相争相杀，其去众生平等之世甚远也。"[⑦]这里，康有为立足于西方的知识架构体系来释读《论语》，认为现在处于乱世之中，"人道尚相争相杀"，更何况自然界的万事万物。故此，康有为认为：当前社会离"平等之

---

① 梁启超：《清代学术概论》，东方出版社 1996 年版，第 71 页。

② 杨伯峻：《论语译注》，第 11 页。

③ 康有为：《康有为全集》第六集，第 387 页。

④ 《论语注》中把孔子的学生端木赐"子贡"书写为"子赣"，疑为康有为的笔误。

⑤ 康有为：《康有为全集》第六集，第 411 页。

⑥ 康有为：《康有为全集》第六集，第 431 页。

⑦ 康有为：《康有为全集》第六集，第 431 页。

世”还有相当的差距。借西方之进化论、“平等”之说释读孔子，最后复归孔学之精髓——行孔子之“仁”学，以达到“人物并育而不相害，众生熙熙以登春台，乃为太平之太平，大同之大同”①。

康有为利用西洋之“平等”之说来释读《论语》。《论语·公冶长》有云：“颜渊、季路侍。子曰：盍各言尔志……”《论语注》释读云：“盖孔子之志在大同之道，不能行于时，欲与二三子行之。”②“故大同必老安、少怀、友信，绝去仅私其家之事，乃可成大同之道也。”③康有为将西洋之“平等”学说与“大同”理想相糅合，认为只有将孔子的“大同”之志渗透到生活的日用细微之处，方可通达“老安、少怀、友信”的臻美之境，这就是康有为所谓的“大同”之道。《论语·学而》“子贡曰：贫而无谄，富而无骄何如？”康有为释读为：“谄，佞谀也，卑媚之容。……若不以贫屈于人，不以富加于人，完人道自立之界而不侵犯人界。”④康有为赞成子贡能推己及人、尊重他人的例子，旨在证明其把西方“平等”之说看成《论语》的应有之义，用西方之“平等”思想建构儒学的一种努力。

（二）援西方“民主”“人权”之说入儒

《论语·八佾》“子曰：夷狄之有君，不如诸夏之亡也”一段，《论语注》释读为：“此论君主民主进化之理。……文明世人权昌明，同受治于公法之下，但有公议民主，而无君主。二者之治，皆世界所不可少，互有得失。”⑤康有为以西洋之“公议”“人权”与“民主”之说释读儒学，认为“君主”和“民主”皆为世界不可或缺的政权组织形式，“所不可少，互有得失”。康有为欲借西方“民主”“人权”之说论证其“虚君共和”的主张，为其倡导的君主立宪制度作辩护。《论语·季氏》有云：“孔子曰：天下有道，则礼乐征伐自天子出……陪臣执国命，三世希不失矣。”《论语注》释读为：“由此推之，一统之君主专制，百世希不失。盖由乱世而至升平，则君主或为民主矣。”⑥康有为在肯定君主专制的同时，认可社会从“乱世”通达“太平”之时，“君主或为民主”的论断，这里又是康有为用西方之“民主”释读《论语》的典范。

---

① 康有为：《康有为全集》第六集，第 432 页。
② 康有为：《康有为全集》第六集，第 415 页。
③ 康有为：《康有为全集》第六集，第 415 页。
④ 康有为：《康有为全集》第六集，第 386 页。
⑤ 康有为：《康有为全集》第六集，第 395 页。
⑥ 康有为：《康有为全集》第六集，第 512 页。

《论语·雍也》有云:“子见南子,子路不说。夫子矢之曰:‘予所否者,天厌之!天厌之!’”此句的意思是:“孔子去和南子相见,子路不高兴。孔子发誓道:‘我假若不对的话,天厌弃我罢!天厌弃我罢!’”①《论语》中只有此一句是涉及男女关系的,让后人产生了无限的遐想与猜测。可是,《论语注》的释读却有另外一层含义:“旧俗男女相见,君夫人礼宾,如今泰西仪。……盖圣人踪迹兼于三世,故上下无常非为邪,进退无恒非离群,故曰圣而不可测之谓神。”②康有为认为,孔子见南子是一种如“泰西”的男女之间再正常不过的礼仪,这透显着康有为对“男女有别”的漠视,因而也成了康有为援西洋之“人权”学说释读《“博爱”论语》的注脚。

(三)援西方“博爱”之说入儒

康有为为达到援“西政”以改造儒学的目的,以孔子“仁”学思想与西洋之“博爱”思想相比附。康有为以“中学中理”为框架,以“西学”“西政”为材料,用“援西入儒”的方式把西方的“博爱”思想也看作《论语》的应有之义,以此重构儒家的价值取向,从而整合出一套具有鲜明西方文化色彩的新儒学。

《论语·八佾》有云:“子曰:人而不仁,如礼何?人而不仁,如乐何?”《论语注》释读为:“盖人者仁也,取仁于天,而仁也以博爱为本,故为善之长。有仁而后人道立,有仁而后文为生;苟人而不仁,则非人道。”③在这里,康有为认为西方之“博爱”为“仁”之本,这样就把西方的“博爱”概念与《论语》“仁”的概念建立了必然的联系,用西方“博爱”之说释读《论语》。《论语·子张》有云:“子夏曰:博学而笃志,切问而近思,仁在其中矣。”孔子劝勉人们要博览群书,坚守自己的志向,虚心好学,关注当前的现实问题,这就是做到了仁德。《论语注》解释为:“孔门教人,以求仁为事。但空言博爱无私,从何下手?”④此处,康有为以西方的“博爱”学说释读《论语》,虽然有些牵强附会,但其目的还是说明孔学之“仁”学与西学的“博爱”有相通之处。

康有为将西方政治制度、核心价值与《论语》作比照,试图把西方政治理念注入儒家传统价值之中,在新的时代背景下衍生出全新的内涵。康有为对《论语·学而》篇中“巧言令色,鲜矣仁”的解读,可以窥见他对“仁”的理解

① 杨伯峻:《论语译注》,第 64 页。

② 康有为:《康有为全集》第六集,第 423 页。

③ 康有为:《康有为全集》第六集,第 394 页。

④ 康有为:《康有为全集》第六集,第 531 页。

已经涉及西方“博爱”观念、佛教思想以及他的“大同”理想。强调“仁”以博爱为本，“人多惑之以为慈仁，孔子特明其非也。盖人之生直，故贵尊其德性，质直好义，自由自立”[①]。若是以“巧诈欺人”，最终将会导向“其死则魂灵澌灭；同时处人群则大害”[②]的结局。从“魂灵澌灭”“后世传人”等提法可以看出，康有为明显吸收了佛理中“救济众生”的基本精神。康有为将“仁”与印度佛学以及西方“博爱”之学相比附，突出“博爱”的价值，塑造出大同世界的最高价值取向。因此，梁启超曾说：“先生之哲学，博爱派之哲学也。”[③]

（四）西方政治制度与儒学的比附

康有为在《论语注》中经常用西方的政治制度来套用孔子思想，并将孔子思想中没有的议会制、政党制等附会到中国传统政治之中，将孔学之道与西方现存之政治制度相类比，以达到“援西入儒”的政治诉求。康有为的《论语注》吸纳了诸多中国当时所不具有的新概念与新名词，诸如“选举”“议会制度”“政党制度”等对《论语》加以释读。康有为的阐释不仅套用西方理念、制度，还习惯性地使用中西类比的方式加以说明。因此，康有为对《论语》的重估与阐释有着强烈的时代关照性。康有为把《论语·八佾》中“君子无所争，必也射乎”解释为“揖让而升者，《大射》之礼，耦进三揖三让而后升堂也”[④]。接着解释道：“孔子制礼十七篇，皆寓无穷之意，但于射礼见之。凡人道当御侮图存之地，皆当用之。今各国皆设议院……两党之胜负迭进立于是。”[⑤]康有为试图把西方的议会制度与政党制度也附会为孔子的应有之义，认为“故议院以立两党而成治法，真孔子意哉！惟议院哗噪，或至殴争，此则无揖让之意”[⑥]，只有倡导孔子所言“争”的内在用意才能救西方政党之弊。因此，康有为得出结论：“盖教争甚难，益服孔子立揖让之礼也。”[⑦]

《论语·子罕》有“子曰：麻冕，礼也；今也纯，俭。吾从众。拜下，礼也；今拜乎上，泰也。虽违众，吾从下”之语，康有为指出孔子之礼：“君臣对拜，

① 康有为：《康有为全集》第六集，第 381 页。

② 康有为：《康有为全集》第六集，第 381 页。

③ 梁启超：《南海康先生传》，《梁启超全集》第一册，北京出版社 1999 年版，第 488 页。

④ 康有为：《康有为全集》第六集，第 395 页。

⑤ 康有为：《康有为全集》第六集，第 396 页。

⑥ 康有为：《康有为全集》第六集，第 396 页。

⑦ 康有为：《康有为全集》第六集，第 396 页。

已极平等之至，几过于今欧洲君臣矣。”[①]康有为亦将“管仲相桓公”与西方的政治制度相类比：“霸者，有天下之别名，但未一统，革命废王，如希腊之代兰得，日本之大将军耳。法之拿破仑似之，即德之该撒受封教皇，亦为霸耳。观鲁朝贡于晋，而不朝贡于周可见。盖封建之世有此体，后世无之。”[②]康有为强调西方“德联邦”等政治制度皆源自中国，以此与当时学术界盛行的西学中源论分庭抗礼。康有为将《论语·子路》篇“冉子退朝”章阐释为：“政者，有所改更匡正。事者，凡行常事。盖上所施行，经国治民，曰政；下奉令承旨，作而行之，谓之事。”[③]康有为对“政”与“事”的传统解释基本上符合中国的传统，但他的本意并不在此。“今欧人有行政官、事务官之别，出此。”[④]这是康有为基于当时较为流行的中西契合论以及西学中源说，试图把《论语》中的道理与西方政界、学界相附会，从而企图在西方社会制度中寻找社会改良、变法的理论依据。这种释读《论语》的方式表明，中国古代经典中早已蕴含着西方现存政治制度的因子。

四、《论语注》与儒学的现代转向

多灾多难的中国遭遇“千年未有之变局”，在列强的枪炮下踽踽前行。处在经济与文化转型的关键时期，“西学”“西政”等新思想与新文化不同程度地作用于中国的政治格局。深受西学思想洗礼与启发的康有为，从小就浸润在儒家传统之中，其思想具有多元性的特点。面对世事巨变，康有为处在内忧外患的动荡时代，是通盘思考古今、中西之争，又试图把中西、古今之学融为一体，并给出中国未来之药方的先进中国人。康有为一直立足于儒学本位，将“西学”“西政”与儒学进行融合、比附，并试图以此改造儒学，以求实现儒学的现代性转型。

在康有为看来，新创立的思想想被世人接受，最有效的方式就是回到经典，“托古”以“改制”。只有这样，才能切实推行其政治主张，以达到挽救民族危亡的重任。从康有为的一生经历可以看出，“尊孔”“尊中”是主基调。

① 康有为：《康有为全集》第六集，第445页。

② 康有为：《康有为全集》第六集，第492页。

③ 康有为：《康有为全集》第六集，第483页。

④ 康有为：《康有为全集》第六集，第483页。

对于儒学与孔子，康有为绝非纯粹的利用，而是诚心的信奉，绝不是时人叶德辉认为的“貌孔心夷”。康氏“一直敬仰孔子，他深信真正儒学的道德效力并未被几百年来的伪经损坏殆尽，仍然可以恢复，不仅可为中国人，而且可为整个人类服务”①。这是萧公权先生对康有为改造儒学的肯定。对传统文化的过分抨击会导向儒学的反面，从而导致现时与传统的割裂。但康有为更加明白的一点是：只有正视传统，儒学才有出路。康有为对儒学的改造客观上动摇了孔子与经学的根基，但这是儒学发展必须经历的阵痛，儒学必须脱掉神圣的外衣并回到现实中才能重获新生。楼宇烈先生也指出：“只有正视传统，促使其自我更新，使其在现时代发挥其应有的作用，这样才有可能真正摆脱传统的束缚，而变包袱为财富，变阻力为动力。”②

当然，在《论语注》中经常见到康有为对经典诠释的断章取义，甚至为达到政治目的不惜曲解原典而进行自我创造。这种做法虽不可取，但它跃动的是康有为作为一个解经者强烈的个体创造性。康有为的初衷是借经典诠释以张扬自己的个性，彰显政治主张，援“西学”“西政”入中国儒家传统，以期实现“托古改制”。在对经典的注解上，康有为为达到政治需要一任自然，这样的解经方式甚至不惜对经典进行篡改，将一己之见解塞进文本，甚至《论语注》可以定位为一部对经典过度诠释的著作。他不可能像中规中矩的洋务派领袖张之洞那样，有坚持保守主义的心智与政治德性。可以说，康有为很难建立在扎实的儒家义理、学术的基础之上。他处在空前动荡的时局，时代所能给予他的空间和条件已被极度压缩。因此，需要对康有为予以重新审视，他的政治视野与远见卓识是时人难以望其项背的。虽说《论语注》是削《论语》之足以适己履，但也有其合理性，这也正是康有为的思想挑战性和历史现实感之表现。

康有为巧妙地运用公羊学“通经致用”的学术传统，将西方自由、平等、民主、博爱、人权等政治理论以及风靡全球的进化论思想纳入《论语》的诠释之中。通过康有为的解读，我们可以看到康有为对“六经注我”解经模式的纯熟应用，这不仅为其维新变法思想提供了理论依据，而且客观上促进了儒

---

① [美]萧公权：《近代中国与新世界——康有为变法与大同思想研究》，汪荣祖译，江苏人民出版社 1997 年版，第 82 页。

② 楼宇烈：《借古为今乎？恋古非今乎？——〈康有为学术著作选〉编后》，《书品》1989 年第 2 期。

学的近代转型。具体表现在以下四个方面：

第一，康有为以儒学为本位，积极融会中西、古今之精华，对儒家思想进行创造性转化，在整个《论语》学史和“四书”学史上颇具开创意义。身处中西文化交汇的大变革时代，康有为通过对儒家经典《论语》作注，以一种开放的文化胸怀，用今文经学、通经致用思想与西学融合，将传统儒家的“公羊”学说、西方的科学知识与政治思想以及佛教思想进行有机融合。康有为的努力，是对遭受灭顶之灾的儒家思想走向近现代而做出的有益尝试。“康有为也许可以说是近代中国尝试着使传统文化，特别是儒家孔孟学说，向近代转化、为近代社会服务的第一位探路人。”[①]康有为首次立足于当下，将西方近代思想观念融入《论语注》，突破了儒学以往的解经方式，在中国经典诠释史上具有重要意义。

第二，康有为把西方进化论思想、科学知识等“西学”与中国古代的“公羊三世”说相结合，促进儒学与“西学”的融合。康有为对儒学的改造为中西思想的融通开辟了道路，将西方的先进思想渗透到中国新生代的知识分子中间。[②] 康有为巧妙地将“西学”引入儒学的诠释体系之中，效仿泰西，使其成了中国改革变法的主要目标。[③] 康有为采用“以西化儒”“援西入儒”的方法，突破了“以儒释儒”所形成的日益陈旧、僵化的解经思维，将不适合近现代价值的儒学思想成分进行涤荡和整理，为传统儒学的发展开出一剂良方，更表现了儒学“苟日新，日日新，又日新”(《大学》)的特质与旺盛的生命力。康有为的努力不仅为传统儒学带来生机，还为儒学的未来发展指明了新的方向。

第三，康有为《论语注》的儒学建构在一定程度上表明了儒学“通经致

---

① 楼宇烈：《康有为与儒学的现代转化》，中国孔子基金会编：《孔子诞辰 2540 周年纪念与学术讨论会论文集》，上海三联书店 1992 年版，第 2149 页。

② 参见朱忆天：《康有为的改革思想与明治日本》，第 212 页。“康有为的儒学改革，为贯通中西的、作为全世界普遍‘公理’的社会进化论渗入中国社会，开辟了一条崭新的道路。变法运动后，特别是 20 世纪初，高举‘优胜劣汰’法则的社会进化论，日益渗透到中国新生代知识分子中间。”

③ 参见张勇：《戊戌时期章太炎与康有为经学思想的歧异》，《历史研究》1994 年第 3 期。“他以‘孔子自造’的精神，为人类社会发展设计了普遍适用的、机械的‘三世’模式。在他看来，处于‘升平’之世的泰西文化，代表了人类社会发展目前所能企及的最高阶段。所以，仿效泰西也就成了今日中国改革变法的主要目标。”

用"价值指向的确立。[1] 康有为以西方先进的文明成果为重要参照,对经典的诠释与政治文明、社会进步建立有效的勾连具有重要意义。康有为站在中西文化的交汇点上吐故纳新,将"西学""西政"纳入儒家经典体系与中国的社会现实当中,将中国固有的传统文化与西方近代政治体制建立有效的关联,这无疑对转变观念具有巨大的冲击力量,其中蕴涵着极强的时代意识,而非纯学术性的思想。这种关注时局并力求改变现状的努力,由学术渐至现实的解经模式无疑具有积极的现实意义。

第四,康有为破除夷夏之辨,超越了华夏中心主义保守者的局限,开显了儒学的普世之学。《论语注》还表现出康有为超越了传统儒学的夷夏之辨,不再有清代士大夫天朝上国的保守情结,而抵触现代文明或不愿意进入现代文明才是康有为心目中最可怕、最野蛮的"夷狄",这在一定程度上冲击了中国人根深蒂固的"夷夏之防"的传统观念。康有为"学术层面的改革没有成功,却大大促进了清末思想界的进化,间接促进了社会的转型,真可谓'失之东隅,收之西隅'"[2]。康有为的儒学思想在一定程度上体现了西方平等观念深入人心,中国开始走向世界、融入世界的一种趋势,同时为中国文化及中国儒学的拓展开辟了道路。

结　语

综上所论,康有为对儒学改造的四点功绩可谓"善莫大焉",它客观上促进了儒学的发展。但是,我们也不可忽视这样一点:康有为《论语注》对《论语》的诠释促使古老的儒学进行艰难的转型,但这种转型需要与社会的发展保持同步才具有现实意义。康有为"六经注我"的解经方式,缺乏实事求是的精神,诸如把《论语》与西方"进化""民主"等思想进行简单的、生硬的联系,显然有失客观,"康氏随任己意,有时甚至不惜改经,以便将自己的见解尽量塞进文本"[3]。因晚年沉迷于君主立宪,反对民主革命,学界一度把他定

① 参见刘星:《康有为今文经学的"通经致用"思想》,《自然辩证法研究》2016 年第2 期。

② 姜广辉、李有梁:《康有为的经学近代化改革及其失败》,《中国哲学史》2013 年第2 期。

③ 马永康:《〈论语〉注解中的"公羊学"取向——刘逢禄〈论语述何篇〉和康有为〈论语注〉比较》,《孔子研究》2008 年第 3 期。

位为时代的“落伍者”，此亦有失公允。我们应该看到他为儒学所付出的努力，在危难时局中留给他的时间和空间是十分有限的，这也是他为救亡图强不得已而为之。

我们不但要成为儒学坚定的践行者，还要把握时代脉搏，正确认识、分析儒学的利弊得失，取其精华，去其糟粕，做儒学真正的传承者与发扬者。我们要“推动中华优秀传统文化创造性转化、创新性发展”[①]，这是习近平总书记多次强调，并在十九大报告中再次申明的重要论断，为我们文化建设事业的发展指明了方向。“一个方方面面充满争议的康有为要比更少争议的梁漱溟、熊十力或钱穆，在今天对于我们来说更有思想的挑战性和历史的现实感。”[②]《论语注》所昭示的儒学转向的价值和意义不能因康有为在学术上、政治上和道德上的不完美而对他的一切一概予以挞伐。我们要积极挖掘其可资利用的资源，吸收、借鉴其对儒学的现代转型中积极的、有益的成分为我所用。只有这样，我们才能将儒学中诸如“和而不同”“己所不欲，勿施于人”以及“仁义礼智信”等核心价值与当今时代建立起有效的逻辑勾连。只有古为今用，学以致用，儒学才有更为美好的未来。

① 2013 年 11 月 26 日，习近平总书记在山东考察曲阜时首次提出“创造性转化、创新性发展”这一论断。对创造性转化与创新性发展问题，习近平总书记也下过明确的定义：创造性转化，就是要按照时代特点和要求，对那些至今仍有借鉴价值的内涵和陈旧的表现形式加以改造，赋予其新的时代内涵和现代表达形式，激活其生命力；创新性发展，就是要按照时代的新进步新进展，对中华优秀传统文化的内涵加以补充、拓展、完善，增强其影响力和感召力。

② 张旭：《大陆新儒家与新康有为主义的兴起》，《文化纵横》2017 年第 3 期。

从注释性经学到观念性哲学

——20 世纪《论语》诠释特点及其走向

徐庆文

摘要:20 世纪《论语》诠释成果分为新、古两种诠释体例:一种是以经解经式的“古”式《论语》诠释,一种是学科分治式的新式《论语》诠释。新式《论语》诠释按照文、史、哲三个学科划分出文学式《论语》诠释、史学式《论语》诠释、观念性《论语》诠释三种不同风格。随着现代社会的深入发展,以经解经的古代治经方式被现代学人归入历史。与之相对应,新式《论语》诠释模式已经成型。《论语》诠释在学科分治中,形成了文、史、哲三个学科的学者各自固守自己的领地而拒斥其他学科的趋势。因此,现代学人不应再纠缠于恢复经学传统诠释《论语》,而应将文学层面、史学层面、哲学层面视为逻辑递进式关系,进一步推动《论语》诠释的现代发展。

关键词:注释性经学　观念性经学　《论语》　诠释特点

20 世纪是整个中华民族多灾多难的世纪。与之相对应,作为民族文化根基的儒学,其发展也异常复杂、曲折。《论语》是儒学最具代表性的经典,20 世纪学者对于《论语》的诠释,也在中西、古今争论中呈现出繁杂、多变的趋势。

20 世纪《论语》诠释的研究,应该是一个新课题,也属于比较难的问题。难就难在儒学在 20 世纪成为学界乃至整个社会关注的焦点,《论语》作为儒学的重要经典也成为各路学人解读的重点。各种解读纷繁多样,参差不齐,

---

徐庆文,山东大学儒学高等研究院教授,主要从事近现代儒学研究。

难以把握。但是，正因为20世纪《论语》诠释的多元、繁杂，使得《论语》诠释走出了传统经学视野，进入现代哲学视域，形成了解读《论语》的新思路。透过20世纪《论语》诠释的研究，可以把脉儒学在这个世纪的复杂历程，进而窥探儒家经典在现代社会中呈现出的种种问题，以期在以后发展中得到匡正。

一

1912年1月19日，中华民国临时政府教育部颁布了《普通教育暂行办法》，规定“小学读经科一律废止”，“清学部颁行之教科书一律禁用”[①]。这意味着，从1905年废除科举考试制度后岌岌可危的古代经学彻底成为历史。

本来，经学解体标志着作为儒家思想最具代表性的经典——《论语》应该成为过往，新时代知识分子不会对它给予过多的关注；但事实恰恰相反，经学解体后，带有浓重古代“士”情结的知识分子以及现代知识分子仍然对《论语》表现出了极高的关注度。许多知识分子倾注相当大的精力研读《论语》，诠释《论语》，所不同的只是诠释《论语》的方法相左。旧知识分子(带有浓重古代“士”情结的知识分子)沉迷于以经解经式的方法；具有现代意识的知识分子则融合西学，采用学科分治式的方法诠释《论语》。正因为如此，20世纪《论语》诠释呈现出一种热度不减反增的局面，研究《论语》的文章比比皆是，对《论语》全文诠释的成果也纷纷面世。在20世纪众多的《论语》诠释成果中，我们仍然可以看到新、古两种诠释体例。

其一，以经解经式的“古”式《论语》诠释。所谓“古”式《论语》诠释，是指严格遵循历代《论语》的家法，详采各家之说，或注重字句训释，或专究名物制度，或调和今古文、汉宋各说，对《论语》文本进行以经解经式的诠释。20世纪后，中国古代社会虽然终结，传统经学已然解体；然而从古代社会走过来的知识分子(士)或向往古代社会的知识分子仍然有许多，他们在学术研究中仍然倾向于传统的经学，依旧沿用传统的以经解经式的《论语》诠释方式。比如，章太炎的《广论语骈枝》、徐天璋的《论语实测》、简朝亮的《论语集注补正述疏》、唐文治的《论语大义定本》、陈汉章的《论语征知录》、程树德的

① 《普通教育暂行办法》，《教育杂志》1912年第3卷第10期。

《论语集释》、杨树达的《论语疏证》等。其中的代表当属程树德的《论语集释》、杨树达的《论语疏证》。

《论语集释》广引经、史、子、集及类书、碑志达六百八十余种，在学术上力求超越门派之见，将各家之说分门别类采辑，内容分十类：一是考异，即考释经文异同；二是音读，注字音，正句读；三是考证、考释名物制度；四是集解，释何晏《论语集解》，并将邢昺《论语疏》的许多解释附入其中；五是唐以前各家对《论语》的注释，以皇侃的《论语义疏》为主；六是集注，选取宋以后各家之注，其中以朱熹《论语集注》为主；七是别解，搜罗《集注》以外的新说；八是余论，主要辑入清代儒学所阐发的义理之说，并附入补集注但不宜考证的内容；九是发明，采录陆王一派的义理之说；十是按语，是程树德对《论语集释》相关内容的说明和评判。《论语集释》属于典型的以经解经的古代治经方式，综合众长，广博注解，却已见疏少。然而，即使收罗如此广博，仍然不能令人满意。《论语集释》"异说纷陈，使读者如入大海，汗漫不知所归趋"，"搜罗广而别择未精"①。这应该是"古"式《论语》诠释的特点。杨树达的《论语疏证》"首取《论语》本书之文前后互证，次取群经诸子及四史为证"，"训说大致以朱子《集注》为主，其后儒胜义长于朱说者，则取后儒之说"。此书以经、史、子为证，尤其是"把三国以前所有征引《论语》或者和《论语》有关的材料都依据《论语》原文疏列"②。此书互证之方法仍然可归为"古"注。

其二，学科分治下的新式《论语》诠释。所谓新式《论语》诠释，是指经学解体后，按照西方学科划分对《论语》进行的诠释。经学解体后，中国教育体制引入西方教育模式，将人文学科划分为中文、历史、哲学等学科，传统经学大体上被肢解到文、史、哲三个学科当中。蔡元培曾指出："为大学国文系的学生讲一点《诗经》，为史学系的学生讲一点《书经》与《春秋》，为哲学系的学生讲一点《论语》《孟子》《易传》与《礼记》，是可以赞成的。为中学生选几篇经传的文章，编入文言文读本，也是可以赞成的。若要小学生也读一点经，我觉得不妥当，认为无益而有损。"③这段话已经成为自新文化运动以后经学学科存在状态的一个真实写照。在新教育机制下，《论语》诠释也按照文、史、哲三个学科分列进行，呈现出三种不同的诠释风格。

---

① 参见钱穆：《论语新解》，三联书店 2012 年版，序第 2 页。

② 杨伯峻：《论语译注》，中华书局 1980 年版，导言第 33 页。

③ 《蔡元培全集》第二卷，浙江教育出版社 1997 版，第 16 页。

第一，文学式的《论语》诠释。① 文学式的《论语》诠释以音韵、训诂、文字、章训等训释为主。这类诠释《论语》的成果颇多，如毛子水的《论语今注今译》、杨伯峻的《论语译注》、王熙元的《论语通释》、唐满先的《论语今译》、钱逊的《论语浅解》等。其中，杨伯峻的《论语译注》影响最大。

杨伯峻称："在撰述'译注'之先，曾经对《论语》的每一字、每一词作过研究。"作者首先对《论语》通行的文字加以订正，再进行通译，通译"在尽可能不走失原意并保持原来风格下力求流畅明白"。在注释中，作者特别注重"字音词义、语法规律、修辞方式、历史知识、地理沿革、名物制度和风俗习惯的考证等等"，并称"本书虽然不纠缠于考证，但一切结论都是从细致深入的考证中提炼出来的"，其目的是"帮助一般读者比较容易而正确地读懂《论语》，并给有志深入研究的人提供若干线索"。②《论语通释》对每章每节的分合、错简、衍文、脱字进行考定，并从提旨、释词、译义、析微四个层面解释各章。由此可见，文学式诠释注重的是文本的音韵、训诂、词义等；更确切一点说，应该是字词式诠释。

第二，史学式的《论语》诠释。史学式诠释的重点不在于《论语》文本的字、词、义，而重点要揭示文本的思想及其在思想史中的意义。简朝亮的《论语集注补正述疏》、钱穆的《论语新解》、陈大齐的《论语臆解》、龚乐群的《论语疑考》、乔一凡的《论语通译》、严灵峰的《论语章名新编》等，均可归于此类。其中，影响最大的当是《论语新解》。

钱穆在《论语新解·序》中指出："本书取名新解，非谓能自创新意，掩盖前儒。实亦备采众说，折衷求是，而特以时代之语言观念加以申述而已。"所以，作者作《新解》的目的在于"求其为一部人人可读之注"。怎样才能做到人人可读？作者认为，应该"直明《论语》本义"。在作者看来，"直明《论语》本义"包含两个方面：一是"异说既多，贵能折衷"，二是"用今代之语言观念阐释二千五百年前孔子之遗训而能得其近是，使古今人相悦而解"。③ 由此可以窥见史学式诠释《论语》的特点。正是基于对《论语》思想的挖掘，《论语

---

① 文学式的《论语》诠释包括许多方面，如《论语》的语言风格、《论语》的文学特性、《论语》的文艺美学等。为了与史学式诠释方式、哲学式诠释方式对应，本文只将文学式的《论语》诠释限定在音韵、训诂、文字、章训等内容。

② 参见杨伯峻：《论语译注》，导言第 34、35 页。

③ 钱穆：《论语新解》，序第 2 页。

臆解》仅选取《论语》的小部分篇章进行解读，而选取的小部分篇章也多非整章，仅为章中的数句或一句，凡不是孔子发表的言论或主张，不涉及孔子治学立说态度的言论概不诠释。《论语章名新编》则对各章重新进行分类，将主题相近的章重新组合，使《论语》的思想性更加鲜明。

第三，观念性的《论语》诠释。观念性的诠释近似于《论语》的哲学化，是对《论语》主要观念进行时代性的诠释或发挥，以使古代《论语》观念活转于当下，进而证明其价值资源依然可以应用于当代。在20世纪《论语》诠释中，大部分学者将观念性的诠释作为解读《论语》的最终目的，因而这一形式的《论语》诠释成果最多，也最杂，显得鱼目混珠、良莠不齐。大体上可以归为三大类：第一类是借助于对《论语》的诠释，表述作者本人对儒家思想的理解和态度，典型代表是康有为的《论语注》[①]、赵纪彬的《论语新探》和李泽厚的《论语今读》。《论语注》虽标明旨在阐发孔子“仁”的观念，但赋“仁”以“博爱”的含义，并将《论语》与《春秋》相沟通，阐发“公羊三世”说，以“渐进”实现“大同”“太平”的理想，为维新派的改良主义作论证。赵纪彬的《论语新探》运用扎实的考据学功夫，“透过《论语》一书，对于春秋时期社会性质问题，给以探索；进而对于古代前期儒家的阶级基础、思想体系及历史地位问题，略为阐明”[②]。李泽厚的《论语今读》通过对《论语》的解构和建构，论证“天地国亲师”可以成为中国人对宇宙自然、家园乡土、父母、兄弟、夫妻、朋友师长、文化传统的某种道德和超道德的情感认同和精神皈依。[③] 也就是通过今天再读《论语》，发现儒家的“情感本体”。第二类是试图通过诠释，挖掘《论语》的现代价值。如《论语义理疏解》分为人生的理想、存在的命限、德性的实践等，部分发明儒学传统的义理体系，注入切身体会。20世纪八九十年代，许多研究《论语》的成果都是“从《论语》看……”的形式。比如，《从〈论语〉看孔子的语言教育论》[④]、《从〈论语〉看孔子的经济思想》[⑤]、《从〈论语〉看孔子的

---

① 康有为的《论语注》是典型的以经解经的古代治经方式，但其注完全超出以经解经的范围，是借古注表达时代意义，故没有将其归类到“古”式诠释，而归之于观念类的诠释。

② 赵纪彬：《论语新探》，人民出版社1976年版，绪论第2页。

③ 李泽厚：《论语今读》，三联书店2008年版，前言第8页。

④ 殷孟伦：《从〈论语〉看孔子的语言教育论》，《文史哲》1980年第3期。

⑤ 杨树增、侯宪林：《从〈论语〉看孔子的经济思想》，《河北学刊》1986年第1期。

政治思想构架》[①]、《从〈论语〉看孔子的心理卫生思想》[②]，等等，都是从《论语》中阐发儒家的政治、经济、教育等思想。第三类是对《论语》观念的时代发挥，将《论语》的观念用现代的话语或放在时代情境中进行解读，即用现代生活的具体事例诠释《论语》的观念。南怀瑾的《论语别裁》即属于这一类的典型代表。南怀瑾是学术大家，儒释道兼修，出佛入道明儒皆能自如，用现代社会的理念解读《论语》总能大体符合《论语》本义。然而，这一类的《论语》诠释中，不少成果牵强附会，生搬硬套，甚至在文本意义没有理解的情况下进行臆解，将严谨的《论语》文本解释成不伦不类的典籍。因此，这类《论语》诠释也备受学人诟病。

二

如果单从成果的数量来看，20 世纪《论语》诠释应该是最多的。百年间，诠释《论语》的文章、书籍数不胜数。但是，这众多的《论语》诠释成果中，真正有质量、能够成为经典的成果又有多少呢？事实上，《论语》诠释成果的不断出现，本身就映衬着对其他《论语》诠释的不满。那么，20 世纪《论语》诠释的问题到底出现在哪里呢？

应该承认，传统经学解体，中国步入现代社会，教育体制西方化，这一切使得传统经学式的教育模式逐渐远去，直至成为历史。而经学也在现代社会变成了“无所依附的游魂”，被肢解到了现代教育体制的人文学科中。随着现代社会的深入发展，以经解经的古代治经方式离现代人渐行渐远，被现代学人归入历史。与之相对应，现代学人的教育背景决定了他们对新式《论语》诠释的选择。经过近一个世纪，这种新的《论语》诠释模式已经成型，且分融于文、史、哲领域中。然而，《论语》诠释在分融过程中，却出现了不同学科的学者在对《论语》进行诠释时，往往偏执于自己的学科，形成了文、史、哲三个学科的学者各自固守自己的领地而拒斥其他学科的趋势。今天我们的经典诠释，构成了文、史、哲三个学科鼎立之势，且三个学科之间互盲互斥。这是 20 世纪以来《论语》诠释不能令学人满意的关键所在。

---

① 王四达：《从〈论语〉看孔子的政治思想构架——兼论孔子的“一贯之道”》，《华侨大学学报》（哲学社会科学版）1993 年第 2 期。

② 李国榕、吴黛舒：《从〈论语〉看孔子的心理卫生思想》，《齐鲁学刊》1996 年第 3 期。

文学式诠释解决的是《论语》"是什么"的问题，学者们偏重于《论语》的字音、词义、语法规律、修辞方式、名物制度、风俗习惯等。在这种诠释语境中，最重要的是将《论语》逐字逐句弄懂弄通。简洁、清楚、明白、精准、保真是这种诠释方式的目的，至于《论语》里的思想，甚至义理等，往往不被诠释者认同，抑或被他们认为是《论语》的衍生物，甚至讥讽观念化的《论语》诠释是臆解、胡说。由于现代教育背景下成长起来的现代人对古代经典比较陌生，他们接触古代经典往往是从初级经典的字词开始的，因而文学式《论语》诠释大受现代人的欢迎。但是，这种方式只是《论语》诠释的开始。诠释《论语》如果仅仅停留于此层面，是没有任何意义的，只会让人觉得《论语》是一部冷冰冰的文学作品。

史学式诠释重在解决《论语》所蕴含的思想，也就是《论语》"为什么"的问题。① 在诠释过程中，学者们偏重于对《论语》进行思想考证。在诠释《论语》文本时，会对孔子生平事迹、思想体系、学派特点等进行详细考证，并且要对《论语》中"子曰"的每一句话进行考订，做出一个符合孔子时代的合理解释。史学式诠释的重点是挖掘孔子的思想，进一步指出《论语》里孔子为什么这样讲。在史学式诠释的视野里，对于《论语》字、词的诠释属于细枝末节，不但抓不住《论语》的中心，而且容易将《论语》文本变得支离破碎；而观念化的诠释则偏离了《论语》的主题，属于《论语》诠释的歧出。为了使《论语》诠释更加深入，史学式诠释的学者甚至会整理历代经学资料，出入各注，去芜存精。

观念化的诠释重在盘活《论语》的当代价值，解决"怎么办"的问题。这种诠释直指《论语》的"天""道""仁""礼"等核心观念，将这些核心观念进行现代的梳理和挖掘，使这些儒家思想在现代社会发展中发挥重要作用。因此，在观念化诠释的视野里，文学式诠释显得琐碎和支离，抓不到《论语》的核心，是《论语》诠释的枝节，甚至可以忽略不计；而史学式诠释虽然阐明《论语》的思想，但没有进一步将这些思想的现代价值体现出来，工作没有做完。只有将《论语》的思想观念化，才能为现代社会所用。于是，20 世纪后期的《论语》诠释中，出现了许多近似于"戏说"式的《论语》解读。南怀瑾比较谦虚，将自己对《论语》的解释定义为"别裁"，而有一些学者甚至谈不上学者的

① 《论语》"为什么"的问题，是指《论语》中孔子为何这样说，这样说包含着什么样的思想性。

人也诠释起《论语》来，不少成果牵强附会，生搬硬套，甚至在没有理解文本意义的情况下进行臆解，将严谨的《论语》文本解释成不伦不类的典籍。因此，这类《论语》诠释也备受学人诟病。

20 世纪后半期，《论语》诠释的学科属性越来越明显，文学、史学、哲学领域的学者对于所从事的学科表现出高度的自信与自尊，而对于不属于自己学科领域的《论语》解读则表现出不了解、不认同，甚至不屑的态度，使《论语》诠释越来越禁锢于学科圈子。

三

事实上，对于学科分治下的《论语》诠释所带来的弊病，学界早有清醒的认识。如果说 20 世纪前半期的读经①带有浓重的尊孔、恢复旧学意味的话，那么 20 世纪后半期的读经②显然是对古代经学被肢解到文、史、哲学科的“反动”。学者及其所带领的学生重新诵读儒家经典，大有突破文、史、哲学科界限，重回经学的势头。与之相呼应，经学地位也在 20 世纪 90 年代的“国学热”中不断提高，“经学在传统四部之学中居于核心的支配地位，要对传统文化的本质有更加深入的理解，无法绕开经学”③；“在国学里面它有一个主流，这个主流是儒学；儒学有一个核心，这个核心是经学”④。更进一步，学者们又把经学抬高到中国文化源头的地位，经学是中国文化的源头，而中国过去的一百多年中，解决了救亡图存的问题，而今天的中国要文化自立，必须回到中国文化的根，即经学上来⑤。有学者呼吁“经学应该成为独立的学科”⑥，并将其纳入国民教育序列之中。

① 20 世纪前半期曾多次掀起读经高潮。比如，民国初期孔教运动的读经、国民政府提倡的读经、伪满倡导的读经等。

② 20 世纪后半期的读经，主要指 20 世纪八九十年代，一些学者自发组成的、回到经典的读经活动。这些读经活动有声有色，对于接续儒学起到基础性作用。

③ 《年度国学 2009》年度报告编写组：《多样化推进》，《光明日报》2010 年 1 月 11 日第 12 版。

④ 李学勤：《国学的主流是儒学，儒学的核心是经学》，《中华读书报》2010 年 8 月 4 日第 15 版。

⑤ 参见余敦康、姜广辉、梁涛：《儒家经学的历史作用》，《中华读书报》2009 年 3 月 4 日第 15 版。

⑥ 彭林：《经学应该成为独立的学科》，《光明日报》2011 年 1 月 17 日第 15 版。

然而，传统社会已经转换到现代社会，再回归传统经学的困难程度可想而知。传统一旦被打破，若想再恢复，就不是短时间内能够做到的，而是要经过几代、几十代人的努力。既然如此，目前《论语》诠释就只能在文、史、哲学科分治的情势下向前推进了。怎样推进？个人认为，现代学人应该转换视野，不要再纠缠于恢复经学传统诠释《论语》，而应由经学视野转换为文学、史学、哲学逻辑递进式的视野，这或许不失为现代语境中《论语》诠释的一条路径。

将文学式的诠释、史学式的诠释、哲学式的诠释作为逻辑递进关系，这样就有了各个诠释视野的层位性。文学式的诠释作为第一层面，也是最基础的层面，是后两个层面的基础。只有将这个层面的基础打好，才有资格进入第二个层面——史学层面。史学层面是文学层面的进一步展开，是《论语》及儒家思想的共时性解读，是在文学式诠释的基础上对《论语》内涵的拓展。由文学式的诠释进入史学式的诠释是一种自然的进级。当文学层面的基础打牢后，不能仅醉心于此层面，自然要进入史学层面。当史学层面的诠释达到高深造诣后，就要进入哲学性诠释。哲学层面的诠释是对文学层面、史学层面诠释的超越，是在二者基础上对《论语》语义进行时代的升华，是对《论语》的义理所进行的时代解读以及对《论语》价值的时代揭示。哲学层面对于文学层面、史学层面的超越绝不是对二者的忽略，而是建立在二者基础上所进行的提升，是将《论语》诠释上升到更深层的理论高度和时代广度。实际上，经学视野里的《论语》诠释，也不同程度地存在训诂、思想、观念等层次的解读，只是在整个经学诠释中将这些层次融合一体，层次并不鲜明罢了。现代学科分治情势下的《论语》诠释，由文学层面到史学层面再到哲学层面，《论语》的解读也由文字、思想上升到观念、理论，这种诠释应该达到与传统经学以经解经同样的目的。

诚然，由文学、史学到哲学递进式的诠释《论语》，面临着许多困难，但最大的困难有两个：一是学科分治下，学者往往容易沉醉于自己学科内的成就，而不能突破自己研究的学科。毕竟，跨学科是要有相当大的勇气和长期的沉潜务学功夫。二是要做到从文学至史学再到哲学，需要学者经过几十年甚至一生的冷板凳功夫，才能培育出扎实的儒学根基和哲学素养。因此，在喧嚣、浮躁的当代，静下心来专注于儒家思想的研究、探讨，仍然是致力于儒学复兴的学人应该做的工作。

入乎其内　出乎其外

——南怀瑾诠释《论语》之方法

陆信礼

摘要：台湾学者南怀瑾的《论语别裁》一书，是当代中国《论语》学发展过程中的一部重要著作。该书自出版以来，深受广大读者的喜爱。它之所以能产生如此反响，与南先生独具特色的讲述方式有很大的关联。就诠释《论语》的方法来说，主要反映了南先生对《论语》“通体而好之”的基本态度。根据这一态度，南先生提出了四个具体观点：第一，《论语》不能分开读；第二，以经解经（或者说“以《论语》解释《论语》”）；第三，经史合参，即以历史上的史迹与《论语》中的思想相融会；第四，依文体义，在理解《论语》文字意义的基础上，以人生的经验加以体会。虽然南先生的讲述存在一定不足，但是他诠释《论语》的方法对于我们深入理解《论语》一书具有重要的意义。

关键词：诠释方法　以经解经　经史合参

台湾学者南怀瑾是一位在海内外有较大影响的学者。他熟悉经、史、子、集，通晓儒、释、道三家思想，学识渊博，著作等身。自20世纪90年代以来，他讲述中国传统文化的系列著作，如《论语别裁》《老子他说》等在大陆相继出版后，受到广大读者的热烈欢迎。南先生的著作为什么有如此影响？笔者以为，这不仅因为南先生具有精博的学识，而且与他独具特色的讲述方式有很大关系。在此，以他的《论语别裁》为例，将其对该书的诠释方法做初步总结。

陆信礼，中国海洋大学社会科学部副教授，主要从事中国哲学史及马克思主义哲学中国化的教学和研究。

一、不能拆读

很多学者认为，作为儒家核心经典之一的《论语》是杂乱无章、缺乏系统性的，因此主张采取分类阅读或研究的方式。比如，清代焦循的《论语通释》、曹廷杰的《论语类纂》、赵纪彬的《论语新探》、蔡尚思的《论语导读》等。从读者角度来说，采取这种方法阅读，的确比较容易把握该书的条理系统。对于此类著作中的《论语通释》一书，梁启超曾称道说："此书将《论语》教义要点分类研究。其方法最可学。"①然而，南怀瑾极力反对这种方法。在他看来，《论语》一书自成条贯，若分开来读将会割裂其完整性。对于这一主张的来历，南怀瑾是这样说的："十七八年以前，好几位先生在一起谈起，大家认为要救中国就要复兴文化。于是有些教授学者们，主张把四书重新编辑。他们认为四书杂乱无章，要分门别类编在一起，讲孝的归到孝，讲仁的归到仁，把《论语》的篇章整理一遍，希望我也负责一个部门。当时我答应考虑考虑，回家拿出四书重读一遍后，发现这个改编方法有问题。第二天开会，我就反对，不赞成改编，因为，以全部《论语》来讲，他本身就有一贯的系统，完全是对的。我们不需要以新的观念来割裂它。"②

在南怀瑾看来，《论语》一书篇与篇之间、节与节之间都是紧密联系的，绝不能人为地加以分开。他在《论语别裁》中反复强调这一点："在我认为《论语》是不可分开的，《论语》二十篇，每篇都是一篇文章。我们手里的书中，现在看到文句中的一圈一圈，是宋儒开始把它圈断了，后来成为一条一条的教条，这是不可以圈断的。再说整个二十篇《论语》连起来，是一整篇文章。"③又说："古人和今人一样，都是把《论语》当作一节一节的格言句读，没有看出它是实实在在首尾连贯的关系，而且每篇都不可以分割，每节都不可以肢解。他们的错误，都错在断章取义，使整个义理支离破碎了。……我们的看法，不但是二十篇《论语》，每篇都条理井然，脉络一贯。而且二十篇的编排，都是首尾呼应，等于一篇天衣无缝的好文章。"④因此，他说："我们现在

---

① 陈引驰编校：《梁启超国学讲录二种》，中国社会科学出版社 1997 年版，第 10 页。

② 南怀瑾：《南怀瑾选集》第一卷，复旦大学出版社 2003 年版，第 10 页。

③ 南怀瑾：《南怀瑾选集》第一卷，第 13～14 页。

④ 南怀瑾：《南怀瑾选集》第一卷，第 790～791 页。

研究的方法,《论语》是整篇连贯的,不能一节一节拆开来看。"①

在这种观点主导下,南怀瑾在讲述各篇内容时,都先对其内容的连贯性做出交代。比如,讲到《论语》中"下论语"的第一篇《先进》时,他说:"现在我们讲《先进》的观念,和下面第十二篇《颜渊》等等,等于上论的《学而》、《为政》、《里仁》这些篇章的注解。以实际的例证来作注解,叙述孔子当时师生之间的讨论,以及他自己实地的一些作为。所以还是连贯的。"②在第十五篇中,他还讲到该篇具体内容的连贯性,指出:"所以我说《论语》是连贯的,这一篇由第一段,孔子不肯答复军事的问题,一直讲到做人处世,结论是要帮助残废孤苦的人。而且又以孔子接待大乐师的事,烘托出国家的根本在礼乐。可见每篇的编辑、安排都是恰到好处。"③就自古以来研究、讲述《论语》的学者来说,像南怀瑾这样坚定地认为《论语》有严密逻辑顺序的委实不多见。对于这一观点,笔者认为应从两个方面加以把握:

其一,要承认它具有一定的合理性。以被南先生称作《论语》全书总纲的"前四篇"为例,它们确实体现了较强的连贯性或逻辑性。第一篇《学而》,讲一个人首先要"为学";学有所成后,则去从事管理工作,或者说去"搞政治"("为政"),这就是第二篇《为政》所讲的内容;"搞政治"自然要遵循一定的原则,这原则上就是孔子所推崇的"礼",没有"礼"整个社会就会失序,而"礼"就是第三篇《八佾》所讲的内容;社会上的人们究竟如何对待"礼",仅仅将其作为一种形式,即按照程式化顺序来操作,还是有别的方面的要求?孔子认为行"礼"必须有"仁"这种道德情感作为其内容和基础,不然就会流于形式或做表面文章,就像他所说的"人而不仁,如礼何?人而不仁,如乐何?"这就是第四篇《里仁》所讲的内容。

其二,对《论语》一书的连贯性和逻辑性不能夸大。毕竟,该书的连贯性并不像南先生说的那么强。虽然《论语》的每一篇内容都有一个相对的中心,但并非每篇的所有章句都在讲述这个中心。比如,为南怀瑾先生所着力论证连贯性的《为政》篇之"温故知新""学思结合"等章句就与"为政"内容没有太直接的关联。因此,南先生所主张的《论语》一书"条理次序,都是井然不乱"的观点,确有些言过其实。同时,《论语》一书对其中一些重要内容的

---

① 南怀瑾:《南怀瑾选集》第一卷,第215页。

② 南怀瑾:《南怀瑾选集》第一卷,第414页。

③ 南怀瑾:《南怀瑾选集》第一卷,第638页。

论述并不集中。以作为孔子思想核心的“仁”为例，它在很多篇中都有所论及，不能单从其中的一篇去理解。因此，认为《论语》一书需要分类编排并加以理解的观点是不能完全排斥的。

二、以经解经

古人研究经学，有这样一种观点，那就是：不通诸经，不足以治一经。当然，这其中所谓的“经”都是儒家学派所推崇的经典著作。从历史上看，儒家所推崇的经典经历了一个发展历程：最初是“六经”，即《诗》《书》《礼》《乐》《易》《春秋》；后因其中的《乐经》失传而成为“五经”；之后，其内容经过不断的填补（此后增加的经书有《论语》《孝经》《孟子》《尔雅》）和分化（《礼》和《春秋》各一分为三），最后定型为“十三经”。按照古代学者的观点，一位学者要研究其中的一部经，必须兼通其他经书，因此这些经书在内容上存在着一定的关联。应当说，这种做法在“一心只读圣贤书”的古代是可以做到的，如清代大学者戴震能将《十三经注疏》全文背诵。有这样的功底，研究其中一经自然不成问题，可对于今天接受现代教育的人们来说，实在很难做到。

南怀瑾在讲述《论语》的过程中，也提出了一种“以经解经”的主张，只不过他的“以经解经”主张与古人颇有不同。他指出：“我们作学问的办法，最好以经注经，以他本身的学说，或者本人的思想来注解经典，是比较可靠的事。然后，把古人的学说消化以后，再吐出来，就是你自己的学问。有些人作学问，对古人的东西没有吃进去，即使吃进去，也消化不了，然后东拉西扯，拼凑一番，这方法是不能采用的。我们要真的吃下去，经过一番消化，再吐出来，才是真学问。”①又说：“我们要把握真正的孔孟思想，只要将唐宋以后的注解推开，就自然会找出孔孟原来的思想。这叫做‘以经解经’，就是仅读原文，把原文读熟了，它本身的语句思想，在后面的语句中就有清晰的解释。以这个态度研究《论语》，它可以说前后篇章贯而通之。”②可以说，南怀瑾先生的这一做法，就是“以《论语》解《论语》”，这也是他读《论语》的一个基本原则。通过南先生对“以经解经”原则的叙述可知，它主要有两层含义：

其一，“将唐宋以后的注解推开”。南先生之所以提出这样的观点，主要

① 南怀瑾：《南怀瑾选集》第一卷，第 154 页。

② 南怀瑾：《南怀瑾选集》第一卷，第 10 页。

是结合中国文化发展的历史来讲的。因为唐宋以后中国本土思想与外来佛学互动交融，各种思想包含了其他学派思想的内容，儒家思想自然也不例外。以《论语》中的“仁”为例，唐宋学者的解释和孔子的原义就有所出入。具体说就是，唐代学者韩愈对“博爱之谓仁”的解释，反映的是墨家“兼爱”的思想，并不是以孔孟为代表的儒家思想。宋儒借鉴佛家和道家的思想解释“仁”，讲“仁”之“体”而忽视其“用”，这也偏离了孔子的本义。他说：“‘仁’是孔子思想的中心，历代以来的解释很多，尤其宋儒——理学家，专讲这个‘仁’。不过在我个人的看法，宋儒理学家们所讲那一套‘仁’的理论，已经不是孔子思想的本来面目了。左边偷了佛家的，右边偷了道家老庄的，尤其偷了老子的更多，然后融会一下据为己有。”①

其二，以孔子自己的思想来注解《论语》。就是说，在对孔子思想进行深入了解之后，将其前后思想进行贯通的理解。比如，他对《子路》篇中“樊迟问仁”一章的解释，就融汇了《论语》其他章句中孔子对“仁”的讲述。在他看来，《论语》所反映的孔子“仁”的思想，“都是讲的仁的用”，当然《颜渊》篇中的“克己复礼”也道出了“仁的体”。因此，他解释说：“仁在孔子的思想中代表了很多，从形而上的本体，到形而下万事万物的用，都归到仁。现在樊迟问仁，孔子讲的是对个人修养的仁，他说自己平常的言行，恭敬而诚恳，做事尽心负责任，对长官、朋友、部下，对任何人无有不尽心的。恭、敬、忠，这三个要点具备了的人，即使到了毫无文化的野蛮地区，也是了不起的。这是仁的用，他希望学生们在内圣外王的修养，都能做到这个重点。”②

三、经史合参

“以经解经”“以《论语》解《论语》”的原则固然可靠，然而单凭《论语》原书有的思想内容和具体事件恐怕也不容易搞清楚。就像“五经”中的《春秋》一书，如果没有对其作解释发挥的“三传”，只能是一本让人难以捉摸的“断烂朝报”。为了较好地解决这个问题，南怀瑾提出另外一种释读方法，那就是“经史合参”。对于此方法，南先生解释说：“古人对中国历史研究的方法，有一句话叫‘经史合参’。什么叫经呢？就是常道，就是永恒不变的大原则，

① 南怀瑾：《南怀瑾选集》第一卷，第 456 页。

② 南怀瑾：《南怀瑾选集》第一卷，第 535 页。

在任何时代，任何地区，这个原则是不会变动的。但不是我们能规定它不准变动，而是它本身必然如此，所以称为‘经’。而‘史’是记载这个原则之下的时代的变动、社会的变迁。我们要懂得经，必须要懂得史。拿历史每个时代、每个社会来配合。这样研究经史，才有意义。”①

经史合参是南怀瑾先生解释《论语》和其他传统经典的主要方法。就像南先生在《论语新语发凡》文末申明的，自己“主要的是将经史合参，以《论语》与《春秋》的史迹相融会，看到春秋战国时期政治社会的紊乱面目，以见孔子确立开创教化的历史文化思想的精神；再来比照现代世界上的国际间文化潮流，对于自己民族、国家和历史，确定今后应该要走的路线和方向”②。出版南怀瑾著作的复旦大学出版社，还在“出版说明”中专门介绍了这一独具特色的解释方法，其中指出：“书中对《论语》二十篇的每一段原文，都作了详细而又生动的讲述。不仅有篇章结构、段落联结上的提示，而且有原文义旨以及所涉人文掌故的阐发。尤为新颖的是，作者将对原文的串讲撮编为一个个历史故事，蕴意深邃而妙趣横生，这在众多的《论语》章疏中是别具一格的。”③

就中国古代的儒家经典来说，《论语》一书包含了较多叙事性的内容，这更为南先生采取“经史合参”的讲述方法提供了方便之门。尤其可贵的是，南先生对一些没有叙事性的论断也用历史故事加以说明。比如，为了说明《里仁》篇中“事君数，斯辱矣”的道理，南怀瑾先生引述《贞观政要》中魏徵进谏而惹怒唐太宗的故事。他讲：“以唐太宗这样器量宽宏的人，对魏徵的意见，样样接受，到最后唐太宗还气得要杀他，若不是唐太宗的皇后暗中救魏徵一把，这个老头儿的头也是要保不住的啊！后来魏徵死了，唐太宗终于信了谗言，还是把他的墓碑推倒了。一直到唐太宗征高丽失败后，才又想起魏徵若在，必不会有此失。因此又树立起他的墓碑。”④正是有这样的参照说明，才使人能够比较容易地把握《论语》的思想内容。需要说明的是，南怀瑾先生与经典思想参照、配合讲解的历史内容，不仅贯通了各个时代（孔子前、孔子时、孔子后），而且跨越了国界、教派（宗教派别）以及庄谐（正史和野史）

---

① 南怀瑾：《南怀瑾选集》第一卷，第 60 页。
② 南怀瑾：《南怀瑾选集》第一卷，第 794 页。
③ 南怀瑾：《南怀瑾选集》第一卷，出版说明。
④ 南怀瑾：《南怀瑾选集》第一卷，第 175 页。

的限制。

南怀瑾先生为什么要采取经史合参的讲述方式呢？从他在《论语别裁》的自述中看，主要是针对台湾大学中思想品德课程不受欢迎的现象而来的。在该书的开头，南先生便讲，在当时的台湾大专学校，最不受学生欢迎的是“三四教授”（也就是在学校教“三民主义”和“四书”“五经”的教授）。他的一位在大学教授“三民主义”的朋友认为，这是没有办法的事情。对此，南先生不以为然，他现身说法，替他朋友教课，解决了这一问题。他说：“我去替这位朋友讲课，起初不讲三民主义，而讲中国文化与中国思想演变的原因道理。分析自上古到现在为什么变得这样，演变到后来，所以才有我们国父的三民主义出来，问同学对不对？对！有没有价值？有价值！所以要读三民主义，读了以后再加批评都可以，不能盲目地不去看它，就说这个三民主义是党八股。党八股你懂不懂？不懂就不能随便批评。这一来，引起他们读三民主义的兴趣了，这是我所经历的故事。”[①]据此可见，南先生讲述“三民主义”的理论是结合历史来讲的。

四、依文体义

除了上述的“以经解经”与“经史合参”两种方法之外，南怀瑾先生又提出了一种方法。依照笔者的理解，这种方法可以概括为“依文体义”。就是说，在了解《论语》原文字面含义的基础上再结合人生的经验加以体会。他讲：“学问从哪里来呢？学问不是文字，也不是知识，学问是从人生经验上来，做人做事上去体会的。这个修养不只是在书本上念，随时随地的生活都是我们的书本，都是我们的教育。所以孔子在下面说‘观过而知仁’，我们看见人家犯了这个错误，自己便反省，我不要犯这个错误，这就是‘学问’，‘学问’就是这个道理，所以他这个研究方法，随时随地要有思想，随时随地要见习，随时随地要有体验，随时随地要能够反省，就是学问。”[②]显而易见，南先生的这种讲述方法，注重的是结合人生经验的体会，而不是具体文字的解释。

对于仅从文字解释角度理解经典（即“依文解义”）的做法，南怀瑾进行

① 南怀瑾：《南怀瑾选集》第一卷，第9页。

② 南怀瑾：《南怀瑾选集》第一卷，第16页。

了专门批评。他在讲述“颜渊问仁”章时指出：“字面的意思，我们这样解释了，这是‘依文解义’的解释。‘依文解义’是佛学里禅宗的话，全句是：‘依文解义，三世佛冤。’意思是说，如果看佛经，只照文字去理解佛学的思想，那么过去的佛、现在的佛、未来的佛都要说：‘冤枉呀！我并不是这个意思呀！’换句话说，我们读书，要通过语意，要透过语意，要透过语文内涵的意义，找出思想、道理的真谛，这才叫学问。仅仅文字会了，文章写得好，不一定就是学问。”①同时，用这种方式讲述儒家经典也不能为学生所接受。他说：“我们的四书五经，教年轻人去读，在他们是一件痛苦的事，实在难懂，像这些必须要配合人生的经验去体会。如果在学校里教这些书，仅从文字上讲解，学生听了自然会反感的。”②

在《论语别裁》一书中，南怀瑾较多地运用了这种结合人生经验加以体会的方法。比如，对于孔子回答“孟武伯问孝”一章，他解释说：“这句话就是说父母看到孩子生病了，那种忧愁、担心，多么深刻，你要去体会这种心境。孔子这个答复有多妙！这句话，我们要这样说，这个问题只有自己做了父母的人才真能体会出来。这种情形是，自己要上班，家里钱又不够，小孩病了，坐在办公室里，又着急，又出汗，又不敢走开，可是心里记挂着。这种心境就是‘父母唯其疾之忧’。孔子对孟武伯就是说，对父母能付出当自己孩子生病的时候，那种程度的关心，才是孝道。”③再如，他对孔子“吾无隐乎尔”的解释：“这一节书，显示了孔子的教育法是在日常生活行为上，处处表达无遗，不要有神秘感，不要有好奇心，他随时随地都在教学，学问就是从生活经验得来。书本上是求知识，求前人的经验和前人的见解与心得。但是要把这些知识、见解与心得用到自己身上，就要加以体验了。所以他说‘吾无行而不与二三子者’，没有哪一次、哪一个地方不表现学问的道理。你们要在这方面去了解、去学习。”④

可以说，注重从人生经验的角度加以体会，是南怀瑾讲述《论语》最重要的一点。就像他所申明的：“我们现在所要讲的，便是要入乎其内，出乎其外的体验，摆脱二千余年的章句训诂的范围，重新来确定它章句训诂的内

① 南怀瑾：《南怀瑾选集》第一卷，第455～456页。

② 南怀瑾：《南怀瑾选集》第一卷，第520页。

③ 南怀瑾：《南怀瑾选集》第一卷，第75页。

④ 南怀瑾：《南怀瑾选集》第一卷，第295页。

义。……因此若能使一般陷于现代社会心理病态的人们，在我们讲的文字言语以外去体会，能够求得一个解脱的答案，建立一种卓然不拔，矗立于风雨艰危中的人生目的和精神，这便是我所要馨香祷祝的了。”[①]南先生的这种思路，在当代其他的《论语》研究者中也不乏同调。比如，国学大师钱穆先生在《论语新解》中提出：“学者读《论语》，当知反求诸己之义。如读此章，若不切实学而时习，宁知不亦悦乎之真义？孔子之学，皆由真修实践来。无此真修实践，即无由明其义蕴。”[②]这种方法也符合古来儒家学者的治学精神。

以上是对南怀瑾诠释《论语》方法的大体概括，这对我们今天学习《论语》，发掘其中的思想精华甚有裨益。需要说明的是，南先生在解释《论语》的过程中，似乎表露出这样一种倾向：孔子是一位没有缺点的圣人，《论语》是一本不能批评的《圣经》。其具体表现就是，对于《论语》中不利于孔子伟大形象的文句（比如“女子难养”“无友不如己者”等），南先生总是费尽心机地曲为解说，表现了明显的“卫道”意识。不过，如果细读他在前言中引述南宋学者陈亮的话就不难理解这一点了。陈亮曾讲：“《论语》一书，无非下学之事也。学者求其上达之说而不得，则取其言之若微妙者玩索之，意生见长，又从而为之辞曰：‘此精也，彼特其粗耳。’呜呼！此其所以终身读之而堕于榛莽之中，而犹自谓其有得也。夫道之在天下，无本末，无内外。圣人之言，乌有举其一而遗其一者乎！举其一而遗其一，则是圣人犹与道为二也。然则《论语》之书，若之何而读之？曰：用明于内，汲汲于下学，而求其心之所同然者。功深力到，则他日之上达，无非今日之下学也。于是而读《论语》之书，必知通体而好之矣。”[③]这种“通体而好之”的态度是南先生非常赞同的，本文所总结的他诠释《论语》之四点方法就是此五字的具体表现。

---

① 南怀瑾：《南怀瑾选集》第一卷，第 794 页。

② 钱穆：《论语新解》，三联书店 2005 年版，第 5 页。

③ 陈亮：《陈亮集》（上），中华书局 1974 年版，第 104 页。

李泽厚《论语今读》诠释特色分析

刘 伟

摘要：李泽厚《论语今读》的诠释特色主要体现在三个方面：第一，在对《论语》思想的定位上，坚持“双半”（半宗教、半哲学）并举，以“情”为本。《论语》既具有宗教的社会功能，也具有哲学的理性特质，其根本实质是“情本体”。第二，在诠释方法上，坚持“六经注我”，破立结合。注释采用注重遵循文意，资料选择注重客观理性，阐述依据注重与时俱进，实践借鉴注重破立结合。第三，在解读风格上，坚持针砭时弊，切中肯綮。既有对个体观点的批驳，也有对群体做法的质疑，既包括学术大儒，也有后起之秀。主要缺憾在于，有些地方口语化现象比较严重，政治语言较多，在一定程度上冲淡了学术意蕴。《论语今读》为《论语》研究提供了新的视角，具有较强的现实意义，必然对当下推进生态文明建设，构建社会主义和谐社会有所裨益。

关键词：李泽厚 《论语今读》 诠释特色 论语学

李泽厚是当今中国比较著名的哲学家，也是“第四期儒学”的倡导者，他对儒学的研究有其独到的见解。针对儒家的经典《论语》，李泽厚在《论语今读》（下文简称《今读》）中提出了个人的见解，有自己的诠释特色。从总体上说，主要体现在三个方面：在对《论语》思想的定位上，坚持“双半”（半宗教、半哲学）并举，以“情”为本；在诠释方法上，坚持“六经注我”，破立结合；在解

本文系国家社科基金项目“20世纪《论语》诠释研究”（17BZX060）阶段性成果。

刘伟，曲阜师范大学政治与公共管理学院副教授，主要从事“论语学”与传统文化研究。

读风格上，坚持针砭时弊，切中肯綮。

一、思想定位："双半"并举，以"情"为本

所谓"双半"，是指《论语》具有半宗教、半哲学的特征；所谓"以情为本"，是指整部《论语》的诠释主线，都是以李氏提出的"情本体"为主线。李泽厚认为，半宗教、半哲学是整部《论语》乃至儒学的主要特征，是研究《论语》的关键。他说："儒学、孔子和《论语》这种既非宗教又非哲学或者说是'半宗教半哲学'的特征，我认为是真正的关键和研究的起点所在，但在今日中国学术界却很少被注意或强调。"[①]对此，杜维明也持相同的看法。"作为一种有着如此深远且广泛影响的生活方式，儒学既被视为是一种哲学，也被视为是一种宗教。"[②]从半宗教、半哲学的视角来对《论语》进行解读，既是学界在《论语》研究方面的薄弱点，也是李氏《论语今读》的创新点。

（一）半宗教：《论语》具有宗教的社会功能

"半宗教"是说《论语》带有宗教性，具有宗教经典的特质。李泽厚认为，这种"半宗教"的特质主要体现在三个方面：塑造群体心理，规范群体行为，满足终极需求。"尽管我远非钟爱此书，但它偏偏是有关中国文化的某种'心魂'所在。我至今以为，儒学（当然首先是孔子和《论语》一书），在塑建、构造汉民族文化心理结构的历史过程中，大概起了无可替代、首屈一指的严重作用。不但自汉至清的两千年的专制王朝以它作为做官求仕的入学初阶或必修课本，成了士大夫知识分子的言行思想的根本基础，而且通过各种层次的士大夫知识分子以及他们撰写编纂的《孝经》、《急就篇》（少数词句）一直到《三字经》、《千字文》、《增广贤文》以及各种'功过格'等等，当然更包括各种'家规''族训''乡约''里范'等等法规、条例，使儒学（又首先是孔子和《论语》一书）的好些基本观念在不同层次的理解和解释下，成了整个社会言行、公私生活、思想意识的指引规范。不管识字不识字，不管是皇帝宰相还是平民百姓，不管是自觉或不自觉，意识到或没有意识到，《论语》这本书所宣讲、所传布、所论证的那些'道理'、'规则'、主张、思想，已代代相传，长久地渗透在中国两千年来的政教体制、社会习俗、心理习惯和人们的行为、思

---

① 李泽厚：《论语今读》，三联书店 2008 年版，第 4 页。

② 杜维明：《儒教》，陈静译，上海古籍出版社 2008 年版，第 17 页。

想、言语、活动中了。所以，它不仅是'精英文化'、'大传统'，同时也与'民俗文化'、'小传统'紧密相连，并造成中国文化传统的一个重要特点：精英文化与民俗文化、大传统与小传统，通过儒学教义，经常相互渗透、联系。尽管其间有差异、距离甚至对立，但并不是巨大鸿沟。这样，儒学和孔子的《论语》倒有些像西方基督教的《圣经》一书了。"[①]上述这段话，包括两个层面的含义：第一，《论语》乃至儒学具有塑造群体心理的作用。李泽厚认为，《论语》是中国文化的"心魂"，是塑造中国人心理的核心因素。换言之，《论语》的地位是其他儒家著作所不可替代的，也是不能替代的。第二，《论语》乃至儒学具有规范群体行为的作用。外在行为是心理的反映，中国人的行为便顺理成章地受到《论语》和儒学的影响，自觉或不自觉地按照《论语》等方面的要求去做。这种影响渗透到骨子里，融化到血脉中，并代代相传，永不磨灭。

除此之外，李泽厚还说："儒学不重奇迹、神秘，却并不排斥宗教信仰；在'三教合一'中，它不动声色地渗入其他宗教，化为它们的重要内容和实质成分。而儒学之所以能如此，其原因又在于它本身原来就远不止是'处世格言'、'普通常识'，而具有'终极关怀'的宗教品格。它执着地追求人生意义，有对超道德、伦理的'天地境界'的体认、追求和启悟。从而在现实生活中，儒学的这种品德和功能，可以成为人们(个体)安身立命、精神皈依的归宿。它是没有人格神、没有魔法奇迹的'半宗教'。"[②]在这里，李泽厚认为，《论语》和儒学具有"终极关怀"的功能，是中国人安身立命的场所、精神皈依的家园。其实，如果从宗教学的视角来省察，无论是塑造群体心理，规范群体行为，还是为人们提供"终极关怀"，都是任何宗教所具有的社会功能。这种功能我将其归纳为"生之所依"与"死之所归"[③]。换言之，任何宗教在社会功能方面，都能在人活着的时候给予依靠、寄托，死去的时候让其灵魂有所归宿，而以《论语》为核心的儒学完全具备"塑造群体心理""规范群体行为""给人终极关怀"这方面的功能。如果从这个角度来审视，儒学显然具备宗教的特质。"那么儒学是不是宗教？回答这个大家所熟知的问题，一定要修正宗教的定义。从一个宽泛的视角看，宗教会被看成一个连续统一体，从类似于终极性、有强烈情感特质的无神论信仰，到有终极价值、完全由超自然实体的

① 李泽厚：《论语今读》，第 1～2 页。

② 李泽厚：《论语今读》，第 3 页。

③ 参见刘伟：《浅析"宗教"》，《世界宗教文化》2011 年第 4 期。

象征和崇拜与组织模式来支撑的有神信仰。许多无神信仰的思想或行动体系具有宗教的特质，或扮演着某些与有神宗教类似的基本心理功能。……以此观点来看，儒学就不被当做完全意义上的宗教了，但是作为一种社会政治教化，它具有宗教的特质。”①

(二)半哲学:《论语》具有哲学的理性特质

“半哲学”是说《论语》虽然不具有完整的哲学体系，但具有哲学的理性特质。“它又是‘半哲学’。儒学不重思辨体系和逻辑构造，孔子很少抽象思辨和‘纯粹’论理。孔子讲‘仁’讲‘礼’，都非常具体。这里很少有‘什么是’(what is)的问题，所问特别是所答(孔子的回答)总是‘如何做’(how to)。但这些似乎非常实用的问答和讲述，却仍然是一种深沉的理性思索，是对理性和理性范畴的探求、论证和发展。例如，‘汝安则为之’是对伦理行为和传统礼制的皈依论证；‘逝者如斯夫，不舍昼夜’，是对人生意义的执着和追求；‘吾非斯人之徒而谁与’，是对人类主体性的深刻肯定。而所有这些都非柏拉图式的理式追求，也不是黑格尔式的逻辑建构，却同样充分具有哲学的理性品格，而且充满了诗意的情感内容。它是中国实用理性的哲学。”②这种理性的特质可以解释为“一种生活方式”。正如杜维明所说：“儒教是一种世界观，一套社会伦理，一种政治的意识形态，一个学术传统，同时也是一种生活方式。”③

(三)情本体:《论语》的根本实质

李泽厚认为，“情本体”是《论语》思想的根本实质。他说：“孔学特别重视人性情感的培育，重视动物性(欲)与社会性(理)的交融统一。我以为这实际是以‘情’作为人性和人生的基础、实体和本源。它即是我所谓的‘文化心理结构’的核心：‘情理结构’。人以这种‘情理结构’区别于动物和机器。中国人的‘情理结构’又有其重要特征。这特征与孔子、《论语》、儒学直接有关。……孔子和儒学一直强调以‘亲子之情’(‘孝’)作为最后实在的伦常关系以建立‘人’——‘仁’的根本，并由亲子、君臣、兄弟、夫妇、朋友‘五伦’关系，辐射交织而组成和构建各种社会性——宗教性情感，作为‘本体’所

---

① [美]杨庆堃：《中国社会中的宗教》，范丽珠等译，上海人民出版社 2007 年版，第39 页。

② 李泽厚：《论语今读》，第 4 页。

③ 杜维明：《儒教》，第 13 页。

在。"[①]在李泽厚看来,"情"是中国人心理结构的核心,也是传统社会宗教性情感的根本源泉。无论是"实用理性"还是"乐感文化",都以此为根基。"中国实用理性之所以强调韧性精神、艰苦奋斗,其故在此。中国乐感文化之所以并不浮浅庸俗,其故在此。其中许多哲理近乎常识,却仍然深沉,其故在此;世俗中有高远,平凡中见伟大,这就是以孔子为代表的中国文化精神。这种文化精神以'即世间又超世间'的情感为根源、为基础、为实在、为'本体'。"[②]为了说明"情本体"是《论语》的实质,李泽厚还从"命"与"情"之关系的视角进行了分析。他认为,"命"不是传统上所解释的"必然性",而是"偶然性",对"偶然性"的掌握才是实现"超然性"的基础。"孔学强调'知命'、'立命',即个性的自我建立,亦即个人主体性的探索追求。所谓'命',我以为不应解释为'必然性'、'命定性',如许多传统的解说那样。恰恰相反,应释为偶然性,即每一个体要努力去了解和掌握专属自己的偶然性的生存和命运,从而建立自己,这就是'知命'和'立命'。这样才可能使自己在这个偶然存在、生存的人生道路和生活境遇中,去实现自己的超感性的实存;使自己这个感性生命不再是动物性的生存,同时也不是那玄奥而实枯槁的道德理性,而是真正融理欲于一炉的情感本体:即在日常生活中,在道德义务中,以及在大自然中,在艺术中,所可把握、体认到的人生境界,也就是人生的价值、意义和归宿所在。"[③]在阐释"周有八士:伯达、伯适、仲突、仲忽、叔夜、叔夏、季随、季騧"(《论语·微子》)时,李泽厚说:"其实,人之所以能'参天地赞化育'者,正因为秩序未定,偶然性极大而才知命、立命,奋力以求,固不同于伏天安命以避世隐逸,此孔子之高出于诸隐者处。"[④]李泽厚的逻辑思路可归结为:以"情"为本体,从"偶然性"出发,才能达到"超然性",从而实现人生的最高价值。这既是孔子的高明之处,也是《论语》思想的实质。

二、诠释方法:"六经注我",破立结合

在诠释方法上,李泽厚的《论语今读》明显采用了"六经注我"的方式,即

---

① 李泽厚:《论语今读》,第18页。

② 李泽厚:《论语今读》,第31页。

③ 李泽厚:《论语今读》,第20~21页。

④ 李泽厚:《论语今读》,第540页。

以《论语》为蓝本来阐释自己的观点。“笔者认为,《论语今读》最为突出的注释特点在于以《论语》为借镜的‘六经注我’式的诠释方式。”[①]不过,李泽厚在借《论语》阐述个人主张的过程中,并不人云亦云,拾人牙慧,而是具有非常精辟、独到的见解。与此同时,在对《论语》解构的基础上,还提出了重建的基本路径。

(一)注释采用:遵循文意

在对前人注释的采用上,李泽厚明确表示,对以往的注释不能全盘接受,而是择佳选用。何者为佳?那就是有利于自己对文章意思的论述。“‘注’所采录的标准,在于有助于了解原文,或有利于自己的论记。对那些名物考证、史实讲疏、注家争辩等等,都一概不录。”[②]同时,为了让读者更清楚地了解自己的思想,在表达形式上,李泽厚把“注”与“记”分开,明确把自己对《论语》的理解与前人的注解区分开来。“各家注疏,大有异同,许多时候差异和对立很突出。《今读》当然只能断以己意,加以取舍。任何翻译、解释、阐述,必有先见或成见,现代解释学对此论之颇详,《今读》当然也不例外。但我自己也有一些可称为‘注’的东西,为不与人混淆,便都放在‘记’里。”[③]

(二)资料选择:客观理性

受“疑古派”思想的影响,在历史资料的选择上,学者通常以正统的注疏为依据,而对被前人认定的所谓“伪书”往往不予重视,甚至忽视。对此,李泽厚认为并不是客观理性的做法。他说:“孔子言行、思想当然远不限于《论语》一书。从《春秋》、《左传》、《礼记》、《大戴礼记》到诸子到《韩诗外传》、《说苑》、《新序》,以及好些所谓‘伪书’(其实许多并不‘伪’,现代考古资料将日益证实这一点)中还可找到许多记录和记载,包括《孔子集语》甚至《孔子家语》中所辑录,其中常谈政制,少讲心性,虽真伪参半或伪多真少,但去伪存真,仍有许多可以引录作为《论语》一书的补充、见证和说明、阐释。这个工作似乎比在历代注疏中去寻找,更有价值和意义。”[④]李泽厚认为,所谓的“伪

---

① 李建胜:《李泽厚对〈论语〉的文本定位与思想阐释》,《西北师大学报》(社会科学版)2011 年第 6 期。

② 李泽厚:《论语今读》,第 15 页。

③ 李泽厚:《论语今读》,第 15 页。

④ 李泽厚:《论语今读》,第 15 页。

书”并不一定是伪书，或者并不一定全是伪书。这与“疑古派”的观点大相径庭。实际上，自从“疑古派”的观点流行以来，学界对古代文献的怀疑似乎过了头。在《论语》研究方面，亦是如此。阐释《论语》一味以历代注疏为据，至于其他方面的文献常常斥之旁门左道，不加理睬。实践证明，“疑古派”既可圈可点，也有偏颇之处。因此，对《论语》的研究，不能局限于传统的注疏，而应该关注“非正统”的或者说“伪书”中关于《论语》的注解。尽管在《论语今读》当中，李泽厚只是有选择性地采用了“非正统”的资料，但这毕竟开了个好头。这种客观理性的做法，能够使《论语》的研究更加客观、全面，接近本来面目。

（三）阐述依据：与时俱进

李泽厚认为，学术阐释始终处于解释学的状态，每个人都可以根据现实的需要和自身的理解对《论语》进行解读。孔子是不断变化的孔子，与现实世界有着紧密联系。《论语》中的孔子既是原典中的孔子，又是现实中的孔子、人们心中的孔子。他说：“《论语》本就生存在解释学之中，只是人们未曾自觉罢了。所以，重要的已不在它与孔子的真实关系究竟如何，或孔子的‘真实’面目究竟怎样，而在孔子就以这种面目在中国流传、影响着。所以，即使将来地下有新发现，证明今本《论语》及孔子形象不是本来面目，但也仍然不能夺去今本《论语》及孔子在中国人的文化心理结构中已延续两千多年的重要的‘原型’地位。今本《论语》中的孔子就是现实的孔子，即落实在人们心目中的孔子，这是无可奈何的历史事实。也正因为此，在阐释评解中，就得注意如何尽可能弥补这一缺陷。使孔子的形象、思想基于《论语》，又不止于《论语》。”①

（四）实践借鉴：破立结合

李泽厚将《论语》定位为半宗教、半哲学，并没有就此而止，而是就如何重建以及如何为现实社会提供借鉴提出了自己的见解。他认为，首先要进行解构，最重要的就是区分个体的宗教私德与群体的社会公德。他说：“因此解构方面首先应是，将伦理道德作为个体的内心信仰、修养和情感（宗教性私德）与作为社会的外在行为、准则和制度（社会性公德）区分开来。‘自天子以至庶人，一是以修身为本’和‘其身正，不令而行；其身不正，虽令不

① 李泽厚：《论语今读》，第16～17页。

从'的伦理与政治的混同必须解构。情感信仰、理性思辨、制度设定等等各有不同的层面、位置和意义，应该从原典儒学（儒学第一期）开始定位和厘清，看看从孔子开始的儒学教义各个章句在哪个层面上具有或不具有价值。这样，对了解和消解传统以及今日中国的'政教合一'或称'政治宗教'，可能颇有好处。"[①]"今天应该把这两种因素、两个方面、两种道德从儒学中分解出来，把剪不断理还乱的宗教、政治、伦理三合一的这个传统尽可能分缕清楚，从而才可能在各种不同层面上来谈'批判的继承'和'转化性的创造'。宗教性道德（'内圣'）可以经由转化性的创造，而成为个体对生活意义和对人生境界的追求，它可以是宗教、哲学、诗、艺术。社会性道德（'外王'）可以经由转化性创造，而成为现代政治体系的中国形式：将重视人际和谐、群体关系、社会理想以及情理统一、教育感化、协商解决等特色，融入现代政治的民主体制建构中，而开辟某种独创性的未来途路。"[②]很显然，李泽厚把个体内心的信仰、修养、情感等视为宗教性的私德，即"内圣"；而把外在的规则、行为等政治、伦理视为社会性的公德，即"外王"。对这两者之间的边界从传统的"混为一体"厘清到"泾渭分明"，似乎与"恺撒的归恺撒，上帝的归上帝"异曲同工，让宗教与世俗各得其所。那么，具体的路径在哪里呢？李泽厚提出了自己的见解。

首先，在宗教方面，回到"天地君亲师"的宗教传统，并进行创造性的转换，即运用"天地国亲师"代替"天地君亲师"。"在'教'的方面，当然不必模仿基督教或伊斯兰，再去塑建人格神的上帝。但是否可以考虑回到'天地国亲师'——那松散而灵活、没有人格上帝的儒学的'宗教'传统呢？这个'宗教'所具有的含糊性和开放性，使它可以有一个广阔的自由的解释空间。'君子以为文，而百姓以为神'（《荀子》）。'天地国亲师'都不是'神'，却可以是尊敬、崇拜、献身的对象。对老百姓，它可以包容对人格神（上帝、佛菩萨、各种民间宗教）的崇拜礼仪；对'君子'们，它可以是某种心灵寄托、行为规范、生活归依。"[③]"'天地君亲师'从内容和文字上可一直追溯到荀子，其根本精神当然来自孔子和《论语》。《论语》这种准宗教性则有如程颐所说：'读《论语》，未读时是此等人，读了后又只是此等人，便是不曾读。'这就是说，读

① 李泽厚：《论语今读》，第6页。

② 李泽厚：《论语今读》，第7页。

③ 李泽厚：《论语今读》，第8页。

《论语》应使人'变化气质',不只是获得知识而已。钱穆强调《论语》是学习'做人',仍然是在遵循这个传统的说法。所有这些强调儒学宗教性功能,都可以成为今日重建儒学宗教性的很好资源。"①

其次,在哲学方面,确立"情"本体。"在'学'的方面,则似乎不必再去重建各种'气'本体、'理'本体、'心性'本体的哲学体系了。'情本体'可以替代它们。因为'情本体'恰恰是无本体,'本体'即在真实的情感和情感的真实之中。它以把握、体认、领悟当下的和艺术中的真情和'天人交会'为依归,而完全不再去组建、构造某种'超越'来统治人们。它所展望的只是普通、平凡的人的身心健康、充分发展和由自己决定命运的可能性和必要性。"②李泽厚关于重建的提法虽然有待商榷,是否切实可行还有待时间证明,但这毕竟是很有见地的看法,尤其是在《论语》乃至儒学的研究方面,开辟了一条新的路径,这是不容争辩的事实。

三、解读风格:针砭时弊,切中肯綮

在阐述自己观点的过程中,李泽厚对其他学者的观点进行了质疑,甚至提出了批评。这中间既有知名的学术大儒,如牟宗三、杜维明,也包括后起之秀。比如,在"前言"里,李泽厚就对牟宗三研究《论语》的做法提出了质疑:"令人难解的是,牟宗三抬孔子,认为高出一切,当然也远超康德。但只征引孔子一两句话而已,从未对《论语》一书作任何全面的阐释或研究,而宁肯花大气力去译康德,不知这是什么缘故。当然,我对此并无不满,这是个人的选择自由,只是颇感奇怪而已。"③又如:在阐释"父在,观其志;父没,观其行;三年无改于父之道,可谓孝矣"(《论语·学而》)时,李泽厚指出:"伦理(父子)与政治(君臣)是一回事,再与祭祀、崇拜祖先相一致,斯是之谓'伦理、政治、宗教三合一',此即中国式的政教合一:思想观念、意识形态、社会体制的同一和合一。它在后世虽然具体形式多经变化,但这一传统却已根深蒂固。虽后有佛、道,各具组织、仪式、教义,但并未能取代或消除儒学这'三合一'的强大传统来统摄制度、法律、公私生活。牟宗三、杜维明强调儒

① 李泽厚:《论语今读》,第8~9页。
② 李泽厚:《论语今读》,第9页。
③ 李泽厚:《论语今读》,第5页脚注。

学有道统政统之分,远非事实。"[①]针对刘晓波的"孔子死了,李泽厚老了。中国传统文化早该后继无人"的批评,李泽厚回应道:"其斩钉截铁不容分说的风采确实惊人,但记得我当时看了,却高兴得跳了起来:居然把我和孔子直接拉在一起了,真是何幸如之。不过那时倒丝毫没想到我会写这本《今读》。我当时想到的只是,刘的结论未免太匆忙和太狂妄了;来日方长,我虽然老了,中国传统文化的承继者必大有人在。"[②]以后的发展确实如李泽厚的断言,尤其在进入21世纪之后,传统文化日益受到人们的重视。尽管在传播国学的过程中泥沙俱下、鱼龙混杂,但恰恰证明了一点,那就是以儒学为核心的中国传统文化不仅没有被边缘化甚至"后继无人",反而学习传统文化的人越来越多了。这无疑说明以儒学为核心的中华传统文化在1949年后得到了前所未有的重视,也证实了李氏的洞见。

除了对个人学术观点的批驳,也有对群体做法的质疑。"孔子、《论语》和儒学近一个世纪以来便成了哲学史专家们的游戏对象:排列、组合、分析、综合其概念、范畴、论断,写出一本又一本或赞赏、或批判、或'批判地继承'的各种各样的大小著作,以为这样就处理好了孔子、《论语》和儒学。于此,我有些疑惑。"[③]很显然,李泽厚对《论语》研究的传统方式持保留态度。再如,对《论语》的翻译,既有白话,也夹杂着"之乎也者",李泽厚认为这是对当时风行的青年理论家们推崇的艰涩难懂文体的批评。"除了由于行文惰性,文言比白话毕竟可以少写许多字之外,一个很大的可能是,自己在下意识地反抗时下某些青年理论家们那种弯弯曲曲、模模糊糊、拗口难懂、似通非通的流行文体。我称之为新词,如鸟语,构造语言迷宫以自迷迷人,可谓教授话语的通货膨胀。我以为如其那样,就不如干脆'恢复固有文化',即使'之乎也者',也比那些弯曲文句明白痛快,更接近日常语言。这当然有点冒天下之大不韪的味道。风头正健的青年理论家们或将群起而攻之?"[④]

诚然,瑜不掩瑕,《论语今读》还有一些不足之处。正如李泽厚在《论语今读》前言中所说,《今读》仅仅是初稿,自己并不满意,希望读者提出批评建

---

① 李泽厚:《论语今读》,第44～45页。

② 李泽厚:《论语今读》,第23页。

③ 李泽厚:《论语今读》,第5页。

④ 李泽厚:《论语今读》,第22页。

议。[①] 个人认为，这种不足之处主要体现在翻译的一些语句欠妥帖，口语化太重，有些地方政治语言较多。比如，在翻译"吾与回言终日，不违，如愚。退而省其私，亦足以发，回也不愚"（《论语·为政》）时，李泽厚将"愚"字译为"笨蛋"[②]，虽然意思不错，但毕竟有些粗俗。又如，翻译"年四十而见恶焉，其终也已"（《论语·阳货》）时，李泽厚说"到四十岁还被人厌恶，这也就完了"[③]，将"终"直译为"完了"，似乎口语化比较严重。再如，在翻译"君子尊贤而容众，嘉善而矜不能。我之大贤与，于人何所不容？我之不贤与"（《论语·子张》）时，李泽厚说："君子尊敬贤德的人而包括群众；称赞好人而怜悯不行的人。我是很好的人吗？那么对人有什么不能容纳呢？我是坏人吗？"[④]在这里，李泽厚把"众"译为"群众"，"不贤"译为"坏人"，明显不是很妥当。因为"群众"与"干部"相对应，属于中国特定的时代词语，放在这里明显不合适。钱穆将"众"译为"众人"[⑤]，杨伯峻则把"众"译为"普通人"[⑥]，这些都比"群众"好得多。在"不贤"的翻译上，李泽厚虽然与杨伯峻的翻译一致，将"不贤"译为"坏人"[⑦]，但也不是很恰当。因为"贤"是指道德修养高尚的人，"不贤"则指道德修养不高尚的人，不高尚的人并不一定是坏人。之所以译作"坏人"，大概受到了二元观的影响，即非好即坏。事实上，芸芸众生，普通人居多，译为"众人"或"普通人"则更为妥帖。针对翻译不是很妥当的问题，尽管李泽厚在"前言"里解释说："有时也有意识地采用了近几十年来流行的词汇，如'政策'、'干部'、'反映情况'等等，这是为了尽量接近现代语言。"[⑧]但个人愚见，作为一部学术著作，语言应该谨慎、专业些为好，否则便冲淡了学术意蕴。

结　语

总之，李泽厚的《论语今读》为《论语》研究提供了新的视角：第一，在研

① 参见李泽厚：《论语今读》，第 22 页。

② 李泽厚：《论语今读》，第 66 页。

③ 李泽厚：《论语今读》，第 528 页。

④ 李泽厚：《论语今读》，第 543 页。

⑤ 钱穆：《论语新解》，三联书店 2002 年版，第 517 页。

⑥ 杨伯峻：《论语译注》，中华书局 2006 年版，第 225 页。

⑦ 杨伯峻：《论语译注》，第 225 页。

⑧ 李泽厚：《论语今读》，第 14 页。

究资料的选择上，除了选用传统的注疏之外，还可以从其他“非正统”的资料中去选取。这样，会使《论语》乃至儒学的研究更为客观，也更为全面。第二，区分“宗教性私德”与“社会性公德”为《论语》和儒学的研究开辟了新的思路，具有较强的现实意义。因为只有把“社会公德”与“个体私德”区分开来，边界界定清楚，才能最终各行其道、并行不悖，从而使社会运行更为稳定有序，这必然对当下推进生态文明建设，构建社会主义和谐社会有所裨益。

超越以西释中　回到理学自身

——《二程道学异同研究》述评

孙清海

作为一种以探讨生命解脱为终极目的和极富形上学色彩的异域文化，佛教传入中国为中国文化传统注入了新的活力，但也对中国文化特别是儒家文化形成了极大挑战。儒学虽以关注人伦秩序为主要特征，但先秦孔孟儒学却显示出一种在秩序中实现精神自由的文化方向，力图在“仁”与“礼”的辩证运动中实现外在秩序与心灵自由的统一，彰显出极强的精神安顿和生命教化意义。然而，经过两汉经学的发展，儒学这种生命教化意义明显被弱化，而佛教的出世主义更对儒家伦理造成严重冲击，导致儒家在与佛教的竞争中日渐式微。于是，唐宋时期兴起了一个旨在恢复儒学正统地位的“儒学复兴运动”。这一运动的核心是使儒学从僵化的汉唐经学和单纯追求外在形式的骈文丽辞中摆脱出来，有效激活儒学的生命力，使其重新焕发安顿人心和教化社会的生机与活力。这一运动起自中唐韩愈、李翱，但直至北宋中期二程理学体系的建立才真正步入正轨。

二程出入佛老数十年后返诸“六经”，深知只有揭示儒学的形上意义才能重新彰显儒学的生命教化功能，从而有效与佛老抗衡；同时要在形而上的层面肯定儒家伦常的正当性与必然性，以此护住儒学的核心价值。为此，二程通过自身的生命体验(体贴“天理”)建立了一套以“诚”“敬”“格物致知”为主要内容的工夫论，并以此沟通心性本体(“天理”)与道德实践，彰显二者的内在关联，最后证成儒学乃“体用一源，显微无间”的理论体系，从而说明儒家伦理不但不构成证显形上本体的障碍，而且必须经由道德进路，才能真正

孙清海，山东师范大学齐鲁文化研究院副教授，主要从事宗教哲学、中西文化比较、中国近代哲学等研究。

圆融、稳妥地证显形上本体。当然，如何通过道德进路证显形上本体（天理），因二程资质的差异及指点后学方式的不同而表现出明显的差异。这种差异自二程之后即不断被人提及，而到了近代，二程道学异同问题竟成为学界热衷讨论的一个重要话题。

近代以来，二程异同问题之所以被放大，一个重要原因是西方学术方法和研究范式的引进。一些学者根据西方哲学研究方法和研究范式，将二程道学归入不同的思想派别，甚至将二者根本对立起来。不可否认，这种研究方法对彰显二程的思想特色及不同倾向具有独特价值，但也因从二程思想系统中抽离出来，不可避免会背离二程道学的固有精神。因此，学界关于二程思想异同的讨论辨析虽越来越多，但似乎总有一间未达。彭耀光博士《二程道学异同研究》①在继承前人研究成果的基础上，特别注意从二程理学自身的问题意识和发展脉络出发审视二程异同，在许多方面得出了不同于先贤和时贤的结论，成为当前研究二程道学异同问题的一个重要成果。

该书共分四章，分别从天理论、心性论、工夫论和境界论四个方面深入细致地分析了二程的异同关系。不过，正如前面所述，作者并不是就二程异同看二程异同，不是对二程异同作外在的机械比较，而是从儒学复兴的时代背景及二程道学内在的问题意识和发展脉络审视二程异同问题。因此，作者不赞同以往研究中把二程思想中的“异”夸大为心学与理学或者纵贯系统与横摄系统等两个根本对立的思想系统，而是认为二程道学的实质是回应佛教的挑战，在思想倾向上没有根本冲突；而二程之“异”，只不过是为了完成辨别儒释的时代课题，根据道学思想内在的逻辑要求，程颐对程颢思想做了拓展与发挥。诚如作者所言：“二程在根本精神上是一致的，都是要重建儒学的形上基础，彰显儒学的教化意义，肯定现实的道德法则和伦理秩序；二程的不同在于，程颢立足于本原，重在指点人当下体认道体，所以更多的是在终极境界上对道学的整体精神做出说明；程颐则沿着程颢开拓的方向，对道学思想中的重要观念做了充分的拓展与发挥，在理论构建上为‘辟佛老，复孔孟’做出了重要努力。”②

可见，在作者看来，二程道学在根本上是相同的，都是要证显“天理”，为儒家的道德法则和人伦秩序提供形上基础，从而回击佛教毁弃人伦秩序、否

① 彭耀光：《二程道学异同研究》，山东人民出版社 2016 年版。

② 彭耀光：《二程道学异同研究》，第 17 页。

定社会存在真实性的思想;而二程之异,不过是程颐对程颢思想做了进一步的拓展和发挥。循此立场,作者分别从天理论、心性论、工夫论、境界论四方面对二程异同做了辨析,指出二程道学并不是两个根本对立的思想体系,而是为回应共同的问题,沿着共同的方向而展开的互为一体的思想创造。比如,程颐用"理一分殊"揭示"天理"的创造性内涵,通过区分"天命之性"与"气质之性"疏解程颢"生之谓性"的内涵,用"以公论仁""性体情用"揭示"仁"的内涵,用"主一无适""格物致知"揭示诚敬工夫的内涵,用"体用一源,显微无间"及"化境"揭示"仁者浑然与物同体"的内涵,这些都是程颐在程颢思想基础上对道学思想所做的拓展与发挥。这些拓展与发挥不但是道学思想内在的逻辑要求,而且是与佛教思想区别开来、回应佛教挑战所必需的。因此必须说,二程共同努力创建的道学,为"辟佛老,复孔孟"这一时代问题的解决廓清了障碍,指明了方向。正是二程的这个贡献,才确立了他们在道学史上的地位。

毫无疑问,正是作者"强调对二程道学的比较要放在儒学自身的义理系统中,按照二程自身的思想脉络和问题意识进行系统考察",才对二程道学异同做出似乎更切合二程道学自身真实情况的观察。作者坚持的方法实际上是完全"本土化"的解释学方法,即用儒学方法解决儒学自身问题。这种方法论上的自觉使作者能够回归理学本身,对二程理学做出儒家式生存方式的思考。借用业师谢文郁先生的话说,这是一种"生存分析法"——经典文本的力量就在于它内存了深刻的人类生存关怀,而"生存分析法"的基本点就是"要引导读者去体验文本所涉及的生存关怀"。[①] 作者将二程思想回置于他们那个时代,从他们的问题意识和生存关怀理解二程思想,通过详细的文本分析,向我们展示了二程道学的真实面目和彼此之间或宏观或细微的"异同",重新把我们带回了二程理学自身的思想场域。

① 谢文郁:《文本和生存》,《基督教思想评论》2007 年第 6 辑;亦可参见谢文郁:《文本诠释与哲学史研究》,《文史哲》2016 年第 4 期。